SURVIVRE DANS LES PAYS EN DÉVELOPPEMENT

APPROCHES DU SECTEUR INFORMEL

ISBN : 2-7475-5760-X
EAN 9782747557603

SURVIVRE DANS LES PAYS EN DÉVELOPPEMENT

APPROCHES DU SECTEUR INFORMEL

Paul BODSON et Paul-Martel ROY

Villes et Développement

Groupe interuniversitaire de Montréal (GIM)

VILLES ET DÉVELOPPEMENT
URBANIZATION AND DEVELOPMENT
CIUDAD Y DESARROLLO

Avec l'appui de l'Agence canadienne de développement international
With the support of the Canadian International Development Agency
Con el apoyo de la Agencia Canadiense de Desarrollo Internacional

L'Harmattan
5-7, rue de l'École-Polytechnique
75005 Paris
FRANCE

L'Harmattan Hongrie
Hargita u. 3
1026 Budapest
HONGRIE

L'Harmattan Italia
Via Bava, 37
10214 Torino
ITALIE

Paul Bodson et Paul-Martel Roy

Le secteur informel est une composante majeure de l'économie de plusieurs pays du sud. On y retrouve souvent plus de 50% de l'emploi non agricole. Le phénomène n'est pas passager. Il a même pris de l'ampleur au cours de la dernière décennie. Il est également complexe. On ne fait que commencer à l'explorer et on doit le faire de toutes les manières possibles, d'où le sous-titre de ce volume.

Approches du secteur informel. Au pluriel bien sûr. Il faudrait même écrire : aux pluriels. Car «approche» sera pris dans ce livre en trois sens différents et chacun des sens aura plus d'une application.

En **premier lieu**, «approche» signifie « **méthode** pour étudier le secteur informel». Ainsi, Antoine Bailly préconise – de façon convaincante –, pour mieux connaître le secteur informel dans les pays en développement, une approche anthropologique. «Aborder le secteur informel, c'est ainsi vouloir connaître sa structure, ses relations de pouvoir, son mode de fonctionnement; c'est aussi chercher à comprendre de l'intérieur ses dynamiques et ses perspectives».

De même, Philippe Bocquier propose une réflexion sur l'emploi dans les enquêtes «Insertion Urbaine» à Dakar et à Bamako. «Du point de vue méthodologique, les questionnaires biographiques se sont révélés très adaptés à l'analyse de processus qui évoluent dans le temps. Les modèles de régression semi-paramétriques permettent de bien distinguer ce qui relève de tendances lourdes et ce qui relève de la conjoncture. On a pu ainsi montrer que le secteur informel est loin de constituer une panacée dans les villes sahéliennes. Son dynamisme n'a pas suffi à compenser les pertes d'emplois dans le secteur moderne».

C'est par ailleurs dans le sens d'une méthodologie en pleine évolution que travaille Daniel Hiernaux-Nicolas dans *Comprendre l'informalité : les méthodes de terrain auprès des ménages et des entreprises*. La réflexion porte sur les travaux qu'il mène depuis plusieurs années dans la région de Mexico. «Nous nous trouvons, dit-il, en plein à cette charnière, entre la continuation des travaux dans le cadre d'un observatoire plus académique et la possibilité d'insérer les recherches dans l'action de plusieurs groupes sociaux organisés, ou éventuellement de la mairie, si celle-ci y prête intérêt».

«Approche» est pris en un sens différent dans les **six textes qui suivent** et qui constituent la seconde partie. Il s'agit d'**études** utilisant une ou plusieurs méthodes – approches au sens premier - et présentant des résultats statistiques ou des observations, chiffrées ou non. Ainsi en est-il du texte de Chantal Rondeau : *L'appropriation foncière informelle à Bamako : une stratégie d'insertion urbaine pour les uns et d'accumulation foncière pour les autres.* On y constate que l'analyse de l'informel déborde largement la question de l'emploi, que l'appropriation foncière en est une composante majeure et qu'une batterie de méthodes complémentaires ne peut qu'enrichir cette analyse.

Abdou Salam Fall et Alioune Mboup ont étudié les pratiques de la médiation dans le secteur informel à Dakar : «L'informalité des réseaux repose sur le fait qu'ils traversent les groupes et les institutions sociales tout en les dépassant». Cette étude, qui présente et analyse plusieurs témoignages, est enrichie d'un texte du poète Ouza. On conclut que «le type de médiation auquel les acteurs du secteur informel ont recours montre l'adaptation de l'informalité aux économies de survie et à l'environnement culturel des pays en transition».

L'informalité de l'emploi n'est pas un phénomène univoque. C'est un aspect de l'hétérogénéité de l'emploi dans les PVD Isabelle Hentic a ainsi abordé cette question à l'aide du concept de «degré d'informalité des travailleurs urbains» avec application au Rwanda. Son approche «pourrait présenter l'avantage de permettre d'identifier certains groupes cibles (les plus vulnérables, les plus dynamiques) ou certains secteurs d'activité à privilégier selon leur position sur l'échelle d'informalité».

L'étude de Bernard Gauthier sur le développement de l'entreprise en Afrique, avec application au Cameroun, conclut au déclin du formel et au développement de l'informel. «C'est peut-être à cette nouvelle classe d'affaires que les programmes d'aide vers l'Afrique des agences de coopération devraient être destinés». Cependant, comment «sauvegarder la richesse acquise en termes de capital (physique et humain) que l'on retrouve dans le segment de l'industrie présentement en déclin» ?

Paul Bodson et Paul-Martel Roy présentent un texte également orienté vers l'analyse quantitative. Leur préoccupation est la détermination des revenus dans deux villes : San José et Ho-Chi-Minh-Ville. Est-ce que, par exemple, l'appartenance à un secteur d'emploi – formel, informel, tourné vers l'exportation – importe du point de vue du revenu obtenu ? La réponse est mitigée. L'appartenance à un secteur paraît plus importante au Vietnam qu'au Costa Rica, peut-être parce que certains secteurs y sont plus récents. Par ailleurs, la discrimination contre les femmes est beaucoup moins claire au Vietnam qu'au Costa Rica.

À partir de préoccupations similaires, Agnès Gatignol, Paul-Martel Roy et Marc Van Audenrode, dans une application au cas du Rwanda ayant pour point de départ une enquête de 1989, contribuent à la recherche des déterminants des salaires dans les pays en développement. Le modèle proposé – dit de *switching* – veut tenir compte d'un éventuel biais de sélection dans la définition des secteurs formel et informel. Un biais a de fait été repéré et corrigé. Les résultats obtenus sont dès lors plus fiables et montrent que l'hypothèse de l'investissement en capital humain est valide pour expliquer des différences salariales dans un pays en développement. Cependant, des facteurs «non économiques» sont aussi à l'origine de différences salariales. «La nationalité ou encore le sexe en sont des exemples».

« Approche » est **finalement** utilisé dans le sens de **politique** ou d'attitude à adopter face au secteur informel. Cette partie est constituée d'un seul texte, celui de Carlos Maldonado. C'est un texte important, résultat d'une vingtaine d'études menées dans plusieurs continents et portant notamment sur les relations du secteur informel avec l'État. Les conclusions, comme celles-ci, sont complexes et nuancées : «Le phénomène de la légalisation doit être perçu d'abord comme un processus (avec des avancées ou des reculs selon la conjoncture), plutôt que comme une situation définitivement acquise, puis comme un phénomène multicausal résultant de l'interaction des facteurs économiques, politico-institutionnels et sociologiques. L'État serait donc bien inspiré de consolider ce processus en l'accompagnant d'un train de mesures incitatives, afin de favoriser la génération de profits et la formation de capital par les entreprises». Des réformes sont nécessaires ; comment les entreprendre ?

De l'ensemble de ces textes se dégage l'idée d'un vaste **chantier**, en cours et à entreprendre, et sur le plan de la recherche et sur le terrain lui-même de l'informel. C'est probablement le principal mérite de ce volume qui ainsi reflète bien la réalité de l'informel dans les pays du sud. Une nouvelle voie ? Probablement, mais cette voie est en mutation.

PREMIERE PARTIE

LES METHODES

MIEUX CONNAÎTRE LE SECTEUR INFORMEL DANS L EN DÉVELOPPEMENT : UNE APPROCHE ANTHROPOL

Antoine BAILLY, Université de Genève

Définir le secteur informel

Pour traiter du secteur informel dans les pays en voie de développement (PVD), il convient tout d'abord de discuter du sens qui est souvent attribué à ce concept. Brunet et Ferras (1992) comptent ainsi parmi ceux qui ont cherché à définir l'informel. Selon ces auteurs, le secteur informel se caractérise par le fait qu'en son sein la législation du travail et les normes de la comptabilité sont ignorées, comme d'ailleurs les droits acquis. Cette vision est on ne peut plus occidentale. Elle insiste sur les carences sans prendre en compte le coût, le dynamisme et l'organisation de ce secteur qui sont autant de qualités importantes qui contribuent à imposer ce dernier face aux rigidités des systèmes économiques et sociaux dans les PVD. En fait, l'informel n'est à confondre ni avec l'anarchie, ni avec l'inefficacité, ni encore avec l'absence de comptabilité. Aussi, contrairement à ce qui est souvent écrit, le secteur informel n'est ni marginal ni mal organisé. En revanche l'informel sert de volant aux secteurs officiels, mais d'une façon parallèle qualifiée souvent de «souterraine» et «submergée» par les économistes, car il n'entre pas dans les normes du système de production en jouant sur les législations et les interdits.

Le secteur informel devient ainsi le révélateur des carences de nos systèmes et un lieu d'innovation lorsque les réponses de ces systèmes tardent ou sont trop lourdes pour faire face à la demande. Dans de nombreux PVD, sa part dans la population active atteint presque 50%. On peut donc parler de véritables circuits parallèles sans lesquels l'économie de nombreux PVD ne pourrait fonctionner. Ces circuits sont structurés en réseaux, souvent hiérarchiques, ayant leurs règles de fonctionnement et disposant de sources de financement (impôts parallèles, cessions de droits, pourcentages sur les transactions...). Cette situation nous amène à postuler que le secteur ıformel des PVD doit être étudié en tant que sous-ensemble d'un système socio-économique global.

Deux conceptions du savoir

Traiter du secteur informel, c'est aussi réfléchir à sa mesure. Toutefois, dans les PVD, comme dans les pays occidentaux, il y a lieu de constater l'absence d'information satisfaisante sur le secteur informel. Le statut «non officiel» habituellement conféré à ce secteur est loin ainsi de favoriser toute démarche visant sa mesure. Comment, en effet, rendre compte de ce secteur avec un minimum de sérieux si les seules données qui existent à son sujet se réduisent aux informations officielles qui le représentent sous son aspect négatif et marginal? Il nous faut donc oublier les statistiques officielles sur l'emploi et sur l'habitat et penser différemment l'informel.

Pendant longtemps, la question d'une mesure authentique du secteur informel n'a pas été posée du fait de la domination incontestée des indicateurs dits objectifs sur l'emploi officiel, fournis par les offices de statistiques d'État. L'émergence des circuits économiques non reconnus impose de se tourner vers d'autres sources d'information que nous qualifions ici d'anthropologiques. C'est par une approche directe que nous proposons d'aborder le secteur informel. Ce point de vue plonge ses racines dans l'histoire des sciences, en particulier dans les travaux de Feyerabend et d'Habermas et dans leur analyse du procès de connaissance. Au lieu de vouloir mesurer le secteur informel selon des approches macro-économiques, nous proposons de le traiter par des approches micro-économiques fondées sur la relation directe chercheur - objet de recherche. En bref, nous proposons de réfléchir à des indicateurs qui mesurent certaines qualités du secteur informel à partir de techniques d'observation directe et de contacts entre chercheurs et acteurs. Sortir des catégories des recensements officiels qui reflètent un «social construit par le pouvoir» et découvrir la richesse du secteur informel à partir du point de vue des acteurs de ce système, tel est l'objectif de notre démarche.

Une méthode d'approche directe et globale

Le choix d'une approche directe et globale est essentiel car il s'agit d'obtenir des informations sur un domaine complexe, souple et mouvant, qui fonctionne comme une véritable économie parallèle, avec ses règles et ses mécanismes.

L'analyse débute donc par la mise en place d'un réseau d'interlocuteurs-clefs susceptibles de nous faire comprendre le fonctionnement de ce secteur. Ces interlocuteurs-clefs peuvent être des correspondants scientifiques ayant une connaissance du secteur et qui peuvent servir de médiateurs dans la relation avec les acteurs ou des acteurs du secteur informel choisis en fonction de leur position hiérarchique dans le système. La prise de contact peut se dérouler en trois étapes :

- «Grand tour» (Spradley) de la situation pour analyser événements, lieux, acteurs, durée et faire un bon choix des situations à observer.
- Choix des interlocuteurs-clefs en fonction des catégories d'événements et étude des réseaux de fonctionnement du secteur informel.
- Mise en confiance des interlocuteurs-clefs et interview ouverte pour retracer leurs «itinéraires de vie» au sens de Bourdieu et de Bertaux (1981).

Cette méthode a le mérite de nous faire pénétrer dans le jeu social et économique du secteur informel et de nous permettre de poser des questions de structure et de pouvoir. Parmi ces questions, se trouvent celles sur :

- l'histoire, l'évolution et la structuration du secteur informel,
- sa position face aux systèmes officiels et ses complémentarités,
- l'organisation des réseaux et les niveaux d'organisation et de contrôle territorial,
- l'origine sociale, ethnique des acteurs,
- les hiérarchies, les modes de fonctionnement (techniques, technologies),
- les rémunérations,

- les origines et destinations des produits et services du secteur informel,
- les concurrences au plan local et national,
- les perspectives d'avenir.

Ces questions sont à aborder avec des interlocuteurs-clefs des secteurs majeurs de l'économie informelle, en particulier des métiers de rue, de la petite industrie et des petits services (réparation, transport, gardiennage, commerce...).

L'observation directe

Parallèlement à l'approche par interlocuteurs-clefs, il est indispensable de faire appel à l'observation directe, méthode qui permet de remettre en cause des conceptions préétablies.

Développée par l'anthropologie pour l'étude de communautés dans lesquelles les informations statistiques sont réduites ou peu fiables, l'observation a permis l'analyse des modes de vie et de l'organisation sociale. Souvent critiquée du fait de son caractère inductif, cette démarche est à tort assimilée à l'empirisme qualitatif. Un retour en force vers cette méthode est opéré par la sociologie et la géographie des représentations, depuis les années 1970, afin de saisir de façon spontanée le déroulement de la vie sociale dans son milieu et de chercher la signification des pratiques sociospatiales en observant les échanges entre acteurs. Il ne s'agit pas d'une démarche purement inductive, sans hypothèse préalable, qui viserait à combler l'absence de données, mais d'une méthode de connaissance appliquée à des cas précis, délimités dans l'espace et dans le temps.

Dans le cas de l'économie informelle des villes des PVD, l'observation a pour objectif de décrire les composantes et le fonctionnement du système, dans un contexte social et spatial. En effet, un ensemble de types de pratiques, dans des lieux précis, à des moments donnés, peut être progressivement identifié pour dégager des unités d'acteurs, des pratiques majeures et des lieux privilégiés d'action à des périodes récurrentes. Les systèmes de contrôle et de paiement sont également observés à cette étape de l'analyse.

Histoire de vie

Remise à la mode par Bertaux *(1980)*, l'histoire de vie est une technique d'enquête qui consiste à amener une personne à narrer son expérience dans le but d'en déduire des généralisations sociales, culturelles et économiques. Considérée comme l'illustration d'un rôle dans une pratique socio-économique, l'histoire de vie permet de suivre l'itinéraire des acteurs de la société informelle. Cette méthode peut être appliquée aux interlocuteurs-clefs lorsque ceux-ci sont en confiance et, après l'observation directe, sur des lieux d'action.

Des acteurs, repérés lors de l'observation directe et choisis en accord avec les interlocuteurs-clefs, pris dans le contexte de leur groupe - ou individuellement - racontent (soit sur leur terrain d'action, soit à proximité) leur parcours de travail et leur mode de fonctionnement dans le système. L'enquêteur a pour rôle de dynamiser les réponses et de les enregistrer en montrant un intérêt pour le travail réalisé. Le récit doit être ensuite transcrit pour restituer les éléments expliquant le choix - ou le non-choix - du travail en économie informelle. Cette approche doit donc être soigneusement préparée pour ne rien omettre des situations d'apprentissage, sociales, économiques, ethniques et culturelles, souvent à l'origine de la mise en place de réseaux économiques informels.

Les synthèses des récits peuvent faire l'objet de publications sur les métiers de l'économie informelle dans les PVD et leur mode de fonctionnement, avec des illustrations sur les pratiques (photos et schémas). L'ensemble des «histoires de vie» permet, par secteur d'activité tout d'abord, puis de façon globale, de construire un récit intériorisé des pratiques informelles et d'expliquer la manière dont les réseaux se mettent en place. Ce type d'approche, plus vivant que l'analyse statistique, facilite la compréhension en profondeur du marché du travail informel. Il présente également l'avantage de permettre de réaliser par projection des évaluations quantitatives de l'importance des secteurs d'activité en termes d'emplois et de valeur économique.

Conclusion

La démarche anthropologique proposée, que ce soit par interlocuteurs-clefs, par observation ou par histoires de vie, permet de renouveler nos approches économiques en les adaptant au caractère des systèmes informels et à la situation de pays où les statistiques ne sont ni fiables ni organisées en catégories utilisables pour notre problématique.

Aborder le secteur informel, c'est ainsi vouloir connaître sa structure, ses relations de pouvoir, son mode de fonctionnement; c'est aussi chercher à comprendre de l'intérieur ses dynamiques et ses perspectives. Seule une analyse intériorisée peut nous permettre dès lors d'atteindre ces objectifs et de saisir dans toute sa complexité un système essentiel à la vie économique et sociale des PVD.

Bibliographie

Bailly, A. et R. Scariati, 1991. *L'humanisme en géographie*, Paris, Anthropos.

Bailly, A., 1985. *Représentations spatiales et dynamiques urbaines et régionales*, Montréal, Université du Québec à Montréal.

Bailly, A., 1977. *La perception de l'espace urbain*, Paris, C.R.U.

Bertaux, D. (éd.), 1981. *Biography and society: The life history approach in the social sciences*, Beverley Hills, Sage.

Bodson, P. et P.-M. Roy ?, 1991. «Peut-on formaliser le secteur informel ?» *Villes et Développement*, 2.

Bourdieu, P. *et al.*, 1980. *Le métier de sociologue*, La Haye, Mouton (3e édition).

Brunet, R. et R. Ferras, 1992. *Les mots de la géographie*, Montpellier, Reclus.

Spradlex, J.-P., 1980. *Participant observation*, New York, Holt.

Touré, A., 1985. *Les petits métiers à Abidjan*, Paris, Karthala.

L'EMPLOI DANS LES ENQUÊTES « INSERTION URBAINE » À DAKAR ET À BAMAKO

Philippe BOCQUIER, ORSTOM

Introduction

L'urbanisation rapide en Afrique pose des problèmes d'emploi, de logement et de gestion urbaine qui ne feront que s'accroître dans l'avenir. Pour mieux connaître les changements de comportements que l'urbanisation suscite, un projet dénommé Réseau Insertion Urbaine s'est constitué. Son objectif est d'expliquer l'évolution des conditions et des modalités de l'insertion urbaine en tenant compte du contexte d'aggravation de la crise économique que connaît l'Afrique. Le projet vise en particulier à connaître les modalités d'insertion différentielle des populations urbaines à travers trois composantes : l'accès au travail, l'accès au logement, la constitution du ménage et son éventuel éclatement géographique.

Les enquêtes Insertion Urbaine menées à Dakar et à Bamako ont largement abordé le problème de l'emploi (Antoine *et al.*, 1992; Bocquier, 1995; Bâ *et al.*, 1995; Piché *et al.*, 1995). Un module entier retrace les activités successives connues par l'enquêté depuis l'âge de 12 ans à Dakar et depuis l'âge de 6 ans à Bamako. De la même façon, deux autres modules ont été consacrés aux résidences successives et aux mariages et ruptures d'unions. Ils permettent ainsi de relier entre eux les événements de différentes natures (changements d'emploi, d'état matrimonial et de résidence). Le présent article montre la contribution originale que ces enquêtes biographiques sont susceptibles d'apporter à l'analyse du marché de l'emploi et du secteur informel en particulier.

Les concepts et définitions

À chaque stade du projet Insertion Urbaine, la question des concepts et des définitions s'est posée pour l'analyse longitudinale de l'emploi. Ainsi, même si des choix ont été faits lors de l'élaboration du questionnaire biographique, ils n'ont cessé d'être réévalués en cours d'analyse. Dans les pages qui suivent, nous décrivons les différentes possibilités de classement des emplois offertes par les enquêtes Insertion à Dakar et à Bamako et nous présentons les enseignements issus de la collecte et de l'analyse. Nous proposons, par ailleurs, de nouvelles questions pour rendre les concepts plus opérationnels.

L'emploi informel selon divers critères

Outre la profession, pour chaque période d'activité, nous demandions à l'enquêté s'il avait le statut de salarié, d'indépendant ou d'apprenti. Dans le cas de Bamako, le statut d'aide familial a été repéré par la question portant sur la relation de parenté avec l'employeur. Les aides familiaux ont été ainsi clairement distingués des apprentis par exemple.

Par ailleurs, il a été observé que les indépendants exercent généralement leur activité sans tenir de comptabilité. Aussi, la hiérarchie dans l'entreprise se résume à la distinction entre patron, ouvrier (salarié) et apprenti. Nous avons donc ressenti la nécessité d'introduire une variable plus pertinente (la branche) pour distinguer les indépendants entre eux. Ainsi, à Dakar comme à Bamako, on a distingué activité de production, de services et de commerce, de manière tout à fait classique. Les indépendants de la production sont formés de ceux de l'agriculture, de la pêche, de l'agro-alimentaire (ex. : boulangers), du textile et du cuir (ex. : tailleurs, tisserands, cordonniers), du bois et des métaux (ex. : menuisiers, boisseliers, tôliers, bijoutiers), des arts (ex. : peintres, sculpteurs) et du bâtiment. Les indépendants des services travaillent surtout dans la réparation (ex. : mécanique, radio-télévision, horlogerie, réfrigération), les transports de marchandises ou de personnes, la restauration (ex. : bars, buvettes, restaurants, préparation et vente des beignets et autres plats préparés). Ils se retrouvent également dans les activités occultes et religieuses (ex. : marabouts, tradi-praticiens) et les autres services (ex. : tressage, blanchisserie, cirage des chaussures, lavage des automobiles). Les commerçants ne sont classés ni dans le monde de la production ni dans celui des services. Ils constituent les indépendants du commerce et forment évidemment à part une troisième catégorie. Mis à part le commerce, on notera que les activités les plus urbaines sont plutôt exercées dans la branche des services que dans celle de la production. Cette dernière continue en réalité de regrouper des activités souvent traditionnelles opérant avec des matériaux et des techniques plus modernes.

L'enquête a couvert une grande variété de renseignements. Ainsi, le caractère familial de l'entreprise familiale est saisi, dans le cas où l'enquêté est indépendant, à l'aide des questions sur le nombre de personnes parentes et non parentes travaillant dans l'entreprise. Pour les salariés et autres dépendants, comme pour les indépendants, on a demandé de quel parent, le cas échéant, l'enquêté avait obtenu de l'aide pour obtenir son emploi. Une des questions de l'enquête renseigne sur la localisation de l'entreprise (« à domicile, dans un local, marché avec cantine/kiosque, marché sans cantine/kiosque, dans la rue lieu fixe, ambulant »), et l'existence d'une comptabilité informe sur le mode de gestion de l'entreprise. La question sur la périodicité (« jour, semaine, mois, saison ou à la tâche ») permet de saisir le statut du salarié dans l'entreprise. Les questions sur la formation et la promotion permettent de repérer les éventuelles améliorations de la condition du salarié. À Bamako, on a distingué la formation dans l'entreprise et la formation hors de l'entreprise. Une question supplémentaire a aussi été rajoutée concernant le régime de prestation sociale. Enfin, dans les deux villes, des questions ont été posées sur le salaire en début et en fin de période.

Des questions sur les revenus des indépendants avaient été envisagées. Les résultats de la pré-enquête à Dakar ont été catastrophiques : les réponses étaient très approximatives et reflétaient en partie les conditions de la pratique du secteur non enregistré (Charmes, 1987). Même en passant du temps sur ces questions, on n'était pas sûr d'obtenir des estimations fiables des revenus des non-salariés. En revanche, à Dakar, les salariés nous répondaient plus volontiers, en s'aidant, au besoin, de fiches de paie, s'ils en avaient. Pour l'ensemble des périodes où les enquêtés sont salariés, le montant du salaire est donné dans 97 % des cas. À Bamako, ce pourcentage s'élève seulement à 61 %. Ce résultat est certainement attribuable à l'effort de mémorisation observé chez les enquêtés plutôt qu'à une certaine réserve de la part de ces derniers concernant le montant du salaire : pour les périodes actuelles de salariat, le pourcentage s'élève à 86 %.

À noter enfin qu'à Bamako trois questions supplémentaires ont été posées aux femmes pour savoir si elles recevaient une aide (bonnes, parents) dans leurs activités ménagères.

Pour mieux saisir l'évolution des liens avec le milieu rural, il était demandé à l'enquêté s'il effectuait des travaux saisonniers au début et à la fin de chaque période d'activité ou d'inactivité. Des questions ont aussi été posées sur les activités secondaires exercées dans la ville même en même temps qu'une activité principale. Selon la génération, le sexe ou le statut d'activité, à Dakar, seulement 2 à 8 % des enquêtés ont déclaré avoir exercé une activité secondaire en même temps qu'une activité principale. Certes, ces chiffres ne reflètent pas nécessairement la réalité. On ne connaît pas l'importance du biais dans ces déclarations. Mais il est probable que si ces activités secondaires étaient plus rémunératrices et plus prenantes en temps, elles auraient été mentionnées à l'enquêteur. On peut conclure la même chose à Bamako, où les pourcentages sont à peine plus élevés : seulement 3 à 9 % des Bamakois ont déclaré avoir exercé une activité secondaire en même temps qu'une activité principale. Un certain nombre d'enquêtés ont pu tenter une activité secondaire telle que le commerce, sans qu'elle ait été déclarée à l'enquêteur, surtout dans le cas d'un échec. Il est aussi possible que des activités commerciales soient partagées par la famille, auquel cas ces activités n'apparaîtraient pas comme activités secondaires parce qu'elles ne sont pas menées individuellement aux yeux de l'enquêté.

En fait, saisir les activités secondaires revient souvent à saisir les activités au sein du groupe plutôt qu'au niveau individuel et, par conséquent, des enquêtes budget-consommation (enquêtes de suivi ou à passages répétés) sont plus à même en principe d'élucider le phénomène de pluriactivité, notamment dans la dimension du ménage. En tout état de cause, il est certain que les enquêtes Insertion Urbaine ne permettent pas d'entrer dans le détail de la pluriactivité : le recueil rétrospectif (sur toute la vie de l'individu) est mal adapté à ce type d'exercice. L'enquête est centrée sur les activités principales, qui restent, par définition, celles qui comptent le plus dans la vie de l'individu.

Secteur informel, illégal ou non enregistré ?

Dans la littérature sur l'emploi dans le Tiers-Monde, il est souvent question d'économie souterraine, de secteur illégal. Ces termes ont d'abord précédé celui de secteur informel, mais il est encore question de savoir si ces deux secteurs sont à mettre dans un même ensemble ou s'ils forment deux secteurs distincts. On n'entrera pas ici dans ce débat, mais tout de même une question demeure : l'enquête Insertion Urbaine a-t-elle pris en compte les activités illégales ? Nous devons avouer ici une certaine naïveté qui a imprégné notre démarche : nous avons constamment cru dans la déclaration que faisaient les enquêtés sur leurs activités. À vrai dire, nous les croyions sur tout, parce que nous ne disposions d'aucun moyen de vérifier les informations qu'ils nous fournissaient : on peut « penser » (non, ce n'est pas une affirmation scientifique) que la quasi-totalité d'entre eux disaient vrai, dans les limites de ce qu'il leur était demandé. Or, nous ne demandions rien sur le caractère illégal de leur activité, selon quelque critère que ce soit. Si un enquêté était trafiquant de drogue et qu'il déclarait être commerçant, il était classé comme commerçant.

Malgré les remises en cause de la notion de secteur informel (voir les revues critiques de Charmes, 1987, et de Roubaud, 1991) qui sont presque aussi anciennes que l'existence de la notion de secteur informel elle-même, le terme continue d'être employé. Nous avons reproduit ici ce péché. Il faut dire en vérité que nous avons une certaine réticence à utiliser ce terme, et celle-ci n'a d'égal que la difficulté à y substituer un concept meilleur.

Tableau 1 - Nombre de questions minimum et maximum auxquelles les enquêtés ont répondu selon le type d'activité et le lieu de l'enquête Insertion Urbaine

Type d'activité	Dakar (45 questions)		Bamako (50 questions)	
	Minimum	Maximum	Minimum	Maximum
Chômeurs, autres inactifs	*8*	*15*	*12*	*17*
Salariés, travailleurs à la tâche, apprentis, aides familiaux	18	27	*25*	34
Indépendants, employeurs	13	20	*18*	24
Femmes	Aucune question spécifique		3 questions supplémentaires	

Une difficulté théorique

Si nous avions fait un travail sur les entreprises, nous aurions probablement choisi le terme de « petite production marchande » (*petty commodity production*). Toutefois, comme le sujet des enquêtes Insertion Urbaine n'est pas l'entreprise et que les observations statistiques sont recueillies auprès des ménages, on préférera le terme plus neutre de « secteur non enregistré ». Les activités ainsi dénommées par défaut ne sont pas mieux définies pour autant, mais le qualificatif « non enregistré », qui a au moins l'avantage d'être moins péjoratif que les termes « informel » ou « secteur non structuré », exprime une situation de fait au Sénégal et au Mali : une large partie des activités économiques échappe à la comptabilité nationale et au recueil des données économiques officielles. Malgré (ou plutôt : à cause de) leur non-exhaustivité, les statistiques (officielles) de l'emploi enregistré présentent l'avantage de fournir une définition par défaut du reste de l'économie, pour peu qu'on dispose d'une source de données représentative de l'ensemble de la population.

Le critère du non-enregistrement reste d'ailleurs le plus opérationnel d'après le Bureau International du Travail. Il s'impose comme le plus petit commun dénominateur des analyses actuelles sur la structure de l'emploi dans les pays en voie de développement. Cependant, ce critère ne vaut pas pour définition théorique, et on peut se demander s'il est très valable dans des pays où les données sur les activités les plus modernes ne sont pas non plus très complètes. Par ailleurs, on peut espérer une amélioration des méthodes de recueil des statistiques nationales notamment sous la forme d'un meilleur enregistrement de l'ensemble des activités économiques : on voit donc bien la faiblesse théorique du terme « non enregistré » qui reflète une situation de carence (historiquement localisée) du système d'information et de comptabilité.

Une solution pratique

Le choix des termes n'est d'ailleurs pas l'essentiel, même s'il a l'avantage de servir à la reconnaissance des écoles théoriques. Un problème beaucoup plus pratique se pose lors de l'élaboration du questionnaire biographique : quelles questions poser aux enquêtés pour repérer le plus simplement possible les différents types d'activités enregistrées et non enregistrées ?

Le critère du statut dans l'entreprise ne permet pas de situer à lui seul le secteur non enregistré dans le salariat, ni les indépendants du secteur moderne. Le critère de la taille de l'entreprise est souvent combiné avec celui du caractère enregistré de l'entreprise ou celui du statut professionnel, afin de ne pas inclure dans le secteur informel des catégories telles que les professions libérales. Mais il est difficile de choisir une taille maximale (5, 10, 15 travailleurs ?) pour sélectionner son échantillon. On n'utilisera pas nécessairement le même seuil selon le terrain d'enquête, ce qui ne facilite pas les comparaisons. De plus, on éprouvera des difficultés à estimer convenablement le nombre de travailleurs dans l'entreprise non enregistrée : comment tenir compte de la variation des effectifs et de la saisonnalité de certaines activités ? Quel statut donner aux apprentis ? Ces problèmes d'évaluation conduisent bien souvent à multiplier les critères. En fait, nous sommes d'avis que la taille de l'entreprise devrait être considérée comme une variable dépendante dans l'analyse, plutôt que comme un critère défini *a priori* et au demeurant assez flou.

Le niveau des revenus est lui aussi un critère difficile à estimer *a priori* : il n'est pas facile de situer les seuils. Par ailleurs, de multiples raisons font que les répondants donnent de mauvaises réponses aux enquêteurs : crainte de l'impôt, confusion des bénéfices et du chiffre d'affaires ou tout simplement méconnaissance de ses propres revenus, en particulier lorsqu'ils sont gérés au jour le jour comme bien souvent dans le secteur non enregistré. Mais surtout, ce critère conduit bien souvent à supprimer de l'observation les entreprises les plus rentables et donc à biaiser l'analyse sur la productivité du secteur informel. Là aussi les revenus issus de ce secteur devraient être considérés comme une variable dépendante dans l'analyse, notamment pour mettre en relation pauvreté et activité professionnelle.

Dans l'enquête Insertion Urbaine, le critère de la comptabilité a été privilégié, en combinaison avec celui du statut professionnel. Aux travailleurs indépendants de l'échantillon, on a demandé s'ils tenaient une comptabilité écrite et, aux salariés, s'ils avaient un bulletin de salaire. Ce dernier est considéré comme révélateur d'une comptabilité écrite dans l'entreprise. Notons que l'existence d'une comptabilité n'est pas nécessairement accompagnée de l'enregistrement de l'entreprise auprès des services de l'État. La question sur la comptabilité ou sur le bulletin de salaire a été choisie parce qu'elle offre l'avantage d'être bien acceptée par les enquêtés (qui ne soupçonnent pas alors les enquêteurs d'être des agents de l'État... et de l'impôt) et qu'elle appelle une réponse sans ambiguïté.

À Bamako, le caractère formel de l'entreprise où travaille le salarié peut aussi être évalué avec une question sur le régime de prestation sociale : cette question fournit une bonne mesure de la précarité de l'emploi salarié et a aussi le mérite d'être bien acceptée par les enquêtés (Ouédraogo et Piché, 1995).

La pratique de l'analyse montre que le critère comptable est surtout utile pour spécifier le type d'emploi salarié, mais il s'avère peu opératoire pour classer les indépendants, car trop peu d'entre eux tiennent une comptabilité : dans ce cas, le découpage par branche est plus pertinent. Le critère de l'enregistrement de l'entreprise, qui est essentiel pour établir une comptabilité nationale ou pour comprendre le fonctionnement de la petite production marchande, apparaît secondaire pour l'analyse des transitions depuis ou vers l'emploi indépendant, à partir des biographies professionnelles.

L'utilisation du terme « non enregistré » est sans doute un moindre mal. Il reflète avant tout des considérations pratiques. L'objectif des enquêtes Insertion Urbaine n'est pas de circonscrire le secteur non enregistré, d'en faire un secteur à part, afin qu'il puisse par exemple faire l'objet d'une évaluation comptable au niveau national. Des propositions ont déjà été faites dans ce sens (Charmes, 1987; Roubaud, 1991) et elles ont abouti à la mise au point de systèmes d'enquêtes auprès des entreprises adaptées à la nécessité d'évaluer les activités non enregistrées (selon le critère fiscal par exemple) dans la comptabilité nationale. Ces préoccupations ne sont pas à la base des enquêtes Insertion Urbaine où sont recueillies des informations sur les itinéraires professionnels des individus et non auprès des entreprises à la manière d'un instantané du marché de l'emploi. Si l'on nous permet cette métaphore, c'est toute la différence entre le cinéma et la photographie.

Enseignement de l'analyse et améliorations proposées

Les questions posées aux travailleurs permettent de bien distinguer leurs conditions de travail, mais pourraient être améliorées pour mieux saisir le type d'entreprise dans laquelle ils exercent leur activité.

En effet, une des principales difficultés de l'analyse, qui n'avait pas été perçue au moment de l'élaboration des questionnaires, est de situer dans le marché du travail les travailleurs salariés au statut précaire. Un salarié sans fiche de paie, ou sans protection sociale, peut très bien être employé par une entreprise moderne : c'est souvent le cas pour les manœuvres, mais ce peut être aussi le cas des stagiaires généralement non rémunérés. De plus, certaines entreprises modernes contournent la législation du travail en n'offrant pas nécessairement de contrat à leurs travailleurs. Dans un contexte de crise, on peut penser que cette pratique est de plus en plus fréquente. Des analyses montrent d'ailleurs que cette forme de précarité touche particulièrement les primo-demandeurs d'emploi (Bocquier, 1995).

Pour améliorer le questionnaire, il serait souhaitable de poser une question sur l'existence d'un personnel déclaré dans l'entreprise : « Votre entreprise donne-t-elle des fiches de paie à d'autres employés ? À quel régime de prestation sociale les autres employés sont-ils affiliés ? » Ces questions pourraient être posées aussi bien aux salariés qu'aux jeunes en formation (stagiaires et apprentis), de manière à saisir les changements de stratégies d'accès au premier emploi. À défaut d'obtenir un emploi rémunéré, certains jeunes préfèrent mettre un pied dans la vie active en commençant leur carrière par une formation en entreprise. Du point de vue des entreprises, cela correspond aussi à des changements de stratégies : beaucoup d'entreprises, en particulier modernes, préfèrent maintenir une main-d'œuvre à bon marché même si elle n'est pas forcément très productive. Bien que non comptabilisés, les salariés et autres dépendants au statut précaire entrent dans le décompte de la main-d'œuvre active : ils contribuent à l'activité des entreprises.

Il serait aussi intéressant de mieux connaître les capacités de formation des entreprises. Une question sur l'existence d'apprentis dans l'entreprise pourrait renseigner sur la petite production marchande. Un phénomène récent a vu le jour : de plus en plus de patrons réclament une compensation monétaire pour la formation qu'ils assurent à leurs apprentis. Il importe donc de savoir non seulement si le jeune en formation reçoit une rémunération, mais aussi s'il doit verser une compensation à son employeur-formateur. Pour certains patrons, ces compensations peuvent représenter un complément de revenu non négligeable.

En outre, la reconstitution des biographies professionnelles des apprentis a sans doute eu pour effet de gommer l'évolution de leur statut vers celui d'ouvrier (bras droit du patron) dans le cas où l'enquêté n'a pas changé d'entreprise. La question sur la promotion devrait être plus précisément posée pour tenir compte de ce type de mobilité professionnelle. Autrement, on risque de sous-estimer la promotion interne dans les entreprises et de surestimer le temps d'apprentissage.

Enfin, un aspect de l'activité a été plutôt négligé dans les enquêtes Insertion Urbaine : le sous-emploi, en particulier chez les femmes. L'inactivité réfère aux personnes qui, tout en exerçant une activité, recherchent un autre emploi plus en rapport avec leur qualification ou avec leurs ambitions. Il s'agit aussi des personnes inactives (des femmes surtout) qui se sont déclarées comme telles après avoir vainement recherché un emploi. On intègre généralement ces catégories dans la population active lorsqu'on veut calculer un taux de chômage marginal, c'est-à-dire qui tient compte de la population sous-employée. Le sous-emploi est cependant difficile à saisir sur toute la vie de l'enquêté. Dans les enquêtes Insertion Urbaine, on a voulu éviter le biais dû au rétrospectif. Déjà les activités secondaires sont plus difficilement repérables dans le temps, alors que dire des recherches d'emploi infructueuses !

Dans le même ordre d'idées, il serait possible d'ajouter une question sur le nombre moyen d'heures travaillées dans une semaine pour les inactifs, les femmes au foyer et les chômeurs. Ce serait utile pour calculer un taux de chômage plus proche de la définition internationale qui fait référence au nombre d'heures travaillées dans la semaine précédant l'enquête. Rappelons cependant que les enquêtes Insertion font référence aux périodes de plus de 6 mois, et cela depuis 6 ou 12 ans. Dans ce cas, il n'est guère envisageable d'estimer le nombre d'heures travaillées, et on s'en tiendra donc aux réponses spontanées sur les activités secondaires.

L'intérêt d'une approche longitudinale pour l'étude du marché de l'emploi

L'originalité des enquêtes Insertion Urbaine réside moins dans les définitions employées que dans les possibilités de traitement qu'elles offrent : quel peut être l'intérêt d'une approche du marché de l'emploi au moyen de l'analyse des biographies professionnelles ? Cette approche permet-elle de saisir les stratégies des entreprises en matière d'emploi ? À quel niveau se situe l'analyse ?

Analyse des biographies et représentativité macro-économique

Les analyses sur Dakar et Bamako ont une valeur macro-économique. Il n'est guère possible, à partir des données des enquêtes Insertion Urbaine, de mener une analyse micro-économique sur les métiers, les entreprises ou les ménages. Cela peut paraître paradoxal alors qu'on a interrogé des individus (on ne peut faire plus « micro »). On est loin, en apparence, de la mesure des agrégats économiques, de la macro-économie, même réduite à sa dimension urbaine.

Un premier argument serait que la représentativité macro-économique est inhérente à la procédure par sondage qui a été employée dans les enquêtes : c'est du moins ce qu'on a cherché à obtenir en « calant » la base de sondage sur le Recensement. Cette représentativité est une condition nécessaire pour l'analyse du marché de l'emploi urbain dans son ensemble.

Mais il y a plus important : ce sont des individus que nous interrogeons mais ce n'est pas l'individu en tant que sujet unique que nous étudions. On cherche plutôt à identifier des groupes d'individus aux comportements similaires, en fonction de leurs caractéristiques sociales ou des cheminements qu'ils ont pu connaître dans leur vie, afin de dégager des tendances, des évolutions passées et des évolutions probables, au niveau de la population urbaine dans son ensemble. L'idéal serait de définir des groupes qui rendent compte de l'ensemble des différences entre les individus. On doit ainsi pouvoir identifier, par exemple, des groupes marginaux, tout en sachant que (c'est un paradoxe sans cesse renouvelé) la validation statistique ne peut se faire que si plusieurs individus ont les mêmes caractéristiques ou les mêmes cheminements biographiques, donc au prix de certaines simplifications.

L'analyse statistique à partir de données d'enquête se rapproche de l'observation macro-économique pour deux raisons, d'abord, parce que les individus de l'enquête doivent être regroupés, selon les besoins de l'analyse, dans des catégories macro-économiques définies pour la plupart hors et avant enquête, ensuite, parce que le temps, c'est-à-dire la conjoncture (socio-économique), intervient pour expliquer les changements que peut connaître l'individu au cours de sa vie. Cette conjoncture, bien que ressentie par tout un chacun individuellement, frappe différemment des groupes sociaux, qu'il s'agit alors d'identifier.

Approche biographique et catégorisation de la main-d'œuvre

L'intérêt de l'approche biographique se comprend avant tout par l'importance que l'on accorde au temps pour expliquer les changements sur le marché de l'emploi.

L'approche biographique est, dans une certaine mesure, la reconstitution d'une histoire : d'abord une histoire de vie, mais aussi une vie dans l'Histoire. L'itinéraire professionnel ne s'effectue pas *ex nihilo.* Le travailleur et l'employeur agissent sous la contrainte des événements et des situations passées : la ville se présente à l'entreprise et au travailleur comme déjà constituée, avec ses propres formes de production et de reproduction. De la même façon qu'on peut analyser les entreprises dans le temps, on peut analyser la biographie des travailleurs : « *la liaison entre un groupe et un poste* [de travail] *ne peut être interprétée sans prendre en compte la durée, une séquence, qui seule donne son sens à chaque point de la trajectoire et qui seule traduit le processus de catégorisation* [de la main-d'œuvre] *en train de se réaliser* » (Coing, 1982: 284). Cette conception du temps va à l'encontre d'une approche statique (à l'instant) des potentialités de la main-d'œuvre :

« les caractéristiques d'un individu ou d'un groupe sont l'effet de l'usage que divers types d'employeurs ont fait de leur force de travail, et qui l'a modelée et remodelée : elles deviennent à leur tour déterminantes pour leur employabilité actuelle, non par la seule vertu de ces caractéristiques, mais par l'usage qu'un nouveau type d'employeur est prêt à faire (...). La place des travailleurs dans la ville est déterminée par la chaîne des postes, et non simplement par le dernier d'entre eux » (Coing, 1982, 285-286).

Pour insister sur l'importance de la dimension temporelle, Henri COING propose en remplacement du terme de « catégorie » de main-d'œuvre, la notion de « catégorisation », plus dynamique, comme le « *processus par lequel des politiques d'entreprise créent et reproduisent des groupes aux caractéristiques spécifiques (...). Cette notion prend (...) aisément une dimension spatiale, puisque nombre de ces mécanismes* [sont] *modifiés par la forme spécifique des politiques d'entreprises locales (...). Cette notion, enfin, a une dimension temporelle essentielle : la division du travail inscrit sa marque sur la main-d'œuvre, et détermine par la suite son employabilité. Cela joue à l'échelle d'une période d'emploi, puis sur la durée d'une vie, puis sur sa reproduction d'une génération à l'autre* » (Coing, 1982, 167). En analysant les processus de catégorisation, c'est donc un aspect essentiel de la reproduction de la force de travail que nous essayons de comprendre. On doit éviter de considérer les comportements économiques comme le résultat de décisions d'acteurs dans un environnement concurrentiel pur. Le fonctionnement du marché de l'emploi est le résultat de rapports complexes entre les forces du capital et du travail, rapports qui précèdent, fondent et dépassent tout à la fois le comportement des acteurs économiques.

Cependant, l'approche biographique ne mène-t-elle pas à un certain « individualisme méthodologique », souvent dénoncé dans les raisonnements qui font évoluer l'acteur économique dans un environnement concurrentiel pur ? C'est évidemment une tentation facile : il est parfois malaisé de distinguer ce qui relève du fonctionnement du marché et ce qui relève de la décision individuelle lorsqu'on voit se dérouler devant soi la vie professionnelle des enquêtés. Mais le type de recueil des données n'y est pour rien : comme pour l'analyse des stratégies des entreprises, il est toujours possible d'attribuer des changements économiques au rôle d'un acteur, comme en témoigne l'usage des *success stories* dans la littérature économique. Dans l'analyse des biographies professionnelles, il importe de ne pas perdre le point de vue du caractère déterminant de l'offre d'emploi, c'est-à-dire des politiques d'entreprises en matière d'emploi.

L'investigation statistique nécessite des définitions assez précises pour définir sans ambiguïté les limites entre deux ou plusieurs groupes dans l'échantillon. La majeure partie de ces limites a été déterminée avant l'enquête, à partir des définitions établies par les économistes du travail. C'est le cas de la distinction « formel/informel » établie sur la base de l'existence d'une comptabilité écrite ou des fiches de paie. C'est aussi le cas des catégories éprouvées qui distinguent le commerce, la production, les services ou encore les secteurs privé, public ou parapublic.

L'essentiel pour nous n'est pas de proposer une nouvelle typologie des emplois (une de plus), mais plutôt, à partir de catégories déjà bien établies par le passé (et pour certaines déjà normalisées, comme la Classification Internationale Type des Professions - CITP-88 du BIT) et dont on connaît les limites, d'introduire le temps, c'est-à-dire le mouvement, dans l'analyse du marché du travail. S'il y a une originalité dans cette démarche, elle réside moins dans le renouvellement des concepts et des catégories économiques, que dans l'affinement de l'analyse de la dynamique du marché de l'emploi à l'aide d'outils démographiques qui accordent une place centrale à la durée. Le recueil des biographies professionnelles est un outil privilégié de l'analyse du processus de catégorisation de la main-d'œuvre sur le marché de l'emploi urbain.

Approche biographique et prévisions socio-économiques

Certains lecteurs seront peut-être surpris de l'importance donnée ici à l'analyse biographique au détriment peut-être d'une analyse plus fouillée de la situation présente du marché du travail. Un tableau détaillé de l'emploi est en apparence plus séduisant pour établir des indices de conjoncture, dans la perspective d'un suivi de la situation de l'emploi (enquête-emploi, observatoire économique). Il est vrai qu'en faisant des recherches à partir du recueil rétrospectif des biographies, on a souvent l'impression de travailler pour l'histoire. C'était d'ailleurs un des objectifs explicites de l'équipe que de reconstituer, à l'aide des biographies, l'évolution de la ville durant les trente dernières années. Cette impression est renforcée par le fait que le temps peut paraître long entre la collecte et l'analyse : plus les questions sont complexes, plus la collecte et l'analyse sont elles-mêmes complexes, malgré les progrès techniques réalisés.

L'analyse des biographies pourrait se justifier par la nécessité, pour faire des projections utiles à la planification, d'utiliser des données ayant une certaine profondeur historique. En analysant les évolutions passées, on est en mesure de formuler des hypothèses raisonnables pour l'avenir. Cette approche a des avantages pratiques indéniables, et les outils démographiques sont sur ce point très appropriés. En effet, ils permettent de projeter le comportement hypothétique de cohortes à partir du comportement déjà observé, et cela sur plusieurs années après l'enquête. Par exemple, à Dakar, la dernière génération (1955-64) avait entre 25 et 34 ans au moment de l'enquête, mais on peut déjà évaluer qu'au moins 25 % d'entre eux n'obtiendront pas un premier emploi avant l'âge de 30 ans. Ces projections sont très robustes et ne nécessitent pas de gros échantillons.

Mais l'analyse des biographies, c'est-à-dire des évolutions passées, obéit à un souci plus général ou plus théorique qui est celui de comprendre l'évolution des structures. L'anticipation sur l'avenir ne doit pas se contenter de simples projections d'indices sur quelques années. Il faut pouvoir expliquer les évolutions qui ont mené à la structure actuelle, pour élaborer des décisions qui mèneront éventuellement à sa modification. Ainsi l'analyse démographique des itinéraires professionnels permet de rendre compatible l'analyse économique du marché de l'emploi et l'analyse sociologique des biographies de travailleurs (sans, bien sûr, se substituer à l'une ou à l'autre). Chaque génération traverse des périodes de crise, de stabilité ou de croissance, mais elle les traverse à des âges différents. L'analyse démographique offre, dans une large mesure, le contrôle du longitudinal en même temps que du transversal. Elle permet en outre de mettre en relation des changements d'emploi successifs et d'autres événements tels que la migration (vers ou dans la ville) ou le mariage. La vie professionnelle est analysée dans le contexte de l'urbanisation et de la migration en général, et dans le contexte familial. L'analyse biographique ne remplace pas l'analyse au niveau des ménages, mais elle permet de suggérer des pistes et de dévoiler des relations parfois complexes entre vies professionnelle, migratoire et familiale, peu décelables par une simple analyse transversale.

Les possibilités d'analyse des itinéraires professionnels

La discussion qui précède ne doit pas faire oublier que les études sur l'emploi, quelles que soient leurs motivations, ont d'abord pour fonction de restituer des informations et des interprétations simples, ce qui est au moins aussi important que de contribuer à une théorie sur les marchés de l'emploi urbain dans le Tiers-Monde. Les informations de base manquent souvent aux décideurs pour prendre des décisions et pour orienter leurs actions. Pour cette raison, le but des enquêtes Insertion Urbaine est aussi de mesurer simplement les caractéristiques propres au marché de l'emploi. Il s'agit d'abord de décrire la structure du marché de l'emploi au moment de l'enquête. On évalue ainsi la part de chaque branche du marché ainsi que la part du secteur non enregistré. Le chômage est évalué pour chacune des catégories de travailleurs.

Mais le cœur de l'analyse concerne les itinéraires de formation. Avec les enquêtes Insertion Urbaine, les débouchés des études et de l'apprentissage peuvent être comparés, et la durée de la recherche d'un premier emploi estimée. Il est aussi possible d'analyser la mobilité professionnelle, notamment entre secteurs et en rapport avec l'installation pour compte propre. À l'aide de ces analyses, on tente de répondre aux questions suivantes :

- *Quel a été l'effet de la crise sur le chômage des jeunes et sur la précarité de l'emploi ?* Il est important de déterminer la population à risque et les modalités de sortie du chômage et de l'emploi précaire.

- *Comment les migrants se situent-ils sur le marché du travail ?* Dans un contexte de croissance urbaine et de crise du monde rural, il s'agit de voir où se situent les populations migrantes sur le marché de l'emploi dakarois.

- *Quelles sont les filières d'accès aux emplois salariés selon le secteur ?* Dans quelle mesure la crise du secteur moderne et les mesures d'ajustement ont-elles affecté l'accès à l'emploi salarié ?

- *Quelles sont les filières d'accès aux emplois indépendants selon la branche ?* Et plus particulièrement : *Quelle est l'importance véritable du passage du salariat à l'installation pour compte propre ?* Il est important de situer la mobilité professionnelle dans le contexte de la crise des années 80 : le secteur non enregistré (sous sa forme la plus commune, l'emploi indépendant) a-t-il constitué un refuge pour la population rejetée du secteur moderne en crise ? Quelles sont les conditions d'accès au statut d'indépendant ?

Pour répondre à ces interrogations, on peut analyser plusieurs types de transitions (Bocquier, 1995a; Antoine *et al.*, 1992). Un premier type concerne l'accès au premier emploi, pour les migrants et non-migrants. Un deuxième type réfère à l'issue de certaines formations, études ou apprentissage. Enfin, un troisième type de transition concerne certaines formes de mobilité professionnelle, telles que le passage de salarié à indépendant et vice versa, le passage au salariat précaire, l'accès au salariat moderne, etc. Les techniques d'analyse des biographies (*event history analysis*) sont maintenant courantes : courbes de Kaplan-Meier, courbes de Aalen, modèles de régression semi-paramétriques (*Cox's models*), modèles non paramétriques d'analyse des interférences (Courgeau & Lelievre, 1989; Andersen et al., 1993; Bocquier,1995b).

Les contraintes de l'analyse des biographies

Les contraintes imposées à ces analyses tiennent avant tout à la taille de l'échantillon, lorsque le groupe auquel on s'intéresse est peu représenté. Par exemple, les échantillons de Dakar et de Bamako tiennent compte de la structure par âge de la population : ils ont été stratifiés par grands groupes d'âges, pour que les jeunes ne soient pas surreprésentés comme c'est le cas des populations à croissance rapide, dont la pyramide des âges est particulièrement évasée. Cependant, le problème de la taille de l'échantillon ne se pose pas seulement par rapport à l'âge : lorsqu'on veut étudier certaines transitions, l'échantillon soumis au risque peut être trop réduit par rapport au nombre de variables que l'on veut tester. Par exemple, il avait été envisagé de faire l'analyse du secteur informel de production et de faire la comparaison des résultats pour Dakar et Bamako : ce projet n'a pu être réalisé lorsqu'on s'est rendu compte que les effectifs d'indépendants dans la production étaient nettement insuffisants à Bamako, où dominent les branches des services et du commerce.

À l'épreuve de l'analyse, on constate que l'on peut travailler sur des sous-échantillons d'environ 200 enquêtés et tester tout de même 80 modalités de variables selon les modèles de régression semi-paramétrique. Cela suffit, dans l'enquête Insertion Urbaine, pour tenir compte de tous les facteurs explicatifs pertinents que l'on peut mettre en rapport avec l'emploi. Comme on le voit, ce rapport entre nombre d'enquêtés et modalités de variables est particulièrement favorable : on obtient rarement de tels rapports avec d'autres modèles de régression (tels que les modèles logit, probit, etc.). En fait, la contrainte se situe surtout au niveau de la définition des variables et des événements que l'on veut analyser, c'est-à-dire au niveau conceptuel. On a vu déjà les limites aux définitions des types d'emploi, notamment par rapport au secteur « informel ». À cela s'ajoute l'incertitude liée au temps. Ainsi, certains événements peuvent être mal datés ou omis de la biographie, soit par oubli, soit parce que les périodes traversées durent moins de 6 mois (durée minimale pour qu'une période d'activité ou d'inactivité soit enregistrée dans les enquêtes Insertion Urbaine).

Contrairement à ce qu'on pourrait penser de prime abord, la contrainte de la datation imprécise des événements est relativement faible, dans la mesure où l'on se contente pour l'analyse d'une datation à l'année près. Si les événements de diverses natures (mariages, emplois, changements de résidence...) sont bien classés entre eux par ordre chronologique, les analyses d'interférence entre ces événements peuvent être menées à bien. Des précautions au niveau de la codification doivent d'ailleurs être prises pour que tous les événements biographiques soient bien ordonnés dès le recueil sur le terrain. En revanche, les omissions ne peuvent être évitées, et il est difficile de mesurer leur importance : il faut savoir que nous ne pouvons analyser que les événements les plus marquants de la vie d'un individu, sans prétendre à l'exhaustivité (ce qu'aucune enquête ne prétend d'ailleurs). Par exemple, à Dakar, on ne peut faire une analyse de l'entrée en chômage ou de la sortie du chômage, dans la mesure où seules les recherches d'emploi de plus de 6 mois sont enregistrées dans le questionnaire biographique. On a essayé de pallier ce problème à Bamako en demandant, pour chaque période d'emploi, combien de temps a duré la recherche de cet emploi.

En ce qui concerne l'effet de la migration sur l'emploi, il faut rappeler que l'échantillon est tant constitué de personnes vivant actuellement dans la ville, qu'il n'est pas possible de faire l'analyse de la migration vers et hors de la ville, en tant qu'événement biographique. Seuls les événements qui se produisent dans la ville même peuvent être considérés comme représentatifs de l'évolution des conditions de vie de cette ville. Cependant, le statut migratoire peut intervenir dans toute sa complexité comme variable explicative pour l'analyse des événements internes à la ville : c'est véritablement de cette manière qu'on peut estimer les chances relatives des migrants et non-migrants sur le marché du travail, par exemple. Ce type d'analyse peut être fait à condition que l'on n'oublie pas que la migration vers la ville est elle-même sélective : ne migre pas qui veut, et quand il veut. De plus, un certain nombre de migrants en situation d'échec ont pu repartir dans leur lieu d'origine ou bien tenter leur chance ailleurs, et ne sont donc pas repérés par l'enquête. Les différences constatées dans la ville ne sont pas forcément représentatives des différences existantes dans le pays : seule une enquête nationale est à même de mesurer véritablement les interférences entre la migration et l'emploi, encore que là aussi on se trouvera limité pour l'analyse des migrations internationales.

Les périodes de conjoncture et les âges de la vie

Les variables indépendantes fonction du temps, qui sont une originalité des modèles semi-paramétriques, justifieraient à elles seules l'utilisation intensive du recueil biographique pour l'analyse des changements sur le marché de l'emploi. Il s'agit de variables qui changent de valeur en cours d'observation : par exemple, un apprenti devenu chômeur avant d'obtenir un emploi salarié, contribuera au calcul de la probabilité de devenir salarié pour un apprenti pendant le temps de son apprentissage; ensuite, il contribuera à la probabilité de devenir salarié pour un chômeur. Un même individu contribue à ces probabilités en fonction du temps qu'il a passé dans différents statuts.

Les variables indépendantes fonction du temps permettent véritablement de saisir les processus, en mettant en relation les événements entre eux dans le temps. La période de conjoncture fait partie de cette catégorie de variables. Habituellement, l'effet de la période de conjoncture est introduit indirectement sous l'effet de génération : on sait que chaque génération a connu des contextes différents et qu'au même âge ses chances ne sont pas les mêmes de connaître l'événement étudié. En termes statistiques, on parlera de processus non stationnaire. Pour prendre l'exemple du premier emploi à Dakar, les années cinquante et soixante ont été plus favorables à l'emploi salarié que les décennies suivantes : c'est ce qu'on peut déduire du fait que les hommes nés après 1945 avaient plus de chances de devenir salariés que leurs aînés.

Mais toutes choses égales par ailleurs, une question se pose dans le cadre du présent projet. Puisqu'on cherche à repérer les effets de la situation économique de l'état du marché de l'emploi, autrement dit d'un processus macro-économique sur l'insertion et la mobilité professionnelles, n'est-il pas possible de créer une variable contextuelle qui nous permette de qualifier directement les périodes traversées par chacune des générations ? Au lieu d'utiliser la génération, une caractéristique acquise au moment de la naissance et dont l'effet est supposé constant tout au long de la vie, il est plus précis de créer une variable indépendante fonction du temps qui indique, pour chaque individu, les périodes qu'il a traversées. On saura qu'un enquêté né en 1945, par exemple, a connu depuis l'âge de 12 ans les périodes 1957-1959, 1960-1969, etc., jusqu'au moment de l'enquête en 1989. On créera donc une variable indicatrice pour chaque période traversée : pour notre enquêté né en 1945, l'indicateur de la période 1957-1959 sera activé à 12, 13 et 14 ans, l'indicateur de la période suivante de 15 à 24 ans, etc. Cette utilisation des variables indépendantes fonction du temps permet d'évaluer au mieux, dans un modèle à risques proportionnels, les effets de non-stationnarité.

Pour qualifier chacune de ces périodes, on n'est pas obligé d'utiliser des décennies, comme ci-dessus. L'intérêt d'une telle variable est justement de permettre de mesurer l'effet de périodes particulières, choisies par exemple en fonction de la situation économique ou politique. On peut à la limite tester l'effet d'une année donnée, s'il s'est produit un événement remarquable durant cette année.

Cependant, la taille de notre échantillon et les risques d'imprécision dans la datation des événements ne permettent généralement pas d'aller à ce degré de finesse. Le découpage en périodes quinquennales suffit à qualifier l'évolution de la situation économique. Avec les échantillons de Dakar (25 à 59 ans à l'enquête) et à Bamako (25 à 54 ans), on peut remonter jusqu'aux années 60 : ce sont trois décennies de l'évolution du marché de l'emploi que ces enquêtes permettent de reconstituer.

La prise en compte des variables indépendantes fonction du temps (étape de formation, période de conjoncture, etc.) permet de contrôler dans une large mesure le temps d'observation. Les interactions entre le temps d'observation et les variables explicatives sont encore possibles, mais leur influence se trouve limitée par le fait que les variables indépendantes fonction du temps capturent en partie ces interactions. Il est en effet important d'essayer de découper la période d'observation en tranches qui soient le plus homogène possible afin d'atténuer l'hypothèse de proportionnalité des quotients propres au modèle semi-paramétrique. La bonne spécification du modèle tient donc essentiellement au contrôle du temps d'observation : il s'agit de donner une signification aux variations dans le temps et non simplement d'en mesurer la significativité.

Une piste encore peu explorée : les relations entre dépendance économique et constitution du ménage

À partir de données transversales classiques du type recensement ou enquête emploi, on peut analyser le lien entre la structure du ménage (relations familiales, composition générationnelle, etc.) et l'activité de ses membres. C'est déjà un travail assez complexe puisqu'il faut recourir à des indices synthétiques qui résument bien la composition du ménage pour la mettre en relation avec les activités économiques exercées.

L'analyse des liens entre la formation du ménage et l'accès à l'emploi de chacun de ses membres est encore plus difficile, car elle fait intervenir le temps dans l'analyse. Il s'agit en quelque sorte de faire l'analyse de la biographie du groupe familial. Pour cela, il faut définir une unité statistique, en général le couple (unité nucléaire), que l'on suit au cours du temps, en rapport avec les autres membres de l'unité domestique (famille plus ou moins étendue). On peut faire par exemple l'analyse de la décohabitation des enfants dans un contexte de crise ou bien mettre en rapport le travail des femmes et des enfants.

Conclusion

Du point de vue méthodologique, les questionnaires biographiques se sont révélés très adaptés à l'analyse de processus qui évoluent dans le temps. Les modèles de régression semi-paramétrique permettent de bien distinguer ce qui relève de tendances lourdes et ce qui relève de la conjoncture. Cela est particulièrement important en ce qui concerne l'analyse de l'évolution du marché de l'emploi. À Dakar, notamment, on constate que la crise des années 80 a abouti à une plus grande mobilité sur le marché de l'emploi salarié, à une relative fixation dans le secteur non enregistré et surtout au chômage des jeunes. La mobilité de l'emploi salarié n'est pas synonyme de flexibilité, mais de précarisation. Les emplois salariés sont à la fois moins nombreux et moins stables, tandis que la petite production marchande n'a pas pris le relais sur le marché de l'emploi. On a pu ainsi montrer que le secteur informel est loin de constituer une panacée dans les villes sahéliennes. Son dynamisme n'a pas suffi à compenser les pertes d'emplois dans le secteur moderne (Bocquier, 1995a; Antoine *et al.*, 1992).

La richesse des résultats obtenus à Dakar et à Bamako, auprès d'échantillons relativement réduits (1 500 à 2 000 biographies), a incité le Centre de Recherche sur la Population et le Développement (CERPOD), institution de recherche sahélienne sise à Bamako, à élargir le Réseau à d'autres partenaires, à d'autres villes d'Afrique de l'Ouest. Le Réseau Insertion dans les Villes d'Afrique de l'Ouest (RIVAO) ainsi créé fournira une expertise qui pourra aisément s'inscrire dans les programmes de suivi des conséquences sociales de l'ajustement structurel en Afrique, mais aussi de la dévaluation dans la zone du Franc CFA. Les enquêtes Insertion Urbaine constituent un outil très efficace pour l'analyse des conséquences de ce type de mesure en milieu urbain, car elles mettent en rapport les comportements économiques (insertion professionnelle et résidentielle) et les comportements sociodémographiques (nuptialité, fécondité, santé). À l'heure où le développement social devient une préoccupation mondiale, comme en témoigne le Sommet de Copenhague de 1995, on voit l'importance de développer ce type d'analyse afin d'identifier dans les pays du Tiers-Monde les groupes sociaux à risque et les processus de paupérisation.

Bibliographie

Andersen, P.K, G. Borgan, D. Richard, et N. Keiding, 1993. « Statistical Models based on Counting Processes », in *Statistics*, Springer Verlag.

Antoine, P., O. Barbary, P. Bocquier, A.S. Fall, Y. Guisse, et J. Nanitelamio, 1992. *L'insertion urbaine : le cas de Dakar,* Compte rendu d'une recherche IFAN-ORSTOM financée par le Ministère Français de la Recherche et de la Technologie.

Antoine, P., S. Coulibaly, 1987. *L'insertion urbaine des migrants en Afrique,* ORSTOM - Collection Colloques et Séminaires.

Bâ, A., M. K. Konaté, A. Kouamé, R. Marcoux, S. Mariko, et M. Diawara. *L'insertion urbaine à Bamako (Mali),* Paris: Karthala.

Bocquier, P., 1995a. *L'insertion et la mobilité professionnelle à Dakar,* Thèse de doctorat de l'Université René Descartes - Sorbonne.

Bocquier, P., 1995b. « Emploi et insertion à Dakar », dans Yves CHARBIT & Salif NDIAYE (éd.), *La population du Sénégal,* Division de la Prévision et de la Statistique du Sénégal – CERPAA.

Bocquier, P, A.S. Fall. 1994. *Le recours aux réseaux sociaux pour l'accès à l'emploi. Le cas d'une ville en développement : Dakar,* communication au Colloque de l'Association canadienne des Études africaines, mai 1992.

Charmes, J., 1987. « Débats actuels sur le secteur informel », *Revue Tiers-Monde*, 28, 1.

Coing, H., 1982. *La ville, marché de l'emploi,* Presses Universitaires de Grenoble.

Coing, H., H. Lamico, C. Maldonado, et C. Meunier, 1982. « Contradiction dans l'analyse ou dans la réalité ? », *Vivre et survivre dans les villes africaines,* IEDES–PUF (collection Tiers-Monde), Paris.

Courgeau, D. et E. Lelièvre, 1989. *Analyse démographique des biographies,* INED.

De Miras, C., R. Roggiero, 1990. « Les petites activités marchandes en milieu urbain en Équateur. Analyse et bilan de la production théorique », *Les Cahiers - Pratiques sociales et travail en milieu urbain* (ORSTOM), 13.

Fields, G. S., 1990. « La modélisation du marché du travail et le secteur informel urbain: le théorique et l'empirique », *Nouvelles approches du secteur informel,* OCDE, Séminaires du Centre de Développement, 2.

Harris J. et M. P. Todaro, 1970. « Migration, Unemployment and Development: A Two-Sector Analysis », *American Economic Review.*

Heckman, J. J. et B. Singer, 1985. *Longitudinal Analysis of Labor Market data,* Econometric Society Monographs - Cambridge University Press.

Lachaud, J.-P. et M. Penouil, 1987. « Segmentation du marché du travail et mobilité entre activités informelles et activités modernes en milieu urbain africain: cas du Cameroun et de la Côte d'Ivoire », *Discussion Papers - Programme marché du travail,* Institut International d'Études Sociales - Organisation Internationale du Travail.

Mayer, K. U. et N. B. Tuma, 1990. *Event History Analysis in Life Course Research,* Life Course Studies - The University of Wisconsin Press, 297 p.

Ouedraogo, D. et V. Piché, (éd.), 1995. *L'insertion urbaine à Bamako,* Paris, Karthala.

Piché, V., S. Mariko, et L. Gingars, « L'emploi et l'insertion sur le marché du travail », dans Ouédraogo, D., et V. Piché, *L'insertion urbaine à Bamako,* Paris: Karthala.

Roubaud, F., 1991. *Deux ou trois choses que je sais de lui. Le secteur informel au Mexique,* Thèse nouveau régime, Université de Paris X - Nanterre.

Turnham, D., B. Salomé, et A. Schwarz, 1990. *Nouvelles approches du secteur informel,* OCDE, Séminaires du Centre de Développement.

COMPRENDRE L'INFORMALITE : LES METHODES DE TERRAIN AUPRES DES MENAGES ET DES ENTREPRISES

Daniel Hiernaux-Nicolas [1]

Introduction

Les réflexions qui suivent se basent sur les travaux de terrain que nous effectuons depuis plusieurs années sur un même site, la vallée de Chalco, située dans la périphérie Sud-Est de la ville de Mexico. Cette recherche a suivi de nombreuses démarches de terrain réalisées depuis les années soixante-dix dans des villes mexicaines de forte croissance, qui se sont développées autour de grands projets d'aménagement, principalement en matière de sidérurgie, de développement pétrolier et pétrochimique, et des centres touristiques de luxe.

Pour l'auteur que nous sommes, la présente recherche témoigne d'un long procès d'apprentissage personnel, d'un cheminement souvent difficile. Pour sa conduite, les textes et les livres de méthodologie n'ont été que de peu d'intérêt. C'est finalement la réflexion sur nos propres déboires ainsi que les comparaisons avec les travaux d'autres chercheurs qui nous ont orienté vers des méthodes plus « compréhensives ». Finalement, depuis plusieurs années, des travaux nouveaux, porteurs de profondes mutations dans la façon de percevoir les travaux de terrain, nous ont amené à procéder à une relecture des textes qui abordent les questions de méthode ou présentent des approches particulières.

Une autre précision est sans doute nécessaire : notre cheminement personnel est passé des questions des sciences de l'ingénieur et de l'architecture à l'économie spatiale, puis à la sociologie et à la géographie; il s'agit donc de travaux qui ont précisément une

1 Professeur chercheur titulaire de l'Université Autonome Métropolitaine de Xochimilco, Mexico, et chercheur national membre du Système national de recherche du Mexique.

orientation spatiale qui s'articule avec les thèmes socio-économiques : c'est sans doute une richesse complémentaire, mais cela nous a causé et nous cause encore beaucoup de difficultés nouvelles.

« Ramasser » ou produire l'information ?

En général, les chercheurs ont tendance à concevoir le terrain avant tout comme un espace qui sert à ramasser l'information disponible, qui devrait répondre aux hypothèses posées avant d'entreprendre les tâches de terrain. Ainsi, pour l'obtention d'un certain nombre d'indicateurs de terrain – l'état du logement ou la disponibilité des infrastructures par exemple –, il ne faut souvent que « ramasser » les données. Elles peuvent être visibles à l'œil nu ou être obtenues par des questions simples posées par l'enquêteur, par le biais d'un questionnaire. Il est même possible, dans certains contextes, d'avoir accès à des données officielles sur les caractéristiques principales des zones en étude.

Toutefois, de nombreux aspects de la recherche se construisent dans le cadre d'une situation qui met en relation plusieurs acteurs dans une même scène; c'est ce qui a été amplement traité par Goffman par exemple. Il faut donc que la situation se crée, et il est fréquent qu'elle ne puisse pas toujours avoir lieu si celui qui fait la collecte des données a peu de relations avec la conception du projet de recherche. Ces données se basent fréquemment sur une perception des insinuations ou des non-dit dans les réponses, plutôt que sur des affirmations claires et tranchantes des personnes avec lesquelles on travaille. C'est ainsi que de nouvelles pistes peuvent être conçues, que de nouveaux concepts peuvent surgir par des biais divers, non prévus. Il est donc de plus en plus évident que le recours à un travail direct de terrain des chercheurs est nécessaire, et c'est seulement pour certains types de recherches qu'il peut être envisagé de décharger le travail sur des équipes de terrain.

Pour notre part, au cours de nos recherches récentes, nous avons opté pour une méthode mixte : d'abord nous transférons à nos assistants de travail de terrain certaines tâches comme celles des relevés physiques (par exemple les comptages de logements ou d'activités économiques) et de l'enquête traditionnelle. Dans ces tâches, la plupart des questions sont précodifiées dans les réponses. On y fait aussi une place à un certain nombre de questions ouvertes aux réponses libres, qui permettent de lancer une seconde phase de recherche ou de découvrir des pistes non prévues. D'autre part, le relevé de récits limités de vie peut aussi être réalisé par les assistants, de façon à discerner au plus près les nouvelles pistes [2].

Il faut peut-être citer ici un exemple puisé dans notre dernière enquête : nous avions pour tâche d'identifier les stratégies de survie des pauvres qui vivent dans la périphérie de la ville de Mexico, par le biais de la mise en place de petites activités productives, surtout dans le tertiaire. L'équipe a d'abord été formée aux problèmes et aux « points chauds » hypothétiques de la recherche. Plusieurs réunions nous ont permis de mettre au clair les intérêts, les lacunes, les créneaux spécifiques, etc. de la recherche. En allant sur le terrain, l'assistant avait ainsi dès le départ le sentiment de s'engager dans une recherche dont il dominait le thème (tout au moins en partie) et non pas de réaliser un travail contraignant, qu'il était loin de maîtriser. Le temps mis à la formation de base est donc central, si on veut dépasser les relevés partiels, sans « âme ». Il faut donc faire sentir aux assistants les inquiétudes, les craintes, les espoirs qui accompagnent leur travail, et qu'ils devront affronter, sur le terrain, le champ de bataille où les idées subiront l'épreuve du feu.

Le questionnaire en soi a apporté pas mal de pistes nouvelles, mais sans doute moins dans les questions fermées. Ces dernières n'ont permis d'affirmer ou de contredire nos hypothèses de façon trop partielle que par les réponses aux questions ouvertes : une nouvelle piste qui nous a ainsi été proposée, c'est le concept même de travail tel qu'il est exprimé par les micro-entrepreneurs par divers biais dont les réponses aux questions sur le loisir et les temps libres en relation avec leur occupation. Nous reviendrons plus loin sur ce thème.

D'autre part, les récits de vie choisis ont renforcé l'intérêt des assistants, qui ont commencé à découvrir des réalités qui pouvaient, dans certains cas, leur être socialement proches, mais desquelles ils n'avaient pas forcément la conscience intellectuelle. De cette façon, nous avons pu construire une première phase de projet d'une grande richesse.

---

2 Dans nos derniers travaux, nous avons plutôt évité de laisser aux assistants le relevé des récits de vie, car il y a, derrière que ceux-ci, tout un contexte de vie quotidienne qui doit être observé directement par le chercheur principal.

Repenser les concepts

Une sensibilité au terrain, assez proche de celle des anthropologues ou de ce que Bailly appelle l'humanisme en géographie, ne doit pas nous faire oublier le rôle des concepts. Il y a belle lurette que nous ne croyons plus beaucoup au schéma classique « concepts - hypothèses - indicateurs », mais notre inquiétude conceptuelle est toujours vivante, et même elle nous est plus présente que jamais.

Un des concepts clé dans les recherches que nous avons entreprises dans la périphérie de la ville de Mexico, c'est celui de « travail ». Le concept même de l'informalité lui est fortement lié. Ce que les situations périphériques à Mexico nous ont appris, c'est de relativiser les conceptions « dures » du travail, entre autres celles qui surgissent de l'économie politique. Les aspects qui reflètent l'hétérogénéité du concept de travail sont multiples : les formes d'insertion « laborale ? », de rémunération, le facteur temps, la relation à l'espace, le caractère collectif ou individuel des activités, etc.

Voici quelques exemples de ce que notre recherche a signifié pour notre reconceptualisation personnelle du travail. Tout d'abord, dans l'esprit de plusieurs habitants des bidonvilles de Mexico, l'activité développée par les micro-entrepreneurs n'est pas vraiment de « travailler ». Le « travail » pour eux est une activité rémunérée, dans un site de travail formel (usine, bureau...), avec des horaires, des liens avec les compagnons de travail, des microrituels (comme ceux que Javeau retrouve dans la relation du patron avec la secrétaire), en bref un mode d'activité propre à la phase fordiste ou semi-fordiste dans le cas mexicain, qui a fait les beaux jours des trente glorieuses.

Selon eux, l'activité actuelle est une façon de gagner sa vie, plutôt qu'un travail. Les questions que nous leur avons posées au sujet de la disponibilité de temps libre et de l'usage des loisirs nous ont démontré que le temps libre n'est pas un temps résiduel après le travail et le temps obligé, mais que, dans le cadre de leur façon de subvenir à leurs besoins, on peut percevoir une intégration constante entre les trois temps. Il s'agit donc d'un mode de mise en activité qui contredit très fortement ce que la sociologie du travail et du temps libre a pu produire à ce sujet.

En fait, l'activité qui est réalisée dans un contexte de survie ou de stratégie de survie n'est pas conçue comme un travail traditionnel. De plus, dans un certain nombre de cas, les personnes remarquent qu'elles n'ont pas de temps libre parce que leur activité est un véritable « esclavage », et non pas un travail. Remonter, sans y être poussé, à un concept d'activité précapitaliste, nous fait frémir conceptuellement et nous oblige à repenser notre propre conception des activités réalisées par ces micro-entrepreneurs à la périphérie. Il est assez symptomatique que la plainte est émise par rapport à une activité contraignante qui oblige à être à pied d'œuvre parfois très tôt et jusqu'à très tard, pour attendre un client éventuel : les journées de 12 heures sont ainsi fréquentes, et le commerçant ou celui qui offre un service doit donc être présent dans sa boutique, disponible, fréquemment « pour rien » car les clients sont rares. Ce que nous appelons « travail » n'est souvent qu'une longue attente, un égrènement monotone d'espoirs, une frustration quotidienne de ceux qui utilisent leur temps comme capital de travail, souvent seul capital possible pour entreprendre une de ces activités de survie.

Une autre question qui surgit dans notre recherche, c'est la conception du travail des membres de l'unité domestique : les enfants ne « travaillent » pas, ils « aident ». Et ce n'est pas une manière d'éviter la fiscalisation sociale par rapport au travail des mineurs, mais bien une façon de concevoir l'activité de survie comme une tâche collective, une mise en œuvre des capacités, une organisation des temps familiaux dans un but unique : trouver les maigres ressources qui permettront d'arriver au jour suivant ou de recommencer une nouvelle semaine. Nous sommes déjà bien loin du travail qui se mesure en heures, en dépense de la force de travail, en productivité par rapport à une production déterminée à laquelle il ajouterait une « valeur ». L'activité est donc un mode de vie, une façon de survivre dans ces cas précis.

Comme on a pu le voir dans les paragraphes antérieurs, c'est toute notre plate-forme conceptuelle sur le travail qui perd beaucoup de son sens. Il nous faut donc surtout savoir écouter, percevoir les nouveaux sens attribués aux concepts initiaux qui paraissaient orienter nos questions de recherche. Il faut aussi repenser, réfléchir, redemander des éclaircissements, donc entreprendre un travail plus permanent, plus constant et en vagues successives, par rapport au terrain, aux personnes, aux situations. Dans la même veine, nous ne pouvons pas nous empêcher de poser quelques jalons de nos réflexions par rapport au concept du temps, car elles constituent aussi un apport de notre recherche qui est transmis par la façon d'aborder le terrain. Dans un travail précédent, nous avions déjà noté que divers groupes sociaux pouvaient maintenir des concepts différents du temps. Nous faisions référence au temps cyclique des sociétés traditionnelles, au temps linéaire du capitalisme et au temps simultané de la surmodernité : trois types de temps, mais aussi trois conceptions de l'espace.

Nos enquêtes, par l'ouverture, par l'écoute des situations et des acteurs, nous ont permis de comprendre que les temps de l'informalité et de ces petits entrepreneurs sont éminemment complexes. Contrairement à l'ouvrier industriel soumis au temps linéaire de la production taylorisée, le travailleur à son compte, le micro-entrepreneur, joue sur une gamme de temps très distincte, surtout dans des situations d'origine paysanne pour certains, ou métropolitaines pour d'autres.

Outre les erreurs bien connues des démographes au sujet des concentrations des réponses sur des années spécifiques (les années 0 et 5 surtout), il y a des approximations qui ne peuvent absolument pas être saisies par enquête, du fait de la complexité et des variations des concepts de temps. Par exemple, la fusion des temps de travail, obligé et libre auprès de nos populations, démonte tous les essais de budget-temps et tout ce qui a trait aux mesures économiques de l'activité (nous ne disons pas le travail !).

D'autre part, le concept linéaire du temps et de la vie du commerçant plus prospère qui espère bien que « ça ira mieux », qu'il pourra améliorer son ordinaire, n'est pas présent dans nos populations : le temps n'a pas la continuité à laquelle nous sommes habitués car, pour ce qui a trait à leur activité, ce qui compte c'est la survie sur une base cyclique. Ce cycle est très court : c'est la journée. Mais en relation au quartier, la temporalité est différente, car elle introduit un acteur qui a un comportement plus linéaire : l'État. On espère donc une amélioration des conditions de vie dans le quartier, « parce que c'est comme ça, avec le temps, ça s'améliore ». On apporte aussi la démonstration par le passé [3]. Il va de soi que notre qualification de

---

3 Près de 40 % des chefs de famille ont vécu, avec leurs parents, dans la municipalité de Netzahuatcoyotl, le paradigme de la périphérie des années soixante et soixante-dix, durant l'industrialisation substitutive des importations et, dans une situation de salarisation importante, ce qui n'est plus le cas aujourd'hui dans ces quartiers. Les améliorations ont eu lieu peu à peu, et la mémoire de ces populations jeunes (la moyenne d'âge est de 27 ans pour les chefs de famille) renvoie à des situations linéaires.

« micro-entrepreneur », pour ces personnes qui cherchent leur survie dans les petits commerces et services, est de loin trop pompeuse par rapport à l'ampleur restreinte de leurs activités. L'entrepreneur dans son sens « capitaliste » est quelqu'un qui emploie son capital, ses ressources technologiques et humaines dans un sens volontariste à la Schumpeter.

Mais que dire alors de nos « gens de peu », ces êtres fréquemment déplacés de leur position sociale ouvrière, ces anciens paysans ou fils de paysans qui s'insèrent marginalement dans l'économie métropolitaine ? Qu'il s'agit d'entrepreneurs est un acquis si on veut bien admettre que leur activité est une entreprise permanente : celle de la subsistance, de la survie quotidienne. Mais la tendance des économistes à y adjoindre une qualification de rationalité ou de stratégie de croissance est de loin difficile à digérer dans des cas semblables. Nous pensons par exemple au livre d'Arellano, Gasse et Verna, qui traite (car c'est sans aucun doute la mode et nous y sacrifions tous d'une façon ou d'une autre) des micro-entreprises.

Il nous faut donc repenser nos concepts, reprendre souvent le degré zéro des mots et remettre sur le tapis les concepts de base. À ce sujet, la relation qu'analyse Bruno Lautier entre l'informalité et la citoyenneté nous paraît bien plus riche que d'autres interprétations, car elle nous rappelle le rôle de cette forme d'économie par rapport à l'intégration des sociétés nationales et locales. On ne peut penser aujourd'hui dans les canaux étroits qui furent construits dans le cadre d'un ordre fragmenté dans les sciences sociales : c'est vers un recours généreux et sans complexe à des faisceaux de concepts issus de diverses orientations qu'il faut s'orienter. C'est sans doute une des principales leçons des « casseurs » des questions de méthodes comme Feyerabend ou des iconoclastes anarchisants des sciences sociales comme Maffesoli. Leurs apports sont d'autant plus fondamentaux qu'ils sont encore loin d'être écoutés par ceux qui font du terrain.

L'unité de base dans la recherche : travailleur, famille ou entreprise ?

Pour étudier l'informel ou ces petites activités qui se heurtent constamment à nos acquis intellectuels les plus sûrs, il faut d'abord en définir l'unité de recherche, c'est-à-dire: vers qui dirigerons-nous nos travaux ? Il y a trois possibilités : le travailleur, la famille ou unité domestique et l'entreprise. À notre avis, les trois démarches sont possibles à condition que l'on ait conscience du fait qu'elles n'offrent pas les mêmes potentiels. La référence au travailleur individuel ou à l'entreprise est la plus évidente pour ceux qui se sont formés dans l'économie : il s'agit en effet de se centrer sur ceux qui constituent la base de l'économie, soit parce qu'ils sont considérés comme travailleurs individuels qui prennent des décisions par rapport au marché du travail par exemple, soit parce que l'entreprise constitue une unité économique à laquelle peuvent se raccrocher des données traditionnelles (salaires payés, productivité...). Toutefois, les recherches des sociologues et des anthropologues nous ont aussi appris que c'est souvent l'unité domestique qui devrait constituer la base même de notre analyse, parce que c'est en fonction de sa subsistance que se construisent les activités économiques, et aussi parce que c'est celle-ci qui garantit le fonctionnement des activités, en y apportant des ressources humaines (sous forme d'activité – « travail »), des ressources matérielles et aussi des connaissances, etc.

Il faut donc faire un choix ou éventuellement définir des stratégies de terrain qui permettent de recouper et de compléter les approches : c'est ce que nous proposons, sur la base de notre expérience, dans le point suivant. Partir du travailleur présente un avantage certain pour les analyses économiques : l'acteur économique, celui qui fait des choix, qui dépense une force de travail, qui accumule des connaissances, devient ainsi le centre de l'analyse. Indépendamment de la méthode de terrain, c'est une information de grande valeur que l'on peut retirer d'une approche par le travailleur individuel.

Le choix géographique est aussi possible entre l'enquête auprès des travailleurs dans une entreprise ou sur le site de leurs activités (par exemple dans la construction), ou en réalisant l'entrevue à leur résidence. Le premier choix est davantage approprié pour des échantillons sur des branches, des entreprises ou des sites d'activités [4]. S'en remettre aux entreprises permet aussi une qualification d'un ensemble de travailleurs associés à un processus de branche, donc la possibilité de comparer les résultats de terrain aux statistiques traditionnelles des institutions officielles. D'autre part, c'est la rationalité de l'ensemble de l'activité dans l'entreprise qui peut être

---

4 Il peut s'agir de zones industrielles mais aussi de rues dans lesquelles se concentrent des commerçants ambulants.

analysée et, dans ce cas, les stratégies d'entreprises sont plus facilement identifiables.

Le choix de l'unité domestique relève bien plus du travail des sociologues, des anthropologues ou de ceux qui exercent la micro-géographie.

Mais pour se décider à ce choix, il faut que les hypothèses du travail s'en remettent à des aspects précis qui exigent le recours au domicile, à l'espace géographique en général ou à la microentreprise liée au domicile. Le cas de l'informalité des commerçants ambulants est bien plus une affaire d'enquête auprès des travailleurs ou des sites complets (rues ou zones qui peuvent s'assimiler à une unité représentative d'une collectivité de travailleurs dans la même branche). Mais dans la situation qui nous a récemment concerné, par exemple - des petites entreprises dans un quartier spécifique - la relation entre le domicile et l'entreprise s'est avérée très étroite : nous étions donc au point de contact entre les enquêtes auprès des entreprises et celles auprès des unités domestiques. Nous avons donc opté pour une représentativité par le biais des entreprises dont nous avions un dénombrement localisé officiel qui nous a amené, comme nous le prévoyions, à une enquête auprès des unités domestiques du fait de l'intégration très forte entre entreprise et domicile. De ce fait, notre questionnaire est double. Il reflète pour une part cet intérêt pour l'entreprise, mais aussi, par le biais d'une série de questions et de tableaux qui reprennent des dimensions socio-économiques de la famille ou des renseignements sur le domicile, nous avons pu obtenir des données en référence aux unités domestiques.

Pour faire un choix judicieux, il nous semble que les objectifs du travail sur le terrain doivent être très clairs et nous amener vers une situation raisonnée. En effet, dans notre dernière enquête, c'est la recherche même des stratégies de survie qui nous a amené à nous orienter vers les entreprises-unités domestiques, et nous avons ainsi écarté de l'enquête un certain nombre de cas pour lesquels le propriétaire de l'entreprise ne séjournait pas sur le site d'étude. Pour ce faire, il fallait évidemment une idée assez claire des stratégies, ce qui nous était permis par notre connaissance du terrain, fruit de nos enquêtes et recherches antérieures.

Le choix de l'une ou l'autre approche dépend donc, répétons-le, des intérêts et des orientations de la recherche. Il est toutefois possible, si le temps et les ressources disponibles le permettent, de jouer sur plusieurs tableaux, de « brouiller les pistes » et de reprendre l'ensemble dans un contexte très différent. C'est ce que nous présenterons dans le point suivant.

La Recherche-Observatoire ou les vertus de l'attente

N'ayons pas peur de le dire : les vertus de l'attente que nous avons acquises pour cette recherche depuis 1989 sur la Vallée de Chalco ne sont pas seulement le fruit d'une position méthodologique. Elles répondent aussi au manque permanent de financement et à sa conséquence qui est de s'en remettre à des travaux partiels. Nous avons pourtant fini par en prendre notre parti, en faisant « contre mauvaise fortune bon cœur ».

Voyons-en d'abord l'idée et par la suite nous verrons comment nous avons pu l'appliquer à notre cas d'étude.

L'idée de l'observatoire n'est pas neuve ni propre à nos travaux : elle est en quelque sorte présente dans la façon de faire de l'ethnologue, surtout quand celui-ci alterne le terrain et le retour au terroir pour écrire ses résultats. L'observatoire est aussi la méthode appropriée pour donner un suivi à certains aspects de l'économie, de l'urbanisation, etc. Les observatoires immobiliers sont bien connus dans ce sens. Notre concept de l'observatoire ne va pas dans le sens d'une répétition de passages sur les mêmes thèmes auprès des mêmes populations enquêtées. Au contraire, nous avons mis en évidence un processus assez différent basé sur une alternance.

Il a d'abord fallu comprendre le terrain : ce fut le premier pas dans la méthode. On ne valorisera jamais assez les visites préliminaires et cette sensation de l'espace vécu, ce parcours plusieurs fois répété des rues, des espaces publics et des visages. Cela permet non seulement de se faire à la poétique de la ville ou du quartier, mais aussi d'en découvrir des logiques assez élémentaires : beaucoup d'enfants dans les rues aux heures d'école; des pauvres (commerçants ambulants) qui vendent à d'autres pauvres; les difficultés d'accès (la boue, les rues fermées, le manque de transports publics...). Peu à peu, une première vision s'impose : elle est essentielle car elle guidera la recherche, une fois confrontée à ce que nous savons déjà.

La vision initiale est une espèce d'accumulation primitive de données non systématiques, d'impressions, d'éclairs de connaissances. Tout au long de notre parcours personnel dans les recherches de terrain, nous avons aussi pu voir qu'il y a des chercheurs avec *feeling* et d'autres qui ne voient pas les choses, même s'il s'agit d'évidences. L'intuition, mère de beaucoup de théories, n'est hélas pas distribuée de façon homogène parmi les chercheurs, et il conviendrait bien d'en faire un thème d'enseignement. Le sens de l'intuition s'aiguise comme un couteau, et il serait bon que les apprentis chercheurs (étudiants, assistants de recherche...) sachent en percevoir les bienfaits.

Mais cette phase de « promenade » devrait être systématisée : définir des périodes appropriées de passage dans les zones de travail, en tenir sans doute des cahiers de note, mais aussi filmer, photographier, bref maintenir une image-mémoire qui permet de revenir sur ces détails que notre propre mémoire humaine défaillante a oubliés ou que notre acuité visuelle n'a pu distinguer de prime abord. Nous n'avons, hélas ! pas systématisé notre propre expérience et aujourd'hui nous ne pouvons qu'avoir recours à notre mémoire, sans image de référence.

D'autre part, il est certain qu'une référence globalisante est de grande utilité : dans notre cas, au vu du caractère récent de l'urbanisation de la Vallée de Chalco et du manque de recensements, il a fallu, dès 1990, en faire un relevé, îlot par îlot : compter les maisons par type de matériau, par numéro d'étage, les commerces, les maigres équipements, bref, un *survey* comme ceux que les urbanistes font traditionnellement. Le coût en est moins élevé que ce que l'on pourrait croire; nous l'avons réalisé avec une équipe d'étudiants, en peu de temps, mais c'est surtout l'usage qui en est central et qui en justifie totalement le coût : non seulement les relevés par quartier dans la Vallée, mais aussi la vision d'ensemble préliminaire que nous avons pu en retirer, nous ont permis de réaliser des sondages plus « légers » que les échantillons traditionnels. En effet, nous avons pu consacrer nos maigres ressources au relevé de questionnaires distribués stratégiquement par quartier. Nous estimons que, dans le cas d'un travail sur quartier ou sur zone d'activité, ce genre de relevé est fondamental, non seulement pour la distribution des sondages ou des échantillons, mais aussi pour la référence d'ensemble qui ne peut être éliminée.

Une fois ce relevé établi et les données essentielles transférées à des tableaux de synthèse par quartier, il nous a été possible de faire nos enquêtes. Une première enquête sociodémographique a donné lieu à une vision d'ensemble qui a intégré les aspects démographiques, socio-urbains et du travail dans le cadre d'une approche assez traditionnelle, mais avec une composante géographique d'importance (la question du : «où ?» étant présente en permanence). Par la suite, nous avons entrepris plusieurs enquêtes successives, en ne reprenant pas - de façon toute volontaire - les mêmes sujets d'enquêtes, ni les mêmes objets de recherche. De cette façon, une redistribution permanente des cas a été faite, mais des questions d'accrochage entre les diverses enquêtes ont été intégrées dans les questionnaires. Nous avons ainsi pu prouver que nos sondages partiels s'accrochaient bien entre eux, et que certains aspects étaient cohérents alors que d'autres étaient complémentaires.

Nos enquêtes furent les suivantes : sociodémographiques en 1990; sondage de petites entreprises la même année; sondage socioculturel et politique début 1991; enquête sur des strates de travailleurs en 1993; enquête de petites entreprises en 1994. Comme on peut s'en rendre compte, les trois unités d'enquête ont été touchées : (domestiques, entreprises et travailleurs).

Cinq ans après notre premier passage, un second dénombrement des maisons et activités s'avérerait urgent. Mais aujourd'hui il ne s'agit plus de quelque 50 000 logements, mais sans doute de près de 100 000. Ce n'est donc pas une mince affaire, et le recours à d'autres techniques devient nécessaire. Nous sommes maintenant dans une phase de recours aux autorités de la municipalité, du fait des coûts plus élevés, et aussi parce que cette base d'information leur est vitale pour la gestion locale.

Le projet d'un système d'information géographique est aussi en train de se monter. Nous l'avons déjà construit par quartier (19 unités) et par unité de recensement (autour de 70), mais il faut maintenant agrandir l'échelle, penser au niveau des îlots. De cette façon, il sera possible par la suite de ne pas revenir à un comptage global, mais bien de sonder les îlots et de produire des estimations raisonnables sur les constructions, la population, l'activité, etc. D'autre part, nous envisageons de prendre quelques zones de contrôle, c'est-à-dire des micro-observatoires sur de petites zones qui ne seront pas forcément représentatives de la totalité, mais, comme l'affirme Bertaux au sujet des individus, plutôt significatives des processus sociaux en cours. Le projet ODESSA (Observatoire de la Dynamique de l'Espace, de la Société et de l'Environnement, « Ambiente » en espagnol) est ainsi en cours d'élaboration. La « méthode » ODESSA intégrera non seulement des relevés, mais aussi des passages fréquents auprès des populations qui en acceptent le bien-fondé, et la possibilité d'entreprendre une recherche participative et une recherche-action surtout pour ce qui a trait à l'emploi et aux conditions de logement.

Un suivi de la recherche de terrain. Quels débouchés ?

Il est fréquent de restreindre une recherche de ce genre au niveau le plus immédiat pour le chercheur : les rapports de recherche et les publications dans le monde, le « très petit monde », académique. Il est certain que cela représente un objectif en soi auquel se consacrent plusieurs chercheurs universitaires. Mais d'autres centres de recherche prétendent lier ce genre de recherche à des projets officiels ou de fondations, souvent afin d'améliorer les situations locales. Il est certain que beaucoup de travaux sur le terrain ont fini par ne pas apporter grand-chose à l'avancement des connaissances : il s'agit d'une répétition sans fin d'enquêtes dans des contextes divers, de résultats peu élaborés et sans doute peu lus.

Est-ce cela que méritent la plupart des recherches sur les thèmes de l'informalité, des commerçants ambulants, des petites entreprises ? Ma foi, oui, si l'on n'est pas trop exigeant quant à la qualité des travaux entrepris, souvent avec force budgets, pour mener à bien de lourdes enquêtes, mais avec de maigres résultats. Il nous semble que de nouvelles approches, qui lieraient les recherches et les sujets des processus étudiés, pourraient être entreprises. La recherche-action ou la recherche participative en sont des voies déjà bien explorées. Il nous semble également qu'une première étape de « recueillement » du chercheur sur ses propres méthodes, ses « manies » et ses façons de faire, est loin d'être inutile. Dans notre cas, une recherche-action ou une recherche plus participative entreprise dans un premier temps nous aurait littéralement empêché de construire une recherche qui a avancé avec le temps et qui a découvert de nouvelles pistes, que des financements rigides ou des contraintes sociales (envers des groupes ou des personnes) auraient sans aucun doute stérilisées. Il faut donc prévoir un certain temps de construction autonome de l'objet de recherche pour pouvoir, par la suite, s'en remettre à d'autres méthodes avec d'autres intervenants.

Nous nous trouvons en plein à cette charnière, entre la continuation de travaux dans le cadre d'un observatoire plus « académique » et la possibilité d'insérer les recherches dans l'action de plusieurs groupes sociaux organisés, ou éventuellement de la mairie, si celle-ci y prête intérêt. Mais ces formes de recherche que nous envisageons nous amèneraient à changer nos méthodes; elles nous apporteraient aussi des éléments neufs, des visions plus ancrées dans les réalités quotidiennes, donc une façon de confronter nos hypothèses (qui nous paraissent de plus en plus confirmées par les résultats de nos nombreux passages et notre « panaché » de formes de travail), aux réalités vécues. Il s'agira sans aucun doute de commencer à infléchir une réalité par une action collective, et non plus individuelle, entreprise par les habitants de la zone. Cela ne manquera pas de donner un sens très différent et sans doute plus utilitaire (dans son sens positif) à des recherches entreprises dans un cadre académique.

Bibliographie [5]

Alonso, H., J. Antonio, 1991. « Mujeres, maquiladoras y microindustria doméstica », *Editorial Fontamara,* México.

Arellano, R., Y. Gasse, et G. Verna, (éd.), 1994. *Les entreprises informelles dans le monde,* Presse de l'Université Laval, Sainte-Foy, Québec, Canada.

Augé, M., 1992. *Non lieux,* Seuil, Paris.

Bailly, A. *et al.,* 1994. *L'Humanisme en géographie,* Économica, Paris.

Bertaux, D., 1986. « Fonctions diverses des récits de vie dans le processus de recherche », dans Desmarais D. et G. Paul, *Les récits de vie, théorie, méthode et trajectoires types,* Éditions Saint-Martin, Montréal.

Boer, L., 1990. « Informalization: the forces beyond », *International Journal of Urban and Regional Research*, 14, 3.

Bromley, R., 1993. « Small enterprise promotion as an urban development strategy », dans Kasarda, John, D. et M. P.Allan, , (éd.), *Third World Cities (problems, policies and prospects),* Sage-Focus Edition, Newbury Park-London-New Delhi.

5 Les textes que nous citons ne sont que les principaux jalons conceptuels et méthodologiques que nous avons utilisés dans nos travaux récents.

Cariola, C., M. Lacabana, *et al.*, 1989. *Crisis, Sobrevivencia y Sector Informal,* ILDIS-CENDES, Editorial Nueva Sociedad, Caracas.

Chant, S., 1991. *Women and survival in Mexican cities, perspectives on gender, labour markets and low-income houselholds,* Manchester University Press.

Charmes, J., 1987. « Débat actuel sur le secteur informel », *Revue Tiers-Monde*, XXVIII, 112.

Charmes, J., 1990. « Une revue critique des concepts, définitions et recherches sur le secteur informel », dans *Nouvelles Approches du secteur informel,* Séminaires du Centre de Développement, Paris.

Coraggio, J. L., 1991. *Ciudades sin rumbo (Investigación urbana y proyecto popular),* ed. SIAP-Ciudad, Quito, Équateur.

Cordova, E., 1986. « Del empleo total al trabajo atipico: ¿hacia un viraje en la evolucion de las relaciones laborales ? », *Revista Internacional del Trabajo*, 105, 4.

De Soto, H., 1987. *El otro sendero,* ed. Diana, México.

Degenne, A. et M. Forsé, 1994. *Les réseaux sociaux (une analyse structurale en sociologie),* Armand Colin, Paris.

Denzin, N. K., 1978. *Sociological Method: a sourcebook,* McGraw Hill, New York.

Deslauriers, J.-P., 1991. *Recherche qualitative, guide pratique,* Collection Thema, McGraw-Hill editors, Montréal.

Deslauriers J.-P. (éd.), 1987. *Les méthodes de la recherche qualitative,* Presses de l'Université du Québec, Sillery, Québec, Canada.

Feyerabend, ¿1986. *Tratado contra el método,* Tecnos, Madrid.

Hiernaux, D., 1993. *Tiempo, espacio y apropiación social del territorio: Hacia la fragmentación en la mundialización ?,* São Paulo, Brésil.

Hiernaux, D., 1995. *Nueva periferia, vieja metrópoli, el valle de Chalco, México,* Universidad Autónoma Metropolitana, Mexico.

Hiernaux, D. (éd.), 1994a. *Empresas de abasto, movimiento urbano popular y Solidaridad: un balance,* University of Austin-Texas et Universidad Autónoma Metropolitana-Xochimilco, Premier Rapport de Recherche, mimeo.

Hiernaux, D., 1994b. *Strategies from below: poverty and small scale enterprises in the Chalco Valley, Mexico,* Rapport du projet de recherche, North-South Center-Miami et Université Autonome Métropolitaine, Mexico, mimeo.

Hiernaux, D. et F. Tomas, 1994. Éditeurs, *Cambios económicos y periferia de las grandes ciudades, y caso de la ciudad de México,* Universidad Autónoma Metropolitana et Instituto Francés de América Latina, México.

Hiernaux, D. et A. Lindón, 1991. « Mercado de trabajo y crecimiento periférico: el Valle de Chalco, algunas consideraciones sociodemograficas », *Revista de la Población*, année I, 1.

Hiernaux, D. et A. Lindón, 1991. *Chalco: su proceso de poblamiento (una aproximación sociodemográfica y económica), Gobierno del Estado de México,* Consejo Estatal de Población, Toluca, México.

Instituto Libertad y Democracia, 1994. « La réforme institutionnelle et le secteur informel », dans Arellano, Rolando, Yvon Gasse y Gérard Verna (éd., 1994), *Les entreprises informelles dans le monde,* Presse de l'Université Laval, Sainte-Foy, Québec, Canada.

Jacob, A., 1994. *Le travail, reflet des cultures (du sauvage indolent au travailleur productif),* Collection Économie en Liberté, PUF, Paris.

Javeau, C., 1991. *La société au jour le jour, écrits sur la vie quotidienne,* Ed. De Boeck Université, Bruxelles.

Lautier, B., 1994. *L'économie informelle dans le tiers monde,* La Découverte, collection Repères, Paris.

Lautier, B., C. De Miras et A. Morice, 1991. *L'État et l'informel,* l'Harmattan, Paris.

Laville, J.-L., 1994. *L'économie solidaire (une perspective internationale),* Desclée de Brouwer, Paris.

Lomnitz, L., 1975. *Como sobreviven los marginados,* Editorial Siglo XXI, México.

López-Castaño, H., 1994. « Le secteur informel urbain », dans Arellano, R., Y. Gasse et G. Verna (éd.), *Les entreprises informelles dans le monde,* Presse de l'Université Laval, Sainte-Foy, Québec.

M.A.U.S.S., 1994. « Pour une autre économie », *revue semestrielle du MAUSS*, 3.

Maffesoli, M., 1985. *La connaissance ordinaire, précis de sociologie compréhensive,* Méridiens, Paris.

Maldonado, C., 1994. « Une approche globale du secteur informel urbain. Recherche, dialogue social et action concertée », Colloque *Villes et Développement,* Université du Québec à Montréal, Montréal.

Oudin, X., 1987. «Sur la définition du secteur non structuré », *Bulletin de liaison Anthropologie et développement,* Département H, ORSTOM, Paris.

Peattie, L., 1988. « Le secteur informel et la réflexion sur le développement économique », *Histoire de développement*, 4.

Pérez, S.?, P. Juan, 1989. *Respuestas silenciosas, proletarizacion urbana y reproduccion de la fuerza de trabajo en América Latina,* FLACSO-Ecuador, Nueva Sociedad, UNESCO, Caracas.

Portes, A., M. Castells, y L. Benton, (éd.), 1989. *The Informal Economy, Studies in Advance and Less Developed Countries,* The Johns Hopkins University Press, Baltimore-London.

Pronovost, G., D. Mercure, (éd.), 1989. *Temps et sociétés,* Institut Québécois de Recherche sur la Culture, Québec, Canada.

Raczynski, D., 1977. « El sector informal urbano: interrogantes y controversias », *Documentos de PREALC*, 3, PREALC-CIEPLAN, Santiago.

RIAC, 1991. « Le travail : autres réalités, autres regards », *Revue Internationale d'Action Communautaire*, Montréal.

Roubaud, F., 1994. *L'économie informelle au Mexique (de la sphère domestique à la dynamique macro-économique),* Karthala-Orstom, Paris.

Salama, P., et J. Vallier, 1994. *Pauvretés et inégalités dans le Tiers-Monde,* La Découverte, série Économie, Paris.

Sansot, P., 1994. *Les gens de peu,* Seuil, Paris.

Tremblay, D-G., 1990. *Économie du travail : les réalités et les approches théoriques,* Éditions Saint-Martin et Télé-Université, Université du Québec, Montréal, Canada.

Verna, G., 1994. « Légalité-légitimité : la dialectique de l'informel », dans Arellano, R., Y. Gasse et G. Verna (éd.), *Les entreprises informelles dans le monde,* Les Presses de l'Université Laval, Sainte-Foy, Québec, Canada.

DEUXIEME PARTIE :

LES ÉTUDES

L'APPROPRIATION FONCIERE INFORMELLE A BAMAKO : UNE STRATEGIE D'INSERTION URBAINE POUR LES UNS ET D'ACCUMULATION FONCIERE POUR LES AUTRES

Chantal RONDEAU

Introduction

Permettez-moi de rappeler que « les méthodes de collecte et d'analyse ne sont pas neutres [...]. Les clivages méthodologiques ne sont rien d'autre, au bout du compte que des clivages théoriques et politiques » (Morice, 1982, p. 257-258). Il est curieux que les politicologues aient si peu étudié les pratiques informelles car c'est dans le rapport à l'État que l'on définit souvent l'informalité (De Soto, Van Dijk, 1994), ce qui soulève la question implicite de son pouvoir ou de son absence de pouvoir, de contrôle et de régulation.

Rares sont les analyses qui font le pont entre l'appropriation foncière, l'informel, l'État et les stratégies des citadins et citadines. Quelle approche est en mesure d'appréhender cette complexe situation ? Celle-ci exige de travailler « aux franges des disciplines » et d'opter pour des méthodologies diversifiées. C'est le cas pour le corpus à la base de cette recherche. Les sources sont très variées [6] : d'abord les documents officiels, thèses, mémoires et nombreux textes sur Bamako et l'appropriation foncière en Afrique, y compris la presse locale et l'enregistrement au Mali d'une émission de radio sur la cité ; ensuite une enquête avec questionnaire (questions surtout ouvertes) sur les stratégies d'insertion résidentielle que j'ai supervisée à Bamako, d'octobre à décembre 1993. Elle portait sur trois quartiers (Niarela, Lafiabougou et Niamakoro) [7]. Cette enquête avait pour but

---

6 La bibliographie n'est pas exhaustive, faute de place, et ne donne que les textes cités.

7 J'ai réalisé le questionnaire qui s'adressait à 78 chefs de ménage et à leur conjointe ou à l'une de leurs conjointes (en milieu polygame). Cette recherche a été effectuée pour le projet R7 de Villes et développement,

d'aider à compléter celle entreprise sur l'insertion urbaine à Bamako par le Programme population et développement au Sahel (PPDS) (Ouédraogo et Piché, 1994).

J'ai également, durant la même période, effectué des entrevues auprès de 25 acteurs sociaux (des hauts fonctionnaires aux simples citoyens). M'inspirant des anthropologues pour mener à bonne fin ces entretiens, j'ai beaucoup appris de ces informateurs et informatrices et je dois dire qu'ils constituent le matériel le plus précieux, avec l'observation du milieu [8] pour saisir les logiques des appropriations foncières urbaines.

Ma connaissance de la politique en Afrique, discipline que j'enseigne depuis 1980, m'a beaucoup aidée également à comprendre ce qui se cache derrière les pratiques étatiques et à faire le lien entre le micro et le macro.

L'État fabrique des lois qui sont faites pour ne pas être respectées

À l'instar des trois auteurs suivants (Lautier, De Miras et Morice, 1991, p. 7), je me suis posé la question : « Pourquoi l'État fabrique-t-il des lois qui sont faites pour ne pas être respectées ? ». À Bamako, l'habitat dit « spontané » [9] abrite aujourd'hui 55 % des ménages « malgré l'existence d'un puissant arsenal juridique qui ne s'applique pratiquement pas » (S.N.L.M., 1993a, p. 120 et p. 111). C'est actuellement la plus importante pratique informelle d'appropriation foncière à Bamako.

Groupe interuniversitaire de Montréal, et financée par eux. Ce projet est mené également en collaboration avec le Programme population et développement au Sahel (PPDS) : Département de démographie de l'Université de Montréal et Centre d'études et de recherche sur la population pour le développement (CERPOD).

8 J'ai effectué plusieurs séjours au Mali depuis 1977, totalisant environ trois ans de travail.

9 Ce terme sera utilisé dans ce texte parce qu'il est très largement employé au Mali, et non parce que je suis en accord avec sa formulation, d'où l'utilisation des guillemets. Le quartier spontané peut être périphérique ou central au périmètre urbain ; il résulte d'une installation progressive sur les terres de culture d'un village ou d'un hameau *intra-muros,* ou encore sur un vide urbain inutilisé ou accidenté. (S.N.L.M., 1993a, p. 61).

Les réponses données par les spécialistes relèvent souvent de l'approche dualiste : difficulté de concilier le droit coutumier avec les règles juridiques modernes. Certains comme Rochegude (1982, p. 147) évoquent la question politique comme un aspect parmi tant d'autres. « Une politique de mise en place d'un certain nombre de textes est bien une décision qui relève de la politique. Est-ce qu'il ne se pose pas un problème d'acculturation ? ».

Contrairement à la thèse dualiste et m'inspirant de Lautier, De Miras et Morice, j'avance l'hypothèse que l'informalité au Mali est un mode de fonctionnement complexe qui possède sa cohérence interne, non exempte de contradictions.

La notion d'informalité dans le domaine foncier recouvre un large éventail de situations.

> « Occupation non autorisée par le propriétaire public ou privé du terrain, occupation sans titre ou dont la régularité n'est pas attestée par un document acceptable par l'administration, non conformité à la réglementation relative à l'usage des sols, à leur mise en valeur, à leur équipement; non conformité aux codes ou règlements concernant la construction » (Durand-Lasserve, 1992, p. 84).

À Bamako, il existe un nombre presque illimité de cas « tolérés » par les services publics. La liste suivante est révélatrice.

- Au Mali, à peine 2 % des propriétaires (S.N.L.M., 1993a, p. 123) sont détenteurs d'un titre foncier enregistré au Domaine. Tous les autres propriétaires de Bamako qui ont obtenu un terrain de l'État détiennent une lettre d'attribution (première étape) ou un permis d'occuper [10] (deuxième étape après la construction du terrain) [11]. D'après la loi, on ne peut vendre son terrain étant donné que l'État en demeure le vrai propriétaire. Dans ce cas, une décision de justice ou une autorisation administrative est nécessaire. Pourtant la spéculation foncière est très importante à Bamako. La dérogation est flagrante.

---

[10] Il s'agit en fait de l'appellation courante du permis d'habiter, à ne pas confondre avec le vrai régime du permis d'occuper (concession provisoire destinée aux zones commerciales) (Bertrand, 1990, p. 55).

[11] On veut présenter prochainement une nouvelle loi à l'Assemblée nationale. L'État n'accordera plus ni lettre d'attribution ni permis d'occuper.

- Il faut savoir qu'on ne doit pas détenir un autre terrain individuel dans le périmètre urbain de Bamako pour obtenir un lot de l'État. Toutefois les multi-propriétaires ne sont pas rares.

- D'après la loi n° 82/122, article 1er, reprise dans le Code domanial de 1986 : « Toutes les terres immatriculées inscrites au Livre foncier au nom de l'État, toutes les terres non encore immatriculées, ainsi que les terres vacantes et sans maître sont propriétés de l'État » (Bertrand, 1990, annexe). La loi impose aussi l'immatriculation préalable des terrains pour habitation, avant toute attribution. Autrement dit, le code interdit les « lotissements coutumiers » [12], car seul l'État contrôle l'immatriculation [13].

Seuls les chefs des collectivités territoriales décentralisées peuvent attribuer sur leur domaine privé (titre foncier obligatoire) des parcelles à usage d'habitation. « Mais cette mutation n'est possible qu'après réalisation des travaux d'aménagement et de viabilisation du lotissement (art. 19 de la loi no 82/122) » (Gagner, 1988, p. 115). Ceci suppose beaucoup d'argent car la vente de terrain à des particuliers (avec titre provisoire) ne peut se faire qu'après la viabilisation et l'obtention du titre. Nous sommes toujours dans le même cercle vicieux car la plupart des propriétaires n'ont pas de titre foncier.

- La non-observation des règlements concernant la construction en zone lotie est très fréquente et pas seulement dans les vieux quartiers.

- Que dire maintenant des lois concernant la location ? Elles sont méconnues d'une bonne partie des locataires et des propriétaires. Quels sont les locataires qui savent qu'à Bamako « tout immeuble bâti à louer doit être livré en bon état [...] et doit être exempt de tous les vices cachés susceptibles d'en compromettre l'habitabilité » (décret n° 146 du 27/9/1967) ? Locataires et propriétaires doivent payer des taxes : 15 % du montant total du

---

12 Terme utilisé pour désigner les lotissements réalisés sous la direction de notables locaux en fonction de droits coutumiers.

13 D'après S.N.L.M. (1993a, p. 126), « elle a été instituée en vue d'assurer la sécurité dans les transactions immobilières [...]. L'immeuble ou le terrain immatriculé est dans une situation juridique certaine et l'immatriculation confère un titre inattaquable ».

loyer pour les premiers (taxe des prestations de service) et 20 % des 60 % du montant du loyer (taxe foncière), plus 3 % du loyer pour les seconds (droit d'enregistrement) (S.N.L.M., 1993b, p. 207). Le taux de recouvrement est faible.

Auparavant un bon nombre de spécialistes considérait que l'appropriation foncière se répartissait entre deux catégories : les « squatters » ou illégaux et les propriétaires légitimes, publics ou privés. La situation est beaucoup plus compliquée, affirment deux consultants de la banque mondiale (Farvacque Vitkovic et Mc Auslan, 1993, p. 64).

> « On a maintenant de très nombreuses preuves que des intermédiaires opèrent dans les systèmes officieux [...]. Ils achètent des terrains en gros, les lotissent et les vendent en parcelles individuelles. Ils organisent des « invasions » de terrains et s'assurent ensuite de leur lotissement et démarcation ».

Il existerait une zone grise dans l'informalité foncière d'autant plus si les intermédiaires sont des fonctionnaires. À la suite d'une enquête sur les citadins en quête du sol dans six villes d'Afrique centrale, Piermay (1993, p. 195) avoue que la frontière entre la filière étatique et les filières para-officielles

> « est impossible à établir de manière pleinement satisfaisante, puisque même les responsables habilités respectent rarement à la lettre les procédures légales. Du moins peut-on dire que les filières para-officielles sont mises en oeuvre par des autorités administratives ou para-administratives, sans la sanction du service habilité à la gestion foncière ».

Monique Bertrand (1993, p. 137) constate à Koutiala, ville secondaire du Mali, que « les aliénations irrégulières des années 80 sont le fait exclusif de la municipalité qui a renouvelé ainsi pour un quart le nombre de lots résidentiels ». Les principaux moyens d'une production officieuse sont à Koutiala : « le morcellement privatif de places publiques réservées à d'hypothétiques équipements collectifs, des « raccords de bandes », qui ajoutent quelques îlots en périphérie des précédents lotissements, des terrains retirés à leurs premiers attributaires, faute de mise en valeur, puis redistribués sans l'avis des commissions domaniales ».

Après cette introduction sur la complexité de l'appropriation foncière informelle, l'exposé se divisera en deux grandes parties: l'habitat dit « spontané », première pratique informelle dans le domaine foncier à Bamako, et la spéculation foncière, deuxième pratique en ordre d'importance, étant donné qu'on ne peut vendre une terre qui ne nous appartient pas. Ceci permettra de mieux saisir la logique de pratiques qui peuvent sembler au premier abord contradictoires.

Quelques chiffres sur l'habitat à Bamako

Il n'existe, à ma connaissance, aucune estimation précise sur l'ensemble des lots distribués à Bamako par l'État depuis 1960. Faut-il s'en étonner étant donné que plusieurs instances administratives peuvent attribuer des parcelles ? On peut faire une demande au gouvernorat de la capitale [14], au Projet urbain et maintenant à l'ACI (l'Agence de cessions immobilières) qui vend des terrains aux enchères depuis mars 1992, à la mairie des six communes, sans compter la direction du cercle de Kati sur les marges du district [15] et le gouvernorat de la région de Koulikoro. On peut également se procurer une location-vente auprès de la SEMA (Société d'Équipement du Mali) [16].

D'après le professeur S. Traoré (1988a, p. 35), « de 1960 à 1980, 3 600 lots seulement auraient été distribués, soit une moyenne de 180

---

[14] En 1991, au moment de la chute de Moussa Traoré, 20 000 demandes de terrain n'avaient toujours pas reçu de réponse (chiffres donnés par le gouvernorat de Bamako). D'après le 2e adjoint de la gouverneure du district, « quand la nouvelle équipe arrivait il y avait beaucoup de situations en instance, notamment des gens qui avaient payé de l'argent au district et qui attendaient depuis des années pour avoir leur lot. Il y a aussi des gens qui s'étaient retrouvés par erreurs administratives, deux à trois sur le même lot » (*Les échos*, n° 204, 1992, p. 6).

[15] Cette proximité peut amener deux « propriétaires » différents à revendiquer le même terrain. Voir par exemple *L'Essor*, n° 1811, de février 1993, pour le litige entre un ressortissant de Kati et des habitants du secteur est de Banconi. Le maire de cette commune, écrit le journal, n'a pas caché son étonnement en constatant que les documents attestant le droit foncier de ce ressortissant « fixent l'appartenance de la parcelle au cercle de Katij », ce qui en soi est faux, selon le maire Salim Camara.

[16] De 1960 à 1993, cette société n'a pu réaliser que 1 500 logements à Bamako (S.N.L.M., 1993a, p. 13).

lots par an », ce qui m'apparaît inférieur à la réalité. Au moment du recensement de 1987, Bamako compte 658 275 habitants et 105 394 ménages (R.G.P.H.M., 1987).

Le Projet urbain du Mali commence en 1979 et un lotissement de 4 000 parcelles, y compris la réhabilitation [17] d'une partie du quartier « spontané », est effectué progressivement à Magnambougou [18] sur la rive droite. « Les décrets de 1985 et 1986, qui stipulent que tout lotissement doit être viabilisé au préalable, ont contribué également à diminuer le rythme des lotissements au Mali à cette période » (S.N.L.M., 1993a, p. 14). En 1991 la situation est la suivante :

> « À Kalaban sud, une zone de 1 000 parcelles a été bornée pour accueillir les déguerpis du second pont de Bamako et le lotissement de 3 000 parcelles dans la partie nord de la zone avec création de titres fonciers pour tous les lots a été exécuté sur la demande du gouvernorat du district » [19].

Ils sont destinés aux ventes aux enchères de l'A.C.I. ainsi qu'un lotissement à Bako Djikoroni « couvrant une superficie de 145 Ha comportant environ 2 500 parcelles » (*Essor*, 15/07/1991, p.4). La répartition des ménages selon le mode d'occupation est la suivante d'après trois enquêtes différentes dont les résultats sont très semblables.

Le pourcentage de propriétaires, qui était d'environ 70 % en 1965, n'a cessé de diminuer jusqu'en 1987. De 66 % en 1976, il est passé à

---

17 Pour les urbanistes, le terme exact est restructuration mais dans les documents au Mali, c'est celui de réhabilitation qui est le plus fréquent. Dans le langage courant, il y a confusion entre lotissement et réhabilitation. Le premier mot est souvent utilisé à la place du deuxième. La réhabilitation est une opération de réaménagement d'un quartier dit « spontané » : élargissement des rues, construction de nouvelles voies, libération d'espaces pour les équipements publics. On conserve les mosquées, les dispensaires, etc. Les propriétaires touchés par cette opération obtiendront à certaines conditions une parcelle dans la zone de recasement. La viabilisation est généralement très sommaire : des poteaux d'électricité le long des avenues principales et quelques bornes-fontaines que des privés se chargeront le plus souvent d'exploiter.

18 Jusqu'à maintenant le quartier est loin d'être complètement viabilisé.

19 D'après le journal *L'Aurore*, (1990, no 6, p. 5), le lotissement de Kalaban-Coura Nord et Sud comprend en tout 9 000 parcelles. Le projet a commencé en 1986.

55,6 % en 1983 (B.M. et D.P.U.M., 1984a, p. II.III et 1984b, p. 55) et à 45,5 % en 1987 [20], bien qu'une bonne partie de la population habite maintenant dans les quartiers dit « spontanés » où les propriétaires sont dit-on plus nombreux [21]. Seulement 5,5 % des ménages en 1965 vivaient dans ces quartiers comparativement à 55 % en 1993 (S.N.L.M., 1993a, p. 120).

Tableau 2 - Répartition des ménages selon le mode d'occupation (%)

	1987 [22]	1992 [23]	1992 [24]
Propriétaire	45,5	46,6	46,9
Locataire	42,7	44,0	42,8
Autres [25]	10,0	9,4	10,3
ND	1,9	--	--

20 Bien que ces statistiques ne reposent pas sur des enquêtes tout à fait comparables, elles n'en indiquent pas moins une baisse importante de la proportion de propriétaires par rapport aux locataires.

21 58,1 % des ménages seraient propriétaires en 1992 dans ces quartiers (S.N.L.M., 1993a, p. 84). Néanmoins selon le maire de la commune IV, « Si nous voulons parler objectivement, les locataires sont plus nombreux que les propriétaires dans le spontané » (traduction libre du bambara, Émission de radio de l' ORTM, « Cité en question », 4/11/1993). À son avis, les propriétaires qui n'habitent pas le quartier ou avec leurs locataires (cas assez fréquent) s'entendent avec ceux-ci pour qu'ils se déclarent propriétaires. Au moment de la réhabilitation du quartier, ils auront ainsi un terrain.

22 Source : R.G.P.H.M. 1987, volume 8, Bamako, tableau H-3.

23 Source : IMMUS-Bamako, enquête ménage, 1992. Cité dans le rapport de recherche sous la direction de D. Ouédraogo et V. Piché (1994, p. 79).

24 Source : enquête effectuée dans le cadre de la Stratégie nationale du logement au Mali (1993a), p. 84).

25 Dans le cas des deux enquêtes de 1992, il s'agit du pourcentage d'hébergés.

> « Une centaine d'hectares s'urbanisent annuellement de façon illégale portant la superficie totale des quartiers d'habitat à environ 8 000 hectares actuellement contre à peine 4 465 ha en 1983, soit un doublement de la superficie réservée à l'habitat en moins de 10 ans. Cet étalement spatial de la ville, reflété par des densités qui ne sont nullement urbaines (40 habitants à l'hectare contre 100 à 200 dans d'autres capitales à conditions similaires), dénote l'absence quasi-totale de maîtrise foncière » (S.N.L.M., 1993a, p. 124).

L'augmentation de la superficie du cadre bâti et particulièrement de l'habitat « spontané » correspond à une stratégie d'insertion urbaine des Bamakois et Bamakoises. « La terre ne ment pas » disent-ils. « L'obsession du citadin à acquérir sa parcelle familiale, condition minimale de toute réussite en ville » (Bertrand, 1988, p. 83) est frappante. Les femmes sont également de plus en plus intéressées à se procurer un terrain pour elles-mêmes et leurs enfants [26]. Dans les années 60, d'après mes propres enquêtes, les gens, en particulier les jeunes migrants, étaient moins conscients qu'aujourd'hui de l'importance de se construire, bien que les enquêtes quantitatives démontrent que cet accès à la propriété était plus facile que de nos jours (Ouédraogo et Piché, 1994). Il s'est donc produit le phénomène suivant : une augmentation très nette de l'intérêt à devenir propriétaire, avec une difficulté de plus en plus grande à y parvenir, en particulier de façon dite légale.

Caractéristiques et diversité des quartiers dit « spontanés »

Le géographe Michel Coquery (1990, p. 59) a raison de souligner « la forte ambiguïté, sinon l'inadéquation totale du qualificatif de « spontané » pour caractériser ce processus de production de l'habitat et cet habitat lui-même ». D'autres lui préfèrent le terme de précaire, d'irrégulier, d'illégal ou d'anarchique. Les gens qui s'y établissent n'y vont pas spontanément sur un coup de tête ; l'occupation de ces terres répond à des stratégies d'insertion urbaine, d'où le titre de cette communication. « Les urbanistes s'aperçoivent que le spontané est

[26] Plusieurs raisons les incitent à le faire : crise économique, le mari n'est pas capable de construire, en prévision de l'avenir, veuvage, en cas de séparation, divorce, d'autant plus si le mari est polygame.

structurel et que le provisoire s'inscrit résolument dans la durée » (Maîtriser le développement, 1991, p. 16). D'après Le Bris *et al.*, (1987, p. 252), ce qualificatif de « spontané » est abusif.

> « Ce type d'urbanisation [...] n'en obéit pas moins à certaines modalités qui font intervenir des acteurs bien précis et dont profitent certains groupes sociaux particuliers : « chefs traditionnels » s'arrogeant la gestion et la distribution du sol, mais aussi notables et fonctionnaires qui réinvestissent une part de leurs revenus dans l'achat illégal de terres, ensuite louées ou revendues aux futurs habitants. Plusieurs études de cas ont permis de mettre en évidence les liens qui unissent ces intermédiaires dans la gestion du sol avec l'appareil d'État ».

Par quoi se distinguent à Bamako ces quartiers dont le nombre approche maintenant la quarantaine, sans compter que « certains anciens quartiers ne cessent de s'étaler « anarchiquement » (Gouvernorat du district de Bamako, *Sauvons notre quartier*, 1993, p. 3) ? Le premier constat est la variété de ces quartiers. À ce niveau, on peut faire un parallèle avec la diversité du travail dit informel.

Certains quartiers périphériques comme Niamakoro (commune VI) [27] donnent l'impression de plusieurs gros villages accolés l'un à l'autre, mais les relations sociales y sont très différentes, étant donné le très grand nombre de nouveaux venus. À Niamakoro, des originaires de Ségou (seconde ville du Mali) se retrouvent dans une partie, des Sénoufos (ethnie du sud du Mali) dans une autre. Certains construisent les cases à la façon de leur région d'origine. Les concessions sont grandes. Les rues ne sont pas toujours assez larges pour faire passer une voiture. Une partie de Niamakoro est lotie. Il s'agit de l'un des deux seuls lotissements privés « légaux » de Bamako [28]. Une vieille famille de Bamako, les Touré, a obtenu un droit foncier sur une vaste superficie. La viabilisation avance à petits pas.

---

[27] Environ 37 000 habitants en 1993, dont la superficie est passée de 220 ha en 1983 à 472 ha en 1986 (*Les échos*, no 29, 1990).

[28] L'autre est celui de la Cité du Niger, héritage de la famille Niaré qui a vendu à une société. Le propriétaire d'un hôtel de luxe y est le célèbre footballeur Salif Keita.

Que dire de Djikoroni-Para (commune IV) ou plus exactement du quartier de Djénékabougou ? Ici la promiscuité [29] est beaucoup plus importante qu'à Niamakoro, mais moins que dans certains vieux quartiers lotis de Bamako. Les problèmes d'assainissement y sont très graves et les odeurs indescriptibles. Les petites rues tortueuses où seules les mobylettes peuvent se faufiler sont tellement pleines de dépôts verdâtres et noirâtres qu'on ne sait pas très bien où poser les pieds. Le piéton se voit obligé à des détours constants, particulièrement en saison des pluies. « Les eaux usées des toilettes déversent dans les puisards qui débordent souvent et provoquent le creusement d'un chenal d'écoulement par l'eau entre les concessions » (Sissoko, 1986, p. 56). En plus, le site peut être submergé par les eaux du fleuve en cas de crue. À mon dernier passage à l'automne 1994, les croix sur les murs et les maisons détruites pour élargir les ruelles indiquaient le début, enfin, de la réhabilitation du quartier.

Bamako réserve des surprises. Vers le centre-ville, il existe des poches d'occupation dite illégale, comme c'est par exemple le cas de Bakaribougou et du quartier T.S.F. dans la Commune II. À quelques centaines de mètres du quartier des millionnaires, celui de l'hippodrome, se trouve Sikoroni dans la commune I. On le découvre après une forêt de manguiers qu'il faut traverser pour se rendre dans ce trou qui a longtemps servi de dépotoir pour les ordures. « Le visiteur a le pressentiment de se trouver dans un village envahi par des déchets toxiques » écrit un journaliste des *Échos* (14/4/1989).

Le plus important quartier « spontané » de Bamako, Banconi (commune I) et ses 100 000 habitants, est situé entre deux quartiers pour gens aisés et expatriés, l'hippodrome et Korofina-Nord [30]. On n'hésite pas au Banconi, près de l'hippodrome, à construire des édifices assez coûteux en « dur », c'est-à-dire en béton. Le quartier est trop bien situé en particulier depuis qu'un financement de la banque mondiale l'a désenclavé. Ces propriétaires espèrent jouer de leur influence pour conserver leur maison au moment de la réhabilitation. D'après Sinou (1987, p. 95), les instances politiques « recommandent aux urbanistes, lors du dessin du lotissement, d'éviter de tracer une

---

[29] Les lots sont « généralement inférieurs à 500m2 et les densités varient de 150 hbt/ha à 250 hbt/ha » (Deyoko, 1991, p. 205).

[30] Une partie de Korofina a été rasée en 1974 (Rochegude, 1982, p. 148).

voirie sur les emplacements des maisons en dur »[31]. Selon mes enquêtes, du moins sous la Troisième République, ceci est loin d'être toujours le cas. L'image de rues tortueuses, de maisons mal construites est souvent véhiculée dans la littérature sur les quartiers dits « spontanés ». Les résultats de l'enquête pour la S.N.L.M. (1993a, p. 62) en donnent une autre image :

> « Malgré l'inexistence d'un quelconque plan d'aménagement initial du quartier de Banconi à Bamako, on peut paradoxalement constater que les parcelles de l'îlot enquêté ont été plus ou moins correctement alignées, le plus souvent évitant l'exposition des logements aux vents dominants est-ouest [...]. Tous les logements visités ont été réalisés en banco protégé des intempéries par un mortier de mélange de ciment, de sable et de poudre de carrière extraite non loin du site de Banconi. D'après nos premières constatations, ces enduits semblent corrects et il conviendrait d'en effectuer l'analyse en laboratoire pour éventuellement prévoir une utilisation systématique ».

Certaines parties de quartiers « spontanés » ont connu un pseudo-lotissement. C'est le cas de Magnambougou avant sa réhabilitation.

> « La taille des parcelles rappelle celle des quartiers lotis que par la réduction de la voirie : les parcelles quadrangulaires s'assemblent assez régulièrement et forment des alignements, voire des carrés d'habitation [...]. Les notables se substituent à l'appareil d'État défaillant et organisent pour leur propre compte une opération de promotion foncière » (Sinou, 1987, p. 96).

Il n'est pas rare de voir le propriétaire d'un vaste terrain (cultivateur, chef coutumier, commerçant, fonctionnaire, politicien, etc.) faire appel à un géomètre véritable ou improvisé, pour diviser sa terre selon un plan en damier et effectuer le bornage. Les acheteurs s'empresseront d'y installer leur numéro voire leur nom pour bien montrer qu'ils sont chez eux.

Les quartiers dits « spontanés » sont généralement sous-équipés, ce qui est juste et les caractérise, néanmoins il existe toujours des exceptions. En voici quelques-unes concernant l'électrification : dans le quartier du Point G, les concessions qui se trouvent près des

---

31 Ce type de construction permettait à l'époque coloniale l'obtention d'un titre foncier (Sinou, 1987, p. 95).

poteaux qui acheminent l'électricité à l'hôpital sont bien situées pour en profiter. Des habitants de Djikoroni-Para près de la base militaire se sont branchés pour leur part grâce aux installations du camp militaire. M.F. BA (1988, p. 105) mentionne que certains habitants de Bakaribougou ont l'électricité grâce au compteur d'une mosquée. D'après l'enquête IMMUS-Bamako de 1992 (Marcoux *et al.,* 1994, p. 89), 12,7 % des ménages ont l'électricité dans les quartiers non viabilisés [32] et 42,6 % pour l'ensemble de Bamako. Plusieurs ont des groupes électrogènes.

Tous les quartiers « spontanés » sont-ils construits majoritairement en banco et en semi-dur [33] ? Oui, car seulement 27,2 % des chefs de ménage dans les quartiers non viabilisés ont les murs de leur chambre en dur, contre 45,4 % pour l'ensemble de Bamako et 49 % dans les vieux quartiers du centre (Marcoux *et al.,* 1994, p. 89). L'habitat est précaire à Bamako, pas seulement dans ledit « spontané ». Par contre, il n'existe pas de bidonville dans le sens d'abris construits avec des matériaux de récupération [34]. Les gens s'inspirent plutôt des techniques améliorées de construction du village [35].

Quelles sont les caractéristiques socio-économiques des habitants des quartiers « spontanés » ? Sont-ils constitués très majoritairement de ruraux fraîchement débarqués de la brousse ? Non, disent les démographes. « La mobilité intra-urbaine des non-migrants aurait [...] largement contribué à la croissance de la périphérie bamakoise » (Marcoux *et al.,* 1994, p. 94) qui comprend en partie des quartiers « spontanés » [36].

---

32 Il n'existe pas dans cette enquête la possibilité de vérifier si les ménages enquêtés habitent dans une zone lotie légalement, car la question n'a pas été posée. Les quartiers dont on parle ici sont ceux qui étaient considérés, en février 1992, comme entièrement non viabilisés, c'est-à-dire dont le processus de réhabilitation n'avait pas commencé.

33 Opération qui consiste à recouvrir le banco d'un enduit de ciment.

34 On m'a parlé cependant de quelques personnes qui, à la suite d'un déguerpissement, se sont construites à Talico des abris en tôle.

35 Le quartier « spontané » de Samé de la commune III se caractérise, pour sa part, par la nécessité pour ses habitants de construire en dur, étant donné l'hostilité de la nature : un sol gréseux, dans un secteur fortement raviné (Koné, 1986).

36 D'après cette enquête, la proportion des chefs de ménage pour l'ensemble de Bamako, qui sont arrivés dans cette ville après l'âge de 12 ans, est très

« Il est vrai qu'il y a quelques années [...] c'étaient des quartiers généralement habités par une couche de population composée pour l'essentiel de ruraux récemment venus en ville ou d'anciens citadins pauvres, incapables de supporter les conditions (de location) du centre-ville. À l'heure actuelle [...] la composition sociale et la répartition des revenus des habitants des quartiers spontanés reconstitue plus ou moins les clivages qui existent dans les autres quartiers » (S.N.L.M., 1993a, p. 61).

Même son de cloche au gouvernorat du district de Bamako où, sous la Troisième République, la nouvelle gouverneure, Mme Kadiatou Sow Sy, a entrepris le recensement de tous les habitants des quartiers à réhabiliter (au nombre de 24).

D'après S. Traoré (1988b, p. 9), « l'exode rural apparaît comme la cause essentielle de la prolifération des quartiers spontanés à Bamako », et une conséquence de cela « est l'aggravation des problèmes de l'emploi » (p. 19). Cette masse de ruraux participerait à la croissance de l'économie informelle. D'après l'enquête IMMUS-Bamako, la réponse est plus nuancée car la proportion des hommes migrants dans l'informel (63,6 %) serait seulement légèrement supérieure à celle des non-migrants (56,1 %). La même différence s'observe dans le cas des femmes : 78,2 % contre 70,6 % (Marcoux *et al.*, 1994, p. 71). « Le fait que plus de 70 % d'entre eux mettent moins d'une année pour s'insérer sur le marché du travail pourrait être un indicateur impressionnant de la capacité des migrants à s'adapter au milieu urbain » (p. 64) [37]. Le lien entre migrants, économie informelle et quartier spontané est moins évident qu'il n'y paraît après consultation des statistiques.

Il ne faut pas se cacher néanmoins, compte tenu de la diversité des quartiers « spontanés », que certains parmi eux abritent des populations plus pauvres que d'autres. C'est une bonne partie de celles-ci qui vont constituer de nouveaux quartiers « spontanés » au moment de la réhabilitation de leur quartier. Ils n'ont même pas l'argent [38] pour payer les taxes liées à cette opération (quelques

---

importante (74,9 %). Dans les quartiers non viabilisés, le pourcentage grimpe à 83,4 % (Marcoux *et al.*, 1994, p. 85).

37 Voir le texte de Victor Piché dans le collectif cité ci-dessus.

38 Actuellement à Bamako, tous les propriétaires déplacés ou non doivent payer des frais pour participer à la réhabilitation de leur quartier et obtenir leur lettre d'attribution (à Djénékabougou le montant est de 101 000 FCFA

centaines de dollars)[39]. Je veux bien croire que certains d'entre eux, les *siguipian*[40], sont d'éternels délinquants, mais en général c'est faute de pouvoir loger ailleurs que les gens agissent ainsi.

La stabilisation de la proportion de propriétaires par rapport aux locataires à Bamako ces dernières années et les changements dans les caractéristiques socio-économiques des habitants des quartiers « spontanés » indiquent sans doute que la classe moyenne s'intéresse de plus en plus à ces quartiers, d'autant plus que la réhabilitation est probable. C'est du moins une hypothèse à formuler et qui reste à vérifier. Sous la Troisième République, j'ai été frappé par le fait que les Bamakois cherchent beaucoup à se renseigner sur les quartiers dont la réhabilitation est certaine. Le plan de réhabilitation est un document politique et foncier précieux, car il renferme la carte du lotissement à venir. Nombreux sont ceux qui sont intéressés à regarder cette carte.

Voici deux événements parmi d'autres qui datent de l'automne 1993 et qui vont dans ce sens. Le premier a été raconté à la radio malienne[41] par le maire de la commune III, Djibril Sangaré. Des gens du centre-ville de Bamako ont entendu parler du lotissement prochain du quartier du Point G. Ils sont partis occuper des espaces libres. Face à cela, la mairie a envoyé ses bulldozers pour démolir ces

---

en quatre versements ; à Sabalibougou de 190 000 FCFA sur trois ans). D'après le gouvernorat, le montant le plus fréquent est entre 100 000 et 150 000 FCFA.

39 Les études de A. Marie (1989, 1991, 1992) et de Jaglin (1991) sur l'expérience de réhabilitation de la majorité des quartiers dit « spontanés » à Ouagadougou, à l'époque du régime de Sankara, sont révélatrices à cet égard. Les plus pauvres n'ont pas eu accès à la jouissance d'une parcelle : (A. Marie, 1991, p. 416) les hébergés et les locataires « passaient après les propriétaires dans les listes d'attributaires et leurs propriétaires ne pouvaient tout de suite reconstruire suffisamment de logements pour les garder tous ; quant aux petits propriétaires de leur unique parcelle, beaucoup d'entre eux ne pouvaient s'acquitter des droits d'entrée sur la nouvelle parcelle lotie, ou, à plus long terme, ne pouvant les mettre en valeur, furent condamnés de fait à quitter le quartier pour aller chercher un nouveau logement plus loin, c'est-à-dire au-delà des limites du lotissement ! » (A. Marie, 1989, p. 31).

40 « Les occupants de *siguipian* sont réputés être les plus récalcitrants parmi les gens en situation irrégulière; ils ont généralement fait l'objet de deux ou trois déguerpissements et, en fin de compte, ils se marginalisent et ignorent totalement les règlements d'interdiction » (B.A. Traoré, 1988, p. 133).

41 Émission Cité en question, 18 novembre 1993.

constructions. « Nous avons même reçu des appels de personnalités dont je tairai les noms, qui nous demandaient de ne pas détruire ces maisons ».

L'autre histoire m'a été communiquée par le chef du quartier de Lafiabougou [42].

> En septembre, je suis allée visiter avec d'autres, au nom du maire, une zone située derrière le parc à bœufs pour regarder les espaces vides. Nous avons constaté que seulement trois personnes étaient installées là-bas sur cinq hectares. Nous avons enregistré leur nom. Le 22 novembre, des bergers sont venus se plaindre qu'ils ne pouvaient plus faire passer leurs bœufs. Après vérification, j'ai constaté que déjà plus de 30 terrains étaient vendus à 100 000 FCFA, et même huit nouveaux propriétaires avaient inscrit leur nom et leur numéro de lots sur une plaque métallique.

Le temps m'a manqué pour essayer de retracer ces nouveaux propriétaires, mais il est fort possible qu'ils appartiennent à cette classe moyenne en quête de terrains et dont plusieurs sont déjà des multipropriétaires.

Compte tenu de la diversité de ces quartiers, les deux seules particularités des quartiers « spontanés » sont le sous-équipement chronique [43] et l'insécurité foncière. Ainsi il n'est pas sans intérêt de comparer Lafiabougou de la commune IV (46 320 habitants en 1987 et 6 km^2 de superficie), dont le premier lotissement [44] date des années 60,,et Niamakoro. vaste quartier « spontané » de la commune VI [45] qui ne cesse de se développer (environ 37 000 habitants en 1993 et 9 km^2 de superficie). À Lafiabougou, on compte 12 écoles

---

42 El Haye Birama Traoré, 10 décembre 1993.

43 Bamako ne mérite plus son titre de « fleur des savanes » (Diakité et Sanankoua, 1987). « C'est ainsi que le parc de logements actuel souffre d'un déficit structurel manifeste : moins de 60 logements décents (en dur) pour mille habitants contre une moyenne de 100 à 150 pour la majorité des pays du Tiers Monde, et des conditions d'habitat plutôt défectueuses voire insalubres, même dans certains quartiers aisés de la capitale » (S.N.L.M., 1993a, p. 120). Le sous-équipement est manifeste ; néanmoins la situation est beaucoup plus prononcée dans les quartiers dits « spontanés ».

44 Lafiabougou comprend une petite partie non lotie dans son extrémité ouest.

45 Une partie de Niamakoro a cependant connu un lotissement privé.

fondamentales et quatre écoles de second cycle. Niamakoro n'a qu'une seule école fondamentale.

Les femmes souffrent beaucoup dans ces quartiers à cause du problème de l'eau. L'absence d'eau peut les obliger en saison sèche à parcourir de longues distances. Banconi a dans ses puits de l'eau polluée, à cause de la densité de la population.

La question de l'insécurité foncière est complexe. Les propriétaires des quartiers lotis le sont davantage au sens social qu'au sens juridique du terme, car les détenteurs de titres fonciers sont rares [46]. Ils risquent peu néanmoins de voir l'État leur retirer leur parcelle [47]. Il en est autrement dans les quartiers « spontanés » [48] où, pour reprendre l'expression de plusieurs informateurs, « c'est la loterie ».

Les cas de déguerpissement ne suivent pas un modèle théorique bien établi, d'autant plus que les régimes politiques se suivent et les administrateurs de la politique urbaine également. Aucun gouvernement au Mali n'a osé cependant raser un vaste quartier « spontané » comme ce fut le cas par exemple à Abidjan ou à Ouagadougou. Les gens le savent. La densité de l'habitat joue en leur faveur. Ils espèrent la réhabilitation de leur quartier du moins pour ceux qui ont les moyens de se payer l'électricité, des constructions en dur et bien sûr les frais d'acquisition d'une lettre d'attribution.

La stratégie consiste à obtenir un carnet de famille [49] pour être certain de conserver son lot ou du moins d'être recasé (recevoir une parcelle du gouvernement) au moment de la réhabilitation [50]. L'insécurité

---

46 Le permis d'occuper est interprété cependant par une majorité de Bamakois-es, comme une propriété foncière à part entière.

47 C'est le cas pour la construction de certaines routes, d'édifices importants, pour cause d'utilité publique. Les dédommagements sont variables. On ne retire pas souvent des terrains non mis en valeur à leur propriétaire. Cependant, le gouvernorat l'a fait sous la Troisième République, mais pas systématiquement.

48 La population donne le nom de *sonsorobougou* à ces quartiers, littéralement « la case où l'on est accroupi », et non assis, fixé, d'où l'on risque le déguerpissement et le refus administratif, quelque chose comme « tiens-toi prêt à partir » (Bertrand, 1988, p. 90).

49 Les Bamakois-es pensent à tort semble-t-il que les carnets de famille sont une exigence de l'administration et surtout une garantie pour l'avenir.

50 Les Bamakois ne souhaitent pas être obligés de déménager, car ils devront reconstruire une nouvelle concession et probablement être en location

foncière prédomine tout de même car des exemples du passé, confirmés par radio – trottoir, indiquent que des détenteurs de ces carnets, propriétaires « sociaux » d'une seule concession [51] n'ont jamais eu de parcelle.

S'établir dans une zone lotie [52] ou de recasement [53], dans un champ réservé à quelques projets lointains de routes ou de constructions publiques (par exemple le domaine aéroportuaire à Niamakoro), c'est s'exposer davantage qu'ailleurs au déguerpissement sans compensation. Dans la pratique, depuis 1960, les cas varient compte tenu surtout des relations clientélistes et politiques. Un certain nombre de ces déguerpis ont été recasés dans le passé. C'est pourquoi, dit-on, « c'est la loterie » [54].

---

durant un certain temps, parce qu'ils n'auront pas suffisamment d'argent pour terminer rapidement leur nouvelle demeure. Il arrive également que l'État prenne trop de temps à attribuer les parcelles dans la zone de recasement, bien que les concessions « spontanées » soient déjà détruites. Les gens récupèrent le maximum de matériaux : portes de tôle, briques d'argile etc.

51 En principe, seuls les propriétaires qui n'ont pas de logement dans le district de Bamako (même règle que pour l'achat d'un terrain auprès de l'État) peuvent se prévaloir d'un terrain au moment d'une réhabilitation. En pratique, les cas varient beaucoup selon l'importance des réseaux sociaux et politiques des personnes concernées, mais également parce que l'État n'a pas la logistique nécessaire pour vérifier tous les cas de multipropriétés, sans compter les utilisateurs de prête-nom.

52 En octobre 1993, la gouverneure de Bamako a donné l'ordre de raser certaines habitations de Sabalibougou. Elles étaient situées dans la zone de l'A.C.I. et déjà vendues aux enchères. Ce quartier est surnommé le « Golfe » (allusion à la guerre du Golfe), car les relations entre la population et le gouvernement « chauffent beaucoup ». Les Bamakois-es ne manquent pas d'humour. Une caricature parue en page de couverture du journal *Les échos* du 15 octobre 1993, avec comme titre «Journée mondiale de l'habitat » montre, un prisonnier avec la pancarte suivante «Débouté du Golfe » et qui dit ceci : « En tout cas moi je suis logé ». Les responsables de la révolte ont été emprisonnés.

53 Endroit prévu selon le plan de réhabilitation pour loger les déguerpis qui répondent à leurs critères au moment de l'aménagement du quartier. Il se passe souvent de nombreuses années entre l'établissement du plan et sa réalisation. Pendant ce temps des notables locaux, dit-on, n'hésitent pas à vendre des terrains à d'autres personnes, qui ne savent pas toujours qu'il s'agit là d'une zone de recasement.

54 Depuis la chute de Moussa Traoré, « on assiste à un phénomène d'occupation systématique des zones de recasement. Dans certains secteurs comme Banconi-Sikoro, Sabalibougou, le taux d'occupation des

Certains prennent plus de risques que d'autres [55].

Qu'est-ce qui incite les gens à s'établir dans les quartiers « spontanés » malgré l'insécurité foncière ? Les enquêtes que j'ai supervisées indiquent clairement que les gens n'ont pas le choix. Ils veulent un terrain, signe manifeste de leur réussite en ville [56]. Pour l'obtenir de l'État, disent-ils, « la magouille » est nécessaire. Autrement dit, il est indispensable d'avoir les bons réseaux, de connaître les bonnes personnes pour y parvenir. Acheter un terrain d'un particulier dans une zone déjà lotie légalement, c'est généralement beaucoup trop cher. La partie suivante aidera à mieux comprendre cela.

La spéculation foncière, point essentiel pour comprendre les logiques de l'appropriation foncière à Bamako

Pourquoi la spéculation foncière est-elle si importante depuis les années 70 ? D'abord, elle s'explique par une insuffisance des lots distribués par l'État, compte tenu de l'augmentation de la population et de ses aspirations à la propriété. Le deuxième facteur essentiel à mon avis est le bas prix de ces terrains [57]. En 1961, il était de 10 000 FCFA, en 1973 de 30 000 FCFA, en 1979 de 75 000 FCFA. En 1993,

zones de recasement dépasse aujourd'hui 80 % » (Gouvernorat du district de Bamako, *Sauvons notre quartier*, 1993, p. 3). La politique du gouvernorat se veut «pragmatique» et « participative ». Des compromis s'établissent selon les dynamiques locales de chaque quartier. D'après ce que j'ai pu observer et entendre, on ne peut pas dire qu'on refuse de reloger systématiquement tous les déguerpis des zones de recasement.

55 Par exemple, un Bamakois s'expose à des problèmes s'il achète un terrain d'un propriétaire qui vient de diviser sa parcelle en deux pour lui en vendre une, et cela après le recensement des gens du quartier pour la réhabilitation.

56 La proximité ou non du lieu de travail ne semble pas compter généralement dans le choix du quartier, tellement les difficultés sont grandes pour se loger.

57 Étant donné que la très grande majorité des propriétaires n'a pas de titre foncier mais un simple permis d'occuper voire une lettre d'attribution, les prix indiqués ici ne concernent pas les titres fonciers.

selon le gouvernorat, le montant est d'environ 50 000 FCFA, mais cela peut varier selon le type de lotissement.

La montée des prix dans le secteur privé des terrains lotis a été beaucoup plus importante. En 1989, « un titre provisoire acheté 100 000 à 320 000 FCFA peut se revendre de un à trois millions » (Vieillard-Baron, 1989, p. 34). Même constatation en 1992 de la part du 2e adjoint de la gouverneure du district : des parcelles sont attribuées à 200 000 ou 300 000 FCFA et on les revend sur le marché à 2 voire à 3 millions (*Les échos*, no 204, 1992, p. 6).

Le nombre de ceux qui s'adonnent à cette revente est-il important ? Déjà en 1978, M. Keita (291) constate que « moins de 30 % des acquéreurs de lots distribués lors des lotissements de Bamako utilisent ces lots, après construction, pour le logement de leur propre famille ». D'après le gouvernorat de Bamako, de 50 à 60 % des parcelles attribuées sont revendues par leur propriétaire [58]. Selon la Direction nationale d'urbanisme et de construction, « 60 % des parcelles loties sont l'objet de spéculation » (Kamminga *et al.,* 1988, p. 22). Même son de cloche de la part du chef de quartier de Badalabougou : « il apparaît que plus de 60 % des concessions construites en matériaux durables à Badalabougou [59] sont des concessions qui ont été vendues par leur propriétaire initial (A.M. Traoré, 1988, p. 52).

Il existe deux types de spéculateurs : les plus nombreux sont ceux qui obtiennent un ou deux lots une seule fois; une petite minorité, grâce à son appartenance à de multiples réseaux, achète des lots régulièrement.

La spéculation est également importante dans les quartiers dits « spontanés ». Elle s'est considérablement développée. « Cette activité est devenue une réelle source de revenus pour une catégorie de citoyens. Il n'est pas rare de constater que certains responsables locaux encouragent cette spéculation pour en tirer un profit personnel » (Deyoko, 1991, p. 203).

---

58 Un de mes informateurs m'a confié avoir agi en tant qu'intermédiaire pour faciliter l'obtention d'une parcelle de l'État à 40 individus (des cas sociaux d'après lui). Sur ce nombre, 22 ont vendu (55 %).

59 Quartier où la SEMA a construit un certain nombre de logements pour la location-vente.

Auparavant, on pouvait se procurer un lot auprès d'un chef de village pour un franc, dix cauris, dix noix de colas et un poulet. Il en est autrement en 1989 ; on doit débourser de 100 000 à 150 000 FCFA pour un terrain dans le sud-ouest de Bamako, sur la rive droite, « soit le prix officiel d'acquisition des parcelles dans les lotissements officiels » [60] (Bagayoko, 1989, p. 58). J'ai pu constater des montants semblables en 1993, de 75 000 à150 000 FCFA à Niamakoro.

Dans le « spontané » également, un certain nombre de concessions ont connu plusieurs propriétaires successifs. « En 1980, une parcelle était revendue à Daoudabougou 45 000 FCFA; la même parcelle, en 1986 coûtait 75 000 FCFA » (ENSUP, 1993, p. 36). Dans ce même quartier :

> « la décision du lotissement, puis sa non application pendant 5 ans vont inciter davantage à des ventes et des installations « stratégiques ». La perspective d'une situation foncière légale rend en effet la zone attractive et de lieu propice à la spéculation » (Bagayoko, 1989, p. 52).

Les prix payés par ceux qui osent s'installer dans les zones de recasement peuvent être moindres que dans d'autres parties du quartier, mais pas toujours : entre 15 000 et 80 000 FCFA à Sabalibougou (*L'Essor*, 8/10/1993, p. 4) [61].

Des études plus fouillées montrent la très grande disparité entre les prix et les dimensions des terrains d'un même quartier « spontané ». Les différences de prix, dit-on, « dépendent de la tête de l'acheteur et de la conjoncture que traverse le vendeur » (D. Keita, 1983, p. 17), mais également de la structure morphologique du sol sur lequel repose la parcelle, de la proximité d'une voie de communication, etc.

---

60 S. Traoré (1983, p. 23) en arrive au même constat dans son mémoire sur Fadjiguila-Djoumanzana (enquête auprès de 87 propriétaires). Par exemple, les prix moyens jusqu'en 1974 sont compris entre 12 500 et 27 500 FCFA. Ensuite les prix montent considérablement. En 1980, on paye facilement 75 000 FCFA pour se procurer un terrain nu. D'après l'auteur, les populations décident d'acheter « au prix officiel et même plus des parcelles non loties avec tous les risques qu'ils courent », pour « se rendre justice » (p.25).

61 Des déguerpis qui avaient occupé une zone de recasement à Nafadji, derrière Fadjiguila avaient donné pour leur part entre 100 et 150 000 FCFA au chef de quartier, pour s'établir dans la zone dite de recasement (*Les échos*, 11/6/1993).

Cette spéculation foncière indique bien que les lots attribués par l'État à une minorité de Bamakois-es sont vendus en dessous de leur valeur réelle.

Par contre, elle révèle également que ce montant officiel peut être déboursé par un grand nombre de Bamakois-es pour l'achat d'un terrain nu, car assez souvent les parcelles dans le « spontané » se vendent à ce prix, mais sans l'obligation de construire en dur. Les prix des terrains vendus aux enchères par l'ACI représentent, semble-t-il, leur valeur réelle. Il est intéressant de constater que, pour le moment, elles ne donnent pas lieu à de la spéculation foncière [62]. Il faut préciser que l'offre est plus importante que la demande. Il reste à vendre surtout des grands terrains ou ceux très bien situés. Leur mise de départ est plus importante.

Après cette démonstration de la diversité, de la complexité et de l'importance de l'appropriation foncière informelle à Bamako, il est temps de revenir à ma question de départ. Pourquoi, tout en édictant des lois, l'État malien s'engage-t-il dans le même temps dans une pratique parallèle ?

Mon approche consiste à choisir une nouvelle perspective et à donner une réponse, non pas à partir des légitimités institutionnelles (la thèse dualiste), mais à partir des fondements sociaux de l'État. Ce qui m'intéresse, c'est moins l'illégalité en soi que les causes de cette situation. L'État on le sait est :

> « tout à la fois un appareil de pouvoir centralisé érigé en instance supérieure, séparée du corps social dont elle prétend représenter l'intérêt général en l'imposant au besoin aux particularismes égoïstes; mais qu'il est simultanément un instrument que les groupes dominants, engagés dans des rapports alternés d'alliance et de rivalité, utilisent pour asseoir, pérenniser et étendre leur domination et leur pouvoir d'accumulation » (Marie, 1992, p. 99).

Un bref rappel de l'histoire politique du Mali s'impose ici. Le premier régime politique se dira socialiste. L'État de Modibo Keita

---

[62] Cette clientèle n'est pas la même que celle qui s'établit dans le « spontané », car les prix y sont supérieurs. La mise de départ est de 341 000 FCFA et le maximum est de quatre millions. Les lots dont la mise de départ est de 341 000 FCFA se vendent entre 600 000 et 700 000 FCFA. Il faut ajouter à cela l'obligation stricte de construire en dur.

conservera les lois coloniales concernant la terre et la loi de 1959 qui donne la possibilité à l'État « de s'attribuer n'importe quel terrain, objet d'un droit coutumier » (Rochegude, 1982, p. 145).

C'est un régime autoritaire qui ajoute de nouvelles lois, par exemple l'obligation pour les banques de prendre une autorisation auprès du gouvernement, avant de saisir pour dette la propriété d'un individu (avec simple permis d'habiter). Rochegude (1982, p. 145) remarque pour cette période « qu'une volonté théorique de contrôle économique remet en cause le droit de propriété ou est susceptible de le remettre en cause à terme ».

Le régime militaire de 1968 à 1991 se caractérise par un laisser-faire remarquable en matière foncière. Comme l'a déjà affirmé l'ancien président Moussa Traoré : « le Mali est pauvre mais les Maliens sont riches ». Il serait plus juste de préciser que certains Maliens sont particulièrement riches [63].

La spéculation foncière va s'avérer pour une frange des populations bamakoises [64] très rentable dans un pays où les fonctionnaires sont mal payés. Les lois ne sont pas observées du temps des militaires, non parce que l'État est faible [65], mais parce qu'un certain nombre de ses fonctionnaires et surtout leurs alliés politiques et sociaux ont besoin d'un système qui crée artificiellement une pénurie de lots pour s'enrichir et qui divise les terres en plusieurs sous-catégories foncières.

« Le jeu des influences s'exerce à plusieurs niveaux : obtention de certificats, lettre d'attribution, prêts bancaires, permis de construire, expertises diverses, permis d'occuper, etc. » (Vieillard-Baron, 1989, p. 34).

---

63 La fortune personnelle de Moussa Traoré a été estimée à deux milliards et demi de dollars américains. Remarquable pour un pays pauvre !

64 Les populations bamakoises sont « composées de divers groupes qui ont chacun des positions sociales assez différentes. De même au sein de l'État et de l'appareil de l'État coexistent différents groupes, fractions, tendances, dont les positions, les intérêts, les moyens d'action sont très divers et inégaux » (Hesseling et Mathieu, 1986, p. 309).

65 La prison de Taoudénit (camp de travaux forcés situé en plein désert 1969-1988) est là pour le prouver avec ses nombreux prisonniers politiques.

Il est bien connu qu'au Mali l'accès à l'économie s'effectue souvent par les alliances politiques [66]; le mécanisme privilégié en est le clientélisme [67], exercé par les autorités politiques.

Moussa Traoré avait besoin de clients et d'alliés politiques. Le clientélisme se structure dans l'inégalité mais en même temps permet à des petits (par exemple les cas dits sociaux) d'obtenir des terrains. On donne l'illusion à la population, en maintenant le prix des lots à un prix officiel très raisonnable, qu'il est possible de devenir propriétaire grâce à l'État. Néanmoins les gens ne sont pas dupes ; c'est pourquoi ils parlent de « magouille » ; ils connaissent leur système.

Il est remarquable de voir comment la terre à Bamako est devenue une monnaie d'échange. Il existe une formule de rétribution compensatoire de lots pour ses clients [68]. Le gouvernement de la transition n'a pas fait autrement, quand il a attribué officiellement des lots d'habitation à ses collaborateurs pour les remercier. Quand les parcelles seront distribuées [69] dans la commune 11, elles iront, m'a-t-on dit officiellement, d'abord aux acteurs politiques, par exemple les conseillers municipaux, car personne ou presque n'est payé pour effectuer ce travail.

Les acteurs économiques pour leur part n'agissent pas différemment. La société immobilière Faso kanu a vendu « des terrains nus à des particuliers (ce qui est interdit), en a cédé d'autres en guise de compensation à des personnes qui ont payé pour des maisons qui n'ont pas pu être construites ou pour dédommager des fournisseurs de matériaux de construction » (*Essor*, 7/10/1992, p. 3).

Le F.M.I. lui-même proposait au gouvernement malien lors des négociations de novembre 1993 « le paiement en nature (en lots à

---

66 Voir par exemple Hamady (1978), Jacquemot (1983) et Amselle (1988).

67 « Le système de clientélisme consiste à s'associer avec des individus et des groupes qui ont un pouvoir de pression tel que les avantages politiques et économiques qu'ils sont capables d'acquérir profiteront à leurs alliés qui ont contribué, par leur soutien, à la lutte pour le pouvoir » (Labatut, 1989, p. 88).

68 Et ses maîtresses. Faute de pouvoir donner de l'argent à une femme, on lui attribue un terrain qu'elle pourra revendre avec profit.

69 Il faut payer les frais de la lettre d'attribution : 361 000 FCFA plus les taxes municipales des trois dernières années. Les bénéficiaires vont probablement vendre, m'a-t-on dit, car ils n'ont pas les moyens de débourser ce montant et ensuite de construire.

usage d'habitation) des arriérés d'avancement des fonctionnaires » (*Les échos*, 3/12/1993, p. 5).

Laisser le « spontané » proliférer, tout en promettant des réhabilitations hypothétiques, c'est à la fois susciter la spéculation dans ces quartiers, car ils prennent de la valeur et, en même temps, entretenir le clientélisme. Pourquoi l'État ne sévit-il pas contre les chefs coutumiers et autres spéculateurs ? Le développement d'un quartier appelé à tort « spontané » résulte « nécessairement d'un pacte tacite ou explicite entre l'administration étatique, les instances municipales et les chefs de terre périphériques » (Tribillon, 1984, p. 125). En plus, c'est moins coûteux à court terme pour l'État.

L'État a provoqué une pénurie artificielle de lots. « Nous constatons que si l'État parle de constructions illégales c'est qu'il n'a pas voulu donner à la population des constructions légales or ce n'est pas la terre qui manque à Bamako » (Kouriba, 1987, p. 48). Pourquoi l'État n'a-t-il pas loti à la façon de certains notables et chefs coutumiers ?

> « Comment faire passer cette idée très claire et mille fois rappelée : que l'État devrait se borner à penser « équipement » selon les trames les plus simples, et se reposer pour le reste sur les modèles d'une autopromotion populaire toujours performante [...]. À quoi faut-il attribuer cet aveuglement apparent, ce refus d'épouser les solutions les plus simples et les plus naturelles, celles qui collent au plus près des pratiques populaires et que réclament, de ce fait, la plupart des citadins » (Haeringer, 1990, p. 276).

Alain Marie (1992, p. 108) se pose la même question concernant la réhabilitation des quartiers « spontanés » de Ouagadougou. Pourquoi a-t-on refusé la solution la plus simple ?

> « N'aurait-il pas été moins coûteux et plus juste, en fin de compte, de recenser sur place les résidents et les ayants droit, de purger les droits antérieurement acquis selon diverses modalités (coutumières, néo-traditionnelles, modernes) et d'enregistrer les parcelles ainsi identifiées à l'aide d'un cadastre facile à dresser avec les moyens actuels ? Quant à de nécessaires modifications de voirie ou à l'implantation d'équipements collectifs, elles pouvaient très bien s'accommoder de restructurations ponctuelles ».

À Bamako, la réalisation d'un lotissement dans la légalité prend environ 7 ans, de la phase de la régularisation foncière à celle de l'attribution de la parcelle. « Cette durée est quasi nulle dans la filière coutumière » (S.N.L.M., 1993a, p. 124). On peut ici faire un rapprochement avec l'économie informelle et les travaux de De Soto (1994). Néanmoins les lenteurs administratives ne montrent que la pointe de l'iceberg pour expliquer la prolifération de l'informel. Ce sont les causes de ces lenteurs qu'il faut rechercher.

Elles ont beaucoup à voir avec les luttes factionnelles. Bayart (1989, p. 261) explique bien leur importance : « les acteurs s'organisent en factions pour conquérir ou conserver le pouvoir aux divers échelons de la pyramide sociale, et cette compétition est le sel de la vie politique ». Et il ajoute : « les luttes factionnelles n'ont pas seulement pour objet la ventilation du statut et du pouvoir. Elles ont aussi trait à celle des richesses ou, plus exactement, à celle des possibilités de réaliser une véritable accumulation » (p. 287).

Dans le cas du Mali, Bertrand (1990, p. 55) en donne une démonstration claire où le clientélisme inséparable des luttes factionnelles [70] joue un rôle important.

> « Les compétences chargées de gérer la ville sont d'abord multiples, non coordonnées et concurrentes : les lotissements sont l'œuvre d'acteurs administratifs et politiques très personnalisés, qui n'ont pas les moyens financiers de leur programmation. Ils se préoccupent plus de satisfaire des clientèles sociales à court terme que de planifier la croissance urbaine. Le gouverneur du District, les maires des communes, les chefs des services techniques des Eaux et Forêts, de l'agriculture, des Domaines, auxquels s'ajoute désormais le PUM, sont autant d'autorités rivales qui mobilisent et distribuent le sol sans unifier leurs services. Dans ce cadre, tout accroissement de la réglementation conduit à une impasse ».

C'est ainsi que l'impuissance de l'État se crée. Les luttes factionnelles engendrent une politique urbaine anarchique, issue de rivalités et de compromis multiples.

L'impuissance de l'État est une conséquence qui prend de plus en plus d'ampleur avec le temps et non une cause du système.

---

[70] « Investies par la logique clientéliste, elles (les factions) sont le canal à travers lequel s'effectue la communication entre les gouvernants et les gouvernés, le centre et la périphérie, le haut et le bas [...]. Cela étant, il n'en demeure pas moins que les factions sont d'abord des machines pour le contrôle des ressources de patronage » (Otayek, 1991, p. 187).

> « Tout se passe comme si l'action des intermédiaires - notamment des plus puissants d'entre eux - tendait à aggraver l'écart existant entre les réalités et la loi et à maximiser les conflits qu'ainsi ils pourront seuls résoudre par la suite. Capable de jouer sur les deux tableaux, champion de l'incertain, l'homme politique utilise la médiation-prédation comme instrument de pouvoir » (Piermay, 1992, p. 266).

Cette situation engendre en même temps « l'impossibilité pour les hommes politiques de maîtriser toute la complexité qu'ils ont contribué à créer (p. 266) ».

C'est dans ce contexte d'impuissance que la Troisième République est apparue. On a voulu d'abord y remédier, accélérer l'ensemble des procédures administratives, surtout par rapport à la réhabilitation des quartiers. Le programme « *Sauvons notre quartier* » est ambitieux. Dans l'article 1er du cahier des charges, il est écrit:

> « La finalité est l'amélioration, dans un bref délai, des conditions de vie dans les quartiers retenus (au nombre de 24) et la suppression à terme des occupations spontanées dans le District de Bamako ».

Le gouvernorat aurait tout intérêt à se pencher sur le cas de Ouagadougou pour éviter les mêmes erreurs [71]. La situation politique et le programme de réhabilitation [72] ne sont pas identiques à Bamako, mais l'insatisfaction face à la Troisième République est grande. Les luttes factionnelles dans les quartiers ralentissent beaucoup le processus de réhabilitation. Un informateur a résumé la situation par cette formulation : « On veut avancer d'un pas, on nous fait reculer de l'autre ». Certains politiciens veulent littéralement annihiler les efforts des autres [73].

---

71 « Avec le lotissement, l'État révolutionnaire s'aliéna sa base sociale « naturelle », le petit peuple des villes, sans pour autant, bien entendu, se concilier les couches supérieures ou intermédiaires » (Marie, 1989, p. 31).

72 Les plans de réhabilitation varient d'un quartier à l'autre. Les rues n'ont pas continuellement la même largeur et ne sont pas toujours en damier surtout dans la vieille partie (cas par exemple de Sabalibougou).

73 Un seul des six maires des communes est du parti au pouvoir, l'ADEMA, ainsi que Mme Kadiatou Sow Sy, gouverneure du district, jusqu'en février 1994. Dans les communes, il n'y a pas toujours une majorité de conseillers de l'ADEMA. La situation est complexe. Il ne faut pas établir une simple

Conclusion

Pour conclure, il est nécessaire de revenir à cette question de la dualité juridique. J'ai essayé de démontrer que la non-application très flagrante des diverses réglementations concernant le foncier n'était pas due à une simple inadaptation de ces lois. Le pluralisme juridique en question n'est peut-être pas celui qu'on pense. Prenons la longue période du régime de Moussa Traoré, qui ne se prétend pas socialiste, surtout vers la fin. Avons-nous là des lois d'inspiration libérale qui s'opposeraient aux droits coutumiers ? Ces lois qui donnent à l'État la possibilité de confisquer sans compensation les terres d'un grand nombre de propriétaires maliens sont-elles d'inspiration libérale ? Par ailleurs, il est bien connu que, dans la société traditionnelle, on ne vendait pas la terre. Les droits coutumiers, auparavant, ne concernaient que le droit d'usufruit [74]. Les pratiques foncières actuelles indiquent au contraire que les Bamakois-es, y compris lesdits chefs coutumiers, [75] agissent en hommes modernes.

Ils connaissent bien la valeur marchande de la terre et sont prêts à l'acheter et à la revendre [76].

équation entre les luttes factionnelles et celles des partis. Les premières, plus fluides, traversent les secondes.

74 Cela «confère à son titulaire le droit d'utiliser la chose et d'en percevoir les fruits, mais non celui d'en disposer » (S.N.L.M., 1993a, p. 129).

75 D'après mes enquêtes, il existerait une confusion très révélatrice chez les informateurs entre achat auprès d'un particulier et achat auprès d'un chef coutumier. Qu'est-ce qu'un chef coutumier ? Un chef de village ou l'occupant historique des terres, un simple cultivateur ? Ce n'est pas clair.

76 Du temps de la colonisation, les principales caractéristiques des droits fonciers coutumiers étaient : « la possibilité pour les détenteurs coutumiers de faire constater et authentifier leurs droits dans un document appelé « livret foncier » et la possibilité de le transformer « en titre foncier immatriculé si les droits coutumiers constatés comportent le droit de disposition et l'emprise évidente et permanente » (Gagner, 1988, p. 112). Aujourd'hui, d'après le 2e adjoint de la gouverneure du district, « la notion de droit coutumier est effectivement signalée dans le code domanial et foncier, mais par rapport à Bamako le contenu est, je dirais, un peu fluide, parce que le District de Bamako dispose d'un périmètre d'urbanisation. Il est vrai qu'il y avait des villages dans ce périmètre. Mais après le décret du conseil des ministres définissant l'aire géographique de Bamako, les chefs de ces villages ne peuvent pas gérer ces domaines comme si c'était le rural. Aujourd'hui toutes les attributions qui se font dans ces secteurs sont contre la réglementation » (*Les échos*, 16/10/1992, p. 6).

Le pluralisme juridique est très utile. Il est inhérent à la société malienne. Pour comprendre cela, cette citation de Rouland (1988, p. 367) est opportune : « Chaque strate juridique est utilisée par les acteurs sociaux de façon alternative, le choix s'exerçant en faveur de celle qui offre le plus de bénéfices au moindre coût, et en fonction de la connaissance qu'en ont les acteurs ». Hesseling et Mathieu (1986, p. 310) remarquent pour leur part que « les pratiques des acteurs jouent en permanence sur des niveaux et des registres de pouvoir, de langage et de légitimité (et/ou de légalité) très divers ». Même non appliquée, la loi existe et elle est « présente » d'une certaine manière [77].

Ce texte nous donne aussi l'occasion d'apporter un point de réflexion sur l'informalité, à partir du cas foncier. L'informel n'apparaît (les quartiers spontanés, la vente de terrains qui appartiennent à l'État et sur lesquels on spécule) que parce que le formel existe. L'un ne se définit que par l'autre; il n'y a pas d'opposition mais une symbiose.

D'après Labatut (1989, p. 95), « l'aspect scientifique de la recherche réside dans l'adéquation entre une théorie, une méthode et les caractéristiques culturelles du milieu étudié ». Certains sujets se prêtent mieux que d'autres à certaines méthodologies. Dans le cas qui nous intéresse ici, les enquêtes de type quantitatif et celles avec questionnaires dont les réponses sont ouvertes sont indispensables pour avoir certaines données statistiques et un tableau d'ensemble plutôt descriptif de la situation.

Néanmoins comme j'en ai fait l'expérience à Bamako à l'automne 1993, il s'avère nécessaire, pour cerner l'appropriation foncière et surtout les stratégies des acteurs sociaux, d'opter d'une façon complémentaire pour une méthode qui s'inspire de l'anthropologie. Obtenir d'un informateur qu'il dévoile les différentes étapes qu'il a dû franchir avant d'obtenir un terrain, et les membres des réseaux qu'il a dû contacter demande le plus souvent une approche différente dune série de questions impersonnelles, qu'on donne toujours dans le même ordre à l'ensemble des interrogés. Quelle conception les gens se font-ils de la propriété ? Quels droits ont-ils à leurs yeux sur la

---

77 La loi permet d'incarcérer des clients non respectueux du contrat politique, des opposants ou de simples boucs émissaires. Du temps de Moussa Traoré, un certain nombre de personnes ont été emprisonnées pour avoir abusé de leur rôle d'intermédiaire dans l'attribution de lots.

terre qu'ils habitent ? Comment voient-ils leurs relations avec les autorités ? L'approche anthropologique est plus apte à saisir toutes ces questions et bien d'autres en complémentarité avec les autres.

Bibliographie

Amselle, J.-L., 1988. « Le Mali », dans *État et capitalisme en Afrique de l'Ouest,* Document de travail n° 9, EHESS, p. 8-19.

BA, M. F., 1988. *Morphologie et comportement socio-économique d'un quartier spontané de Bamako : le cas de Bakaribougou,* mémoire de fin d'études, géographie, ENSUP.

Bagayoko, A., 1989. *La spéculation foncière sur la rive droite du fleuve Niger à Bamako : apparition et extension de quartiers sous-intégrés,* mémoire de fin d'études, géographie, ENSUP.

Banque mondiale et D.P.U.M., 1984a. *Étude du développement urbain de Bamako,* rapport phase 1.

Banque mondiale et D.P.U.M., 1984b. *Étude du développement urbain de Bamako,* rapport socio-économique.

Bayart, J.-F. 1989. *L'État en Afrique, la politique du ventre,* Paris, Fayard.

Bertrand, M., 1993. « Viabilisations urbaines et mobilisation des épargnes résidentielles au Mali » dans *Pouvoirs et cités d'Afrique noire, décentralisations en questions,* sous la direction de S. Jaglin et A. Dubresson, Paris, Karthala, p. 127-142.

Bertrand, M., 1988. « Des politiques nationales aux pratiques locales : la question foncière à Sikasso (Mali) », *L'Espace géographique,* no 2, p. 81-94.

Bertrand, M., 1990. *Question foncière et villes secondaires au Mali : les communes méridionales de Sikasso, Koutiala et Bougouni,* thèse de doctorat, Université de Paris X.

Coquery, M., 1990. « Autopromotion de l'habitat et modes de production du cadre bâti : l'apport de recherches récentes en Afrique noire francophone », dans *Housing Africa's Urban*

Poor, sous la direction de P. AMIS et P. LLOYD, Manchester University Press.

De Soto, H., 1994. *L'autre sentier, la révolution informelle dans le Tiers-Monde,* Paris, La Découverte.

Deyoko, A., 1991. « Situation des quartiers spontanés à Bamako cas de Djikoroni-Djenekabougou », dans *Maîtriser le développement urbain en Afrique sub-saharienne,* Paris, ORSTOM, p. 198-212.

Diakité, D. et B. Sanankoua, 1987. *Bamako, fleur des savanes (la ville hier et aujourd'hui),* gouvernorat du district de Bamako.

Durand-Lasserve, A., 1992. « Les politiques de régularisation des établissements irréguliers dans les villes des pays du Tiers-Monde : objectifs, enjeux et limites », dans *État et société dans le Tiers-Monde de la modernisation à la démocratisation ?,* sous la direction de M. Haubert, Paris, Publications de la Sorbonne, p. 83-97.

ENSUP, 1993. *Bamako,* par le département d'études et de recherches d'histoire et de géographie de l'ENSUP, Bordeaux, CRET, Collection « pays enclavés », n° 6.

Farvacque, V., Mc Auslan, Catherine et Patrick, 1993. *Politiques foncières des villes en développement,* Paris, ADEF.

Gagner, J., 1988. « Évolution du cadre juridique et des pratiques foncières à Bamako », dans *Processus d'urbanisation en Afrique,* sous la direction de C. Coquery – Vidrovitch, tome 1, Paris, L'Harmattan, p. 109-117.

Haeringer, P., 1990. « Mais comment faut-il donc le dire ? Les solutions de demain sont inscrites sur le sol depuis des lustres », dans *Housing Africa's Urban Poor,* sous la direction de P. Amis et P. Lloyd, Manchester University Press, p. 273-285.

Hamady, Y., 1978. « Bureaucratie et corruption au Mali », dans *Peuples noirs, peuples africains,* n° 5, p. 10-28 et no 6, p. 20-49.

Hesseling, G. et P. Mathieu, 1986. « Stratégies de l'État et des populations par rapport à l'espace », dans *Espaces disputés en*

Afrique noire pratiques foncières locales, sous la direction de B. Crousse et E. Le Bris, Paris, Karthala, p. 309-325.

Jacquemot, P., 1983. « Le proto-État africain : quelques réflexions autour de l'histoire contemporaine du Mali », *Tiers-Monde,* n° 93, p. 127-141.

Jaglin, S., 1991. *Pouvoirs urbains et gestion partagée à Ouagadougou,* thèse de doctorat de l'université de Paris VIII en urbanisme et aménagement.

Kamminga, E. *et al.,* 1988. *Bamako et Ségou une étude du milieu urbain au Mali,* Bamako, Association néerlandaise d'assistance au développement.

Keita, D., 1983. *Contribution à l'étude géographique des quartiers spontanés : Fadjiguila-Djoumanzana,* mémoire de fin d'études, géographie.

Keita, M., 1978. *Croissance urbaine au Mali et appropriation de l'espace d'habitation (une étude sur la ville de Bamako),* thèse de doctorat de sociologie, Nanterre, Université de Paris X.

Koné, A. B., 1986. *Une politique d'aménagement d'un quartier spontané du district de Bamako Samé,* mémoire de fin d'études, géographie.

Kouriba, G., 1987. *Urbanisation et violence : cas de Bamako (essai d'analyse sociologique),* mémoire de fin d'études, philosophie, ENSUP.

Labatut, J.-M., 1989. « La méthode anthropologique et la petite production marchande en Afrique », *Anthropologie et sociétés,* n° 3, p. 73-98.

Lautier, B., C. De Miras et A. Morice, 1991. *L'État et l'informel,* Paris, L'Harmattan.

Le Bris, E., *et al.,* 1987. *Famille et résidence dans les villes africaines,* Paris, L'Harmattan.

Maîtriser le développement urbain en Afrique sub-saharienne, Actes du colloque international de Ouagadougou, 1-5 octobre 1990, Ouagadougou et Paris, CNRST-IRSSH et ORSTOM, 1991.

Marcoux, R. *et al.,* 1994. « L'insertion résidentielle à Bamako », dans *L'insertion urbaine à Bamako (Mali),* sous la direction de D.

Ouédraogo et V. Piché , rapport de recherche, Programme population et développement au Sahel, CERPOD et département de démographie Université de Montréal, p. 75-106.

Marie, A., 1989. « Politique urbaine : une révolution au service de l'État », *Politique africaine,* mars, p. 27-38.

Marie, A., 1991. « Appelons un chat un chat : les enjeux des politiques urbaines sont politiques. L'exemple d'Abidjan, Lomé et Ouagadougou », dans *Maîtriser le développement urbain en Afrique sub-saharienne,* p. 408-423.

Marie, A., 1992. « Politiques urbaines et violence d'État », dans *État et société dans le Tiers-Monde de la modernisation à la démocratisation ?,* sous la direction de M. Haubert, Paris, Publications de la Sorbonne, p. 99-111.

Ministère de la Construction, de l'Urbanisme et du Logement, Cabinet, 1993. *Cahier des charges et règlement d'opérations pour le programme spécial « sauvons notre quartier ».*

Ministère des travaux publics de l'urbanisme et de la construction, 1990. *Schéma directeur d'aménagement et d'urbanisme de Bamako et environs,* 1ère révision.

Morice, A., 1982. « L'empire de l'empirisme », dans *Vivre et survivre dans les villes africaines,* sous la direction de I. Deblé et P. Hugon, Paris, PUF, p. 257-279.

Otayek, R., 1991. « Organisations et compétitions politiques », dans *Les Afriques politiques,* sous la direction de C. Coulon et D.-C. Martin, Paris, La Découverte, p.186-199.

Ouédraogo, D. et V. Piché (sous la direction de), 1994. *L'insertion urbaine à Bamako (Mali),* rapport de recherche, Programme population et développement au Sahel, CERPOD et département de démographie Université de Montréal.

Piermay, P., 1992. « Géomètres, "commissionnaires" et hommes politiques dans les villes d'Afrique centrale, médiateurs et prédateurs de la société », dans *État et société dans le Tiers-Monde de la modernisation à la démocratisation ?,* sous la direction de M. Haubert, Paris, Publications de la Sorbonne, p. 259-266.

Piermay, P., 1993. *Citadins et quête du sol dans les villes d'Afrique centrale,* Paris, L'Harmattan.

Recensement général de la population et de l'habitat (RGPHM) du 1er au 14 avril 1987. *Principaux résultats d'analyse,* DNSI, Bureau central du recensement, 1991.

Rochegude, A., 1982. « L'expérience malienne », dans *Enjeux fonciers en Afrique noire,* sous la direction de E. Le Bris *et al.*, Paris, ORSTOM et Karthala, p. 141-148.

Rouland, N., 1988. *Anthropologie juridique,* Paris, PUF.

Sinou, A., 1987. « Habiter à Bamako et à St-Louis du Sénégal », dans *Famille et résidence dans les villes africaines,* Dakar, Bamako, St-Louis, Lomé, sous la direction de E., Le Bris, Paris, L'Harmattan, p. 71-114.

Sissoko, S., 1986. *Le problème d'assainissement à Djikoroni-Para : cas de Djénékabougou,* mémoire de fin d'études, géographie, ENSUP.

Sow-SY, K. (Mme la gouverneure), 1993. Programme spécial « Sauvons notre quartier », Note de présentation, Ministère d'État chargé de l'administration territoriale et de la décentralisation, Gouvernorat du district de Bamako, 6 p.

Stratégie nationale du logement au Mali, 1993a. *Situation actuelle du logement au Mali,* République du Mali, Centre des Nations Unies pour les établissements humains, Nairobi, CNUEH-Habitat, 219 p.

Stratégie nationale du logement au Mali, 1993b. *Rapport provisoire sur la politique nationale du logement au Mali,* République du Mali, Centre des Nations Unies pour les établissements humains, lc document va de la page 195b à la page 269.

Traoré, A. M., 1988. *La spéculation foncière sur la rive droite à Bamako,* mémoire de fin d'études, géographie, ENSUP.

Traoré, B. A., 1988. « Appropriation et aménagement de l'espace le cas de Bamako (1908-1985) », dans *Processus d'urbanisation en Afrique,* sous la direction de C. Coquery –Vidrovitch, tome 1, Paris, L'Harmattan, p. 119-134.

Traoré, S., 1988a. « Problématique de l'habitat spontané au Mali », dans *Jamana*, n° 17, p. 33-40.

Traoré, S., 1988b. *Les quartiers spontanés autour des villes sahéliennes : le cas du district de Bamako,* Bamako, Institut du Sahel.

Tribillion, J.F., 1984. « La clientèle foncière de l'État », dans *Terres des uns, villes des autres, questions foncières et pratiques urbaines en Afrique,* CNRS-CEGET, no 1, p. 123-126.

Van Dijk, M.P., 1986. *Burkina-Faso. Le secteur informel de Ouagadougou,* Paris, L'Harmattan.

Vieillard–Baron, H., 1989. « Principes d'aménagement et superposition des droits fonciers », *Études foncières,* n° 43, juin, p. 32-35.

PRATIQUES DE LA MEDIATION DANS LE SECTEU
A DAKAR

Abdou Salam FALL[78]

Introduction

Les réseaux sociaux et le secteur économique non enregistré ont ceci de commun qu'ils tiennent leur efficience de leur informalité. Le caractère informel de leur dynamique est même un trait majeur de leur identité propre. Or, tous les deux sont importants dans l'analyse des mécanismes de construction sociale en général et des stratégies de survie et d'insertion urbaine en particulier.

L'enquête IFAN/ORSTOM (1989) révèle que, d'une génération à une autre, un cinquième des premiers emplois obtenus à Dakar se trouve dans l'emploi indépendant (Bocquier, 1992). Dijk (1986) estime que 50 % de la population active à Dakar travaille dans le secteur informel. *Le secteur informel s'entend ici au sens large du terme* à l'image de Penouil et Lachaud (1985) selon qui «les activités informelles regroupent un ensemble d'activités de production, de services et de commerce réalisées à petite échelle avec un salariat limité et un capital relativement faible ».

Il est utile de noter que la mobilisation du capital social apparaît comme la ressource majeure pour l'acteur urbain préoccupé par l'accès à l'emploi, au logement et aux moyens d'ascension sociale en général (Fall, 1994). Les réseaux sociaux sont des instruments de satisfaction des besoins spécifiques quand les institutions sociales se révèlent impuissantes. Ainsi leur apparition est la conséquence de dysfonctionnements des formations sociales dans une société en transition. Ils sont donc des rapports sociaux activés, c'est-à-dire des relais informels et construits.

---

78 Socio-Antropologue, IFAN/.A.D., Université Cheikh Anta Diop, Dakar, et Alioune MBOUP, Anthropologue, Lycée de Fatick.

ait commun entre secteur informel et réseaux sociaux induit une .ation que nous allons tenter d'explorer en analysant comment l'informel se met au service de l'informel. Pour cela, nous nous sommes intéressés aux pratiques de médiation dans le secteur informel à Dakar. Les récits de vie recueillis auprès d'artisans (menuisiers, mécaniciens, tailleurs, couturières) et de commerçants nous permettent de dégager des pistes de réflexions. Il s'agit d'identifier l'intervention d'un intercesseur dans différentes étapes : apprentissage, création d'entreprise, constitution de clientèle, approvisionnement en matière d'œuvre. Le type de recours est un indicateur de la manière dont se structure le travail indépendant.

Dans ce travail, complémentaire à l'étude IFAN/ORSTOM sur l'insertion urbainc (Antoinc *et al.,* 1992), nous faisons l'analyse de discours racontés sous la forme de récits de vie par une cinquantaine d'artisans de Dakar. Ces personnes ont été interrogées selon le principe du choix raisonné en février et mars 1994. La recherche qui a bénéficié de la collaboration de nos étudiants s'est déroulée dans le cadre d'une étude de cas portant sur les mécanismes de recours à des réseaux sociaux pour l'accès à l'emploi à Dakar. Elle s'enrichit de la description d'un des lieux les plus représentatifs du secteur informel à Dakar, le Pakku Lambaay, (Mboup, 1992).

Recours à un tiers au moment de l'apprentissage

Généralement, les apprentis se recrutent dans le cercle de personnes connues du maître-artisan. Il est rare que l'apprenti se présente sans intermédiaire à un patron pour solliciter son encadrement. L'apprentissage a une double fonction sociale : d'une part, faire connaître un métier, et d'autre part, former le caractère de l'apprenti en prenant en charge son éducation. L'ambiguïté de la relation maître-apprenti est liée au fait que cette prise en charge s'inscrit souvent dans une optique de rééducation. Le rôle de contrôle social du maître est donc important.

Les procédures sont naturellement informelles. La zone d'incertitude gérée par le maître artisan est donc grande, notamment en ce qui concerne la responsabilisation et la progression dans le métier. Pour l'apprentissage, les parents tiennent compte des préférences de leur protégé au moment du choix du métier d'artisan. C'est l'une des premières étapes où les parents se mettent à négocier avec leurs enfants afin de s'assurer de leur engagement. Cette attitude inhabituelle est à analyser car elle rompt en partie ou circonstanciellement la distance sociale qui éloigne les ascendants de leurs dépendants.

Les métiers sont accessibles aux jeunes qui désirent se former. Cependant, la saturation de nombreuses filières explique les difficultés que de plus en plus de jeunes éprouvent pour être acceptés comme apprentis. Dans ce contexte, la recommandation sinon le rôle de l'intercesseur devient encore plus nécessaire. Nous présentons ici une série de témoignages pour illustrer cette réalité. Le premier récit émane d'une personne évoluant dans le domaine de la couture.

« Je m'appelle M.F. Je suis fils d'un ancien ouvrier. Je suis Peul. J'ai deux femmes et 6 enfants. Quand j'étais plus jeune, j'ai été confié à ma grand-mère à la suite du décès de ma mère, puis à ma tante pour les mêmes raisons. Ma tante était particulièrement sévère avec moi. Après que je fus renvoyé de l'école, elle décida de m'amener chez un couturier. Ce dernier n'avait pas une clientèle importante. J'ai été donc obligé de le quitter et de tenter de me faire accepter chez un autre couturier. Il se trouve que celui qui sera plus tard mon patron refusa dans un premier temps de me prendre prétextant qu'il avait beaucoup d'apprentis et que je devais attendre le départ de quelques-uns. J'ai ainsi été amené à chômer deux ans. Par la suite, je suis allé contacter un ami intime de mon père et c'est grâce à son soutien que je fus accepté comme apprenti. J'ai mis trois ans avec ce patron avant d'avoir accès aux machines à coudre, je passais le temps à faire d'autres tâches au sein de l'atelier, y compris servir de messager entre le patron et ses fiancées ».

Le deuxième récit concerne le métier de mécanicien. M.D., 27 ans, célibataire, de père mécanicien généraliste. « J'ai appris l'électricité automobile dans le garage même où je travaille actuellement. J'avais été recommandé par mon père auprès de mon patron qui est son ami. D'ailleurs tous les apprentis sont recrutés ici sur recommandation d'une personne plus ou moins proche du chef du garage ou des clients. La durée de l'apprentissage varie entre quatre à cinq ans ».

Le troisième (D.G.) et le quatrième récit (M.G.) concernent la couture encore une fois et la menuiserie. D. G., pour commencer par lui, a 26 ans. Il est célibataire et est issu d'une famille de forgerons Jaxanke de Casamance. Il est actuellement tailleur. Comme son premier maître, celui qu'il a rejoint est un ami de son frère.

Le cinquième récit provient de M. G., menuisier métallique : « Lorsque pour la première fois, j'ai fréquenté l'atelier, dit M.G., je devais avoir 8 à 9 ans. Mon père y travaillait avec ses apprentis, mais je n'aimais pas le métier. Je voulais être commerçant à Sandaga où mon cousin possédait un grand magasin. Les jours de congé, je trouvais des excuses pour éviter de me rendre à l'atelier avec mon père qui voulait que je passe mes heures libres avec lui pour m'initier au métier de soudeur. Après mes études primaires qui se sont soldées par un échec, mon père profita de cette opportunité pour m'obliger à fréquenter assidûment l'atelier. Je commençai à effectuer de petits travaux. Par exemple, je fabriquais des petits fourneaux que je vendais après le travail dans le voisinage. À dix huit ans déjà, mon père commença à me responsabiliser; je faisais la plus grande partie du travail à sa place. Il me surveillait seulement car il commençait à prendre de l'âge. Depuis maintenant huit ans, mon père reste à la maison. J'ai tenté en vain une installation en Gambie. J'ai décidé par la suite de reprendre l'atelier de mon père qu'une tempête aravagé ».

Le sixième récit nous est livré par M.D, 37 ans, de père ouvrier cheminot. Il a quitté sa ville natale, Nginginew, pour aller rejoindre son oncle maternel à Dakar. Ce dernier le fit entrer dans un atelier de menuiserie métallique où il resta trois ans avant de le quitter pour devenir mécanicien dans un garage géré par le cousin de son père. Il restera là un an avant de reprendre la menuiserie auprès d'un ami de son frère aîné. Il y restera longtemps avant de s'installer à son propre compte.

Le septième témoignage, celui de M. Faye, concerne de nouveau de la couture. Âgé de 40 ans, M. Faye est un grand tailleur originaire du Siin, précisément du village de Nasaam. Il a quatre frères et quatre sœurs. Marié et père de trois enfants, il habite dans la banlieue dakaroise, plus précisément à Yeumbeul. Tout petit, il est allé à l'école coranique, mais, plus tard, il demandera en vain à son père de l'envoyer à l'école moderne. Deux raisons expliquent le refus de son père. Premièrement, l'hivernage de cette année-là était médiocre; deuxièmement, ses frères étaient encore trop petits. Quelques années après, sur les conseils de son père, M. Faye décide d'aller à Dakar chez son oncle pour apprendre un métier. À Dakar, plus précisément à la Médina, celui-ci cherchera à savoir le métier qu'il voulait apprendre. Après deux jours de réflexion, Moussa finit par jeter son dévolu sur le métier de tailleur. Il trouvait que ce dernier était le meilleur de tous les métiers. Son oncle en fut ravi puisque A. D., le frère de son épouse, était un grand tailleur non loin de sa résidence. Il suivit la formation pendant trois ans et fit une très bonne impression à son maître qui décida de lui proposer de s'autonomiser en montant un autre atelier. En présence de son oncle, son maître lui rendit hommage en lui offrant une machine à coudre avec une petite somme d'argent. Aussitôt M. Faye s'installa chez son oncle et commença son travail seul. Il garda le contact avec son ex-patron qui l'appelait de temps à autre pour des travaux urgents. M. Faye commença dès lors à épargner pour constituer son futur capital. Durant 6 ans, il refusa d'aller au village et d'envoyer de l'argent à ses parents. Son oncle en fut vexé et n'hésita pas à lui refuser de continuer à installer son atelier à son domicile. M. Faye loua une petite pièce qui servit d'atelier et de chambre. Un an plus tard, vu la qualité de son travail, il avait de plus en plus de clients. Dès lors, il alla trouver ses parents pour se repentir et leur expliquer sa stratégie. Il invita ses deux petits frères à se joindre à lui pour faire d'eux ses premiers apprentis. Trois autres suivront: l'un de son oncle, l'autre de son ex-patron et le troisième était le fils d'un des amis de son père.

Pendant trois ans, M. Faye travailla avec ses cinq apprentis, et le travail marchait à merveille. Il se paya une maison à Yeumbeul et deux ans plus tard il se maria. À son tour, il proposa à ses frères de s'installer à leur compte propre, en leur accordant les mêmes faveurs que celles qu'il avait eues de son ex-patron. Il acheta successivement cinq autres machines et amena, pour les former, son dernier frère et quatre autres jeunes de son village. Alors que ses affaires florissaient déjà, Moussa envisagea un autre projet. Il acheta une voiture pour le transport en commun et se lança dans la culture maraîchère dans son village. Bientôt il fut respecté par tout le village puisqu'il assurait à la plupart des jeunes du village du travail. Ainsi parvint-il à concilier vente de légumes et confection d'habits. Il sera même décoré par le chef de son village lors d'une cérémonie de lutte organisée avec les villages environnants.

L'avant-dernière histoire est celle de Pape Amadou D. Âgé de 34 ans, Pape est commerçant au marché Sandaga. Issu d'une famille de commerçants, il est né à Silmaxe. Tout petit, Pape rêvait de devenir un grand commerçant. Quand il eut terminé ses études coraniques, son père l'envoya chez son oncle commerçant pour l'initier au métier. Après deux ans de formation chez celui-ci, son père l'envoya ensuite chez son cousin pour un an, puis dans son propre magasin pour trois ans. Satisfait de la façon dont son fils gérait le magasin, son père le lui céda volontiers. Pape parvint à ouvrir un autre magasin qui lui appartient en propre et confia le premier magasin à son beau-frère. Il emploie trois apprentis ; le premier est son propre frère et les deux autres des amis de son frère.

Le père de Pape est son principal fournisseur puisqu'il voyage souvent aux États-Unis ou ailleurs en Europe pour ravitailler bon nombre de commerçants de la place. Le succès aidant, il tenta d'ouvrir un autre magasin pour y placer un de ses apprentis, son frère en l'occurrence. Il changea toutefois de produits de vente. Au lieu de continuer avec des appareils électroménagers, il se tourna vers les produits cosmétiques. Ainsi Pape supervise actuellement deux magasins qui marchent. Aussi, en association avec un de ses amis qui travaille dans le formel, il a investi dans un grand poulailler au niveau de Keur-Massar. Ainsi, après dix ans d'expérience, Pape est devenu un grand commerçant de la place.

Pour finir avec cette série de récits, voyons le témoignage de B.D. « Je m'appelle B.D. et je suis né le 5 mars 1962. À Dakar, mon père m'amena dans l'atelier de menuiserie de son ami d'enfance A.D., au centre-ville, précisément dans la Médina où j'ai appris le métier qui m'a procuré aujourd'hui toute ma richesse. À l'époque, je me rappelle bien, en 1976, nous étions une dizaine d'apprentis à l'atelier, et j'étais le quatrième du point de vue de la qualification. J'ai obtenu mon certificat de travail 4e degré après 10 ans de carrière. Deux ans plus tard, à l'incitation de ma mère et grâce au financement de mon oncle, grand commerçant à Saint-Louis, j'ai décidé d'installer un atelier qui fait face à la grand-route de chez nous à Yoff Layène, après avoir obtenu les bénédictions de mon marabout Chérif Ousseynou Laye. Auparavant, mon maître m'avait légué la presque totalité de son matériel parce qu'il en avait acheté un autre, beaucoup plus sophistiqué.

En 1990, j'avais reçu de la part de mon frère, installé au Gabon, un soutien financier et un ravitaillement en bois qui m'a permis de faire fructifier mes ressources et de multiplier mes travaux. Quant à mon travail, je veux dire, mes heures de travail sont très chargées surtout les veilles de fête durant lesquelles le gain journalier estimé à 20 000 FCFA peut aller jusqu'à 40 000 voire 50 000 FCFA. Actuellement j'ai la charge de ma petite famille: mes deux enfants et mes parents. Je remercie Dieu car je fais de larges progrès dans mes entreprises et j'ai une maison en construction à Yoff Tonghor. Pour mes clients, je pense qu'on s'entend très bien car il s'agit en particulier et pour la plupart du temps des Lébous, donc de même ethnie que moi. En dehors de ce travail de menuisier, je suis en collaboration avec ma femme qui fait le commerce des marchandises venant de la Gambie, de Kaolack etc.

En ce qui concerne mes apprentis, il n'y a aucun engagement financier qui existe entre nous sinon qu'ils ne doivent jamais « encaisser » l'argent de leurs petites bricoles. Auparavant l'apprenti n'avait aucun droit pécuniaire; il devait travailler pour son patron. Mes apprentis sont pour la plupart des enfants « lébous » car l'apprentissage de métier chez nous est une affaire de parenté. Je n'ai pas fait de propagande pour avoir mes clients sinon au début; j'exposais mes œuvres devant la porte de mon atelier, ce qui attirait de plus en plus l'attention du client. La clientèle chez nous est liée au lien de parenté, et la plupart des gens de Yoff Layène ont confiance en moi et ils me confient toujours leur travail. À mon tour, je leur propose des prix corrects.

Par contre, l'autre clientèle, c'est-à-dire celle du centre-ville, je l'ai eue à travers les expositions de mes travaux devant la porte de mon atelier, qui se trouve être la route des bus. Certains de mes clients m'aident à acheter du matériel nécessaire à mon travail et d'ailleurs j'ai baptisé ma fille du nom d'une de mes clientes qui est très fidèle. S'agissant de mon approvisionnement en bois d'œuvre, elle vient du centre-ville c'est-à-dire de Tilène, d'un grand magasin de menuiserie dont le propriétaire, M.F., était au Gabon et se trouve être lié à moi par ma mère. D'ailleurs il me faisait de larges crédits qui pouvaient aller de deux à quatre mois et parfois plus. Il y a également d'autres sources d'approvisionnement comme les quincailleries pour les petits objets de fer notamment les pointes, les serrures, les clefs. Mes apprentis sont au nombre de douze avec bien entendu quelques amis qui sont aussi qualifiés que moi et qui sont sous ma tutelle et perçoivent un salaire correct après le travail. Quant aux petits apprentis, ils n'ont que tout juste de quoi s'acheter des habits ».

Ces profils et témoignages, quoique sommaires, permettent de faire quelques constats. Comme le souligne Penouil (1992), le système d'apprentissage est essentiellement reproductif. La transmission de patrimoine de père en fils reste un mode de perpétuation de certains métiers. Toutefois force est de reconnaître que l'intérêt des jeunes pour les divers types de métiers ne respecte plus les critères d'appartenance à des groupes statutaires d'origine.

Ceux qui héritent d'un métier trouvent un terrain mieux préparé grâce à la pratique de transmission de patrimoine (cas de Pape Amadou D.) et quelquefois une légitimation sociale de leur statut. Il est curieux de noter que cette transmission de patrimoine se réalise même dans l'emploi salarié autant privé que public. L'influence de l'artisanat demeure attestée par le transfert de pratique de continuité dans deux secteurs de traditions professionnelles éteintes. En effet, il est devenu courant de voir un ouvrier à la veille de sa retraite convaincre son patron de recruter son fils pour le placer au même poste afin d'assurer la perpétuation de l'emploi au sein de la famille considérée comme indigente et dépendante de ce salaire.

Le commerce concurrence fortement les métiers artisanaux. Le cas de M.G. montre que, même lorsqu'il s'agit de transmission de métier de père en fils, l'attrait du commerce au détriment d'autres métiers est réel. C'est le triomphe des gains immédiats et du succès rapide et visible.

Les médiateurs sont mobilisés dans la parenté et les cercles d'amitié. Les clients des artisans sont indiqués comme des intercesseurs possibles pour faire accéder à un métier par un apprentissage dont la durée, plus longue que les quatre à cinq ans évoqués plus haut, rend compte d'une rationalité fondée sur l'informalité. L'accès à l'apprentissage est de plus en plus difficile pour les jeunes et dépend de la recommandation d'un tiers ainsi que le montrent les récits de M.F., M.D., D.G., etc. L'occupation des apprentis à des tâches secondaires prolonge inutilement le temps d'apprentissage. L'insuffisance de machines et autres instruments de travail pour occuper tous les apprentis est aussi un handicap certain pour la préparation à l'exercice du métier d'artisan (récit de M.F). C'est le statut d'aide familial qui convient le mieux à nombre d'apprentis. La formation n'est pas planifiée de façon explicite. L'apprenti est mis à l'épreuve.

Même dans le commerce, l'apprentissage est ritualisé et se fait auprès de personnes autres que le père pour s'assurer une bonne appropriation du métier, gage de la réussite dans un environnement marqué par un marché restreint. Le cas de M. Faye montre que le maître-artisan ne rétribue pas en général ses apprentis. En revanche, les plus méritants de ses protégés sont invités au bout d'un certain nombre d'années de préparation à s'installer à leur propre compte. Cette opération est conçue à l'avance et est matérialisée par l'offre de la part du patron de l'outil de travail pouvant faciliter de façon décisive l'installation. Dans le cas de M. Faye, sa famille s'approprie le métier de tailleur. Les relations à distance avec le village d'origine sont réalisées par le moyen des investissements dans d'autres activités comme le maraîchage ou le transport en commun. Cette diversification des moyens de production (récit de M. Faye, etc.) ou des types de produits vendus (récit de Pape Amadou D.) apparaît comme une stratégie de gestion du risque. Par ailleurs, le modèle de réussite est influencé parfois par les valeurs rurales. Dans le cas de M. Faye c'est ainsi la communauté villageoise qui consacre son succès.

L'installation à compte propre se réalise selon le même mécanisme consistant à coopter des apprentis au sein de la famille, à les faire travailler intensément sans rien promettre et sans rétribution, ni régulière ni officielle, et enfin à leur accorder les moyens de leur autonomie tout en recrutant à nouveau d'autres aides familiaux. Il reste cependant que le moyen le plus courant pour un travailleur indépendant de s'établir à son compte propre, c'est l'affranchissement décidé unilatéralement vis-à-vis du maître-artisan en mobilisant une partie de la clientèle fidélisée au moment de l'apprentissage. Une telle décision reflète une volonté de démontrer la maîtrise de son métier, maîtrise que l'on ne saurait exprimer totalement sous l'ombre d'un patron, l'apprentissage n'ayant que trop duré.

Le secteur informel apparaît comme un exutoire des échecs scolaires. Il a donc une double fonction de régulation sociale : il occupe une partie des victimes de la sélection scolaire à qui, faut-il le rappeler, aucun autre dispositif d'accueil n'est réservé; le maître-artisan se voit transférer par les familles des rôles d'éducateur concomitamment à son statut de formateur professionnel. On ne discutera pas ici de son état de préparation à cette fonction d'éducateur qui fonctionne implicitement comme allant de soi, mais on peut dire que dans la plupart des cas il exerce un contrôle social sur l'apprenti, allant quelquefois jusqu'à créer une véritable crainte chez celui-ci: « Quand, après le travail, je m'aperçois du risque de rencontrer mon patron dans le quartier, je fais bien attention aux rues que j'emprunte afin d'éviter son interrogatoire le lendemain au travail ». Les liens entre l'apprenti et le maître-artisan sont avant tout des rapports sociaux avant d'être des relations professionnelles.

Création d'entreprise et médiation

Une des caractéristiques majeures des performances dans le secteur informel tient à la double réalité d'une occupation d'un espace libre afin de satisfaire des besoins spécifiques et d'une construction de l'innovation sociale.

Un des procédés constants de mise en œuvre de l'innovation consiste à mobiliser dans chacun des tiroirs sociaux les ressources propres et à réussir à les utiliser pertinemment. La simplicité des mécanismes rend possible la valorisation de ressources banales comme le matériel de récupération, le rachat de reste de matériel, le stockage et la revente d'équipement etc. L'analyse des opportunités est immédiate ; l'accumulation est progressive et s'inscrit dans un temps long. Quant à la main-d'œuvre, elle est mobilisée selon une grille informelle. On met à profit les multiples appartenances à des groupes sociaux. Mais, dès qu'une innovation fait ses preuves, on assiste à sa reprise généralisée entraînant, quelquefois, une saturation pouvant générer soit un mimétisme soit une créativité opérant les adaptations nécessaires pour rester compétitif.

Les modes d'accès au capital constitutif des micro-entreprises sont variables. On constate pour l'essentiel que le recours à un tiers est le modèle dominant. Dans plusieurs cas, il apparaît que les médiateurs sont mis à contribution pour compléter les moyens financiers, servir de caution pour l'accès à un crédit, céder un patrimoine, accueillir momentanément dans un atelier ou d'autres lieux de travail, accompagner ou appuyer techniquement une démarche qu'on a suggérée. La solidarité des groupes d'appartenance est requise selon des formes multiples. Dans le récit de Pape Amadou D., l'approvisionnement en marchandise auprès de son père et le placement de son beau-frère dans son premier magasin montrent que les liens familiaux sont mis à profit en faveur d'une diversification des activités professionnelles commerciales. Ces liens présentent l'avantage d'une relation de confiance allant de soi en raison du contrôle social du groupe familial. C'est aussi le cas de B.D. Le fait de s'associer à un ami pour gérer un champ dans la périphérie de Dakar montre que d'autres liens sont convoqués (l'amitié) dans des activités d'investissement productif.

La parenté est l'un des principaux registres sociaux mobilisés. Mais on peut la considérer comme le lien solidaire le plus visible. Plus particulièrement, le contexte de crise met en vedette d'autres types de liens, les liens verticaux. L'intermédiaire est ici un ascendant, un ex-patron, un ami des grands frères, un aîné, un époux. Cette réalité se lit de manière claire à travers les neuf extraits de témoignages qui suivent.

Tout d'abord M.B., âgé de 25 ans, marié, père de deux enfants, menuisier : « Pour l'argent, dit-il, ma mère, vendeuse, en a parlé à leur cheftaine de tontine qui, en présence du chef de quartier, me prêta 500 000 F CFA ».

Ensuite, A. D., 27 ans, originaire du Fouta (pays Pulaar), marchand ambulant « bitigu mbag » : Je suis venu à Dakar à l'âge de 13 ans. J'ai été accueilli par un groupe de frères. Un d'entre eux venait de partir pour aller à Abidjan, et je fus son remplaçant. Le plus âgé du groupe, premier à s'établir à Dakar, était chargé de coordonner les activités économiques et sociales du groupe. C'est lui qui me remit l'argent de la caisse d'entraide sous la forme de prêt. Mes premiers jours, je parcourus à ses côtés les quartiers pour m'initier au marchandage et pour connaître les clients ».

B. S., menuisier : « Mon premier matériel, je l'ai eu de mon oncle maternel ».

M.D. est né en 1956 au Saloum en pays wolof, de parents agriculteurs. Il est marié, a deux femmes et 7 enfants. « Depuis que j'ai quitté le village en 1984 avec toute ma famille, dit-il, j'ai ouvert une boutique d'abord à Thiaroye avant de venir m'installer à Grand-Yoff, dans ma propre maison. Ceci a été possible surtout avec l'aide d'un de mes oncles qui est un grand commerçant à Sandaga. C'est en effet lui qui dès mon arrivée à Dakar m'a prêté de l'argent et m'a appris nombre de secrets dans mon métier. Mes épouses m'aident surtout durant la journée, tandis que mes enfants prennent le relais durant le week-end, à cause de leurs études ».

S. D., 29 ans est couturière. Après l'échec à l'examen de fin de cycle secondaire, elle décide d'apprendre la couture. Après une formation dans une institution privée, elle s'installe dans la maison paternelle, aux HLM où les voisins lui confiaient du travail. À la suite de son mariage, elle a bénéficié du soutien financier de son mari pour installer un atelier non loin du marché dans le quartier HLM. Le choix de ce quartier n'est pas fortuit car c'est là qu'elle a grandi et où auparavant elle avait conquis une clientèle.

G. M. a 69 ans. Il est originaire de Bambey. Il est commerçant au marché de Pikine dans l'agglomération de Dakar. « Je suis à Dakar depuis plus de 50 ans. J'ai 22 enfants, 15 filles et 7 garçons. Ils sont tous nés à Dakar. Quand je venais dans ce marché, je n'avais rien. J'étais porteur de bagages. Avec ce que je gagnais, j'achetais quelques marchandises que je revendais. Plus tard, j'ai à me trouver un espace où j'ai entassé quelques fruits. Ensuite, après les premiers bénéfices, j'ai tenté un voyage à Ziguinchor. À mon retour, les produits et fruits que j'ai ramenés en grande quantité, de même que ce qui m'a été confié par un exploitant-fonctionnaire, m'ont permis d'avoir une somme importante. Ainsi démarra la collaboration avec cet exploitant. Je faisais chaque semaine un voyage avec un camion de service public devant rapporter des marchandises de l'aéroport de Yoff. Finalement, j'étais reconnu par les gendarmes sur tout le parcours. Tous m'appelaient Gorgi. Quatre ans après, j'avais suffisamment de quoi me payer un camion 16-21. J'avais toujours maintenu le contact avec ce fonctionnaire. Chaque fois qu'il y avait renouvellement de leur parc automobile, il me réservait les meilleurs camions. Parallèlement au transport de fruits, des particuliers venaient louer mes camions pour transporter du sable. Il y avait de la baraka dans tout ce que j'entreprenais.

M. C., 37 ans, né à Montrolland, région de Thiès. Il est menuisier : « J'ai appris la menuiserie dans une entreprise car mon père connaissait celui qui était chargé des recrutements. Des années après, mon patron décida d'installer un atelier. Au moment de partir aux USA, il m'a proposé de me vendre cet atelier. Avec l'aide de mes parents, j'ai pu compléter mes épargnes pour l'acheter ».

P. F. est né en 1959 à Palmarin dans la Petite Côte. Il est marié et a quatre enfants. Après ses études primaires qui se sont soldées par un échec, un de ses frères décide de l'amener à Dakar pour qu'il apprenne le métier de tailleur auprès d'un de ses amis. C'était en 1978. En 1983, son oncle, qui était tailleur à Abidjan de 1973 à 1982, est revenu et a installé un atelier à Grand Dakar. Il quitte l'atelier de l'ami de son frère pour rejoindre son oncle qui l'autorise à travailler avec sa machine pendant ses heures de repos. En 1985, il prend une machine à crédit par l'intermédiaire de son oncle. Au bout de deux ans, il avait achevé de la payer et a pu continuer à travailler avec sa propre machine dans l'atelier de son oncle.

O. D., originaire de Guinée, est commerçant à Pikine. Il est marié et père d'un enfant. Il est assisté de son épouse et de son frère pour la vente. « J'ai pu installer cette boutique grâce aux bénéfices tirés du travail de « monnayeur » auprès des apprentis de cars rapides à l'entrée de Pikine. La boutique n'a plus été occupée après les événements Sénégal/Mauritanie. L'emplacement est remarquable. Elle est juste sur la route qui sert de passage pour les voyageurs des régions qui s'arrêtent au garage de Xurunaar mais aussi pour les travailleurs qui prennent les cars rapides et ceux de la SERAS, du marché de poisson, etc.

L'informel n'apparaît pas comme une occupation transitoire. Les profils esquissés ici montrent que de nombreux chefs de ménage sont concernés par exemple par l'artisanat, et que cette activité constitue leur moyen de survie. Ils vivent à Dakar avec leurs familles, et le soutien de celles-ci à l'artisan est quasi automatique. Toutefois, les conditions d'accumulation sont précaires. On part presque toujours de peu. Tout est dépendant des opportunités explorées, de la tension vers le succès. Le cas des originaires du cœur du bassin arachidier, la région historique du Bawol, mérite d'être évoqué ici. Les *bawol-bawols* (ceux qui sont originaires du Bawol), même s'ils sont généralement perçus comme des couards, des roublards, des rusés, sont de grands travailleurs. Ils s'investissent durement en ville. On les remarque partout : sur les trottoirs, les devantures des magasins, le long des artères principales de Dakar. Ils déposent même leurs objets pour la vente sur les véhicules en stationnement ou font des étalages de fortune. Ils agressent, encombrent les avenues, importunent les passants. Ils s'adonnent à la quincaillerie, la friperie, l'électroménager, la vente des cosmétiques, des produits alimentaires, etc.

En effet, l'esprit d'entreprise est réel. On pourrait parler d'une sorte d'africanisation de certains secteurs de l'activité professionnelle tellement l'ingéniosité se combine avec la persévérance, en l'absence d'un patrimoine et d'un capital disponibles auparavant, par l'héritage par exemple.

Pour mobiliser des ressources nécessaires aux petites entreprises informelles artisanales, l'associatif dans le voisinage est un recours éventuel. Dans de telles situations, le rôle de médiation de la responsable de tontine demeure important. Notons aussi que la caution du chef de quartier rend possible la pratique souterraine consistant à mobiliser les ressources d'une tontine pour soutenir l'artisan promoteur d'unité de production à l'insu des membres du groupement d'épargne/crédit rotatif (tontine). Ces caisses d'entraide (récit de M.B., de A.D.) fonctionnent comme des sortes de banques populaires où les prêts se font de gré à gré et sans intérêt. Elles permettent d'avoir les moyens de démarrer des activités d'investissement en l'absence d'un système bancaire intéressé à soutenir les initiatives de personnes ne présentant pas de garantie autre que morale. Elles sont bâties à partir de la solidarité de petits groupes. La mobilisation de la petite épargne familiale se fait sous des formes diverses. Le changement de statut matrimonial peut faciliter l'accès à des moyens d'investissement ou favoriser la création d'unités de production. Généralement, le type d'activité est précaire. Tout se joue en fonction du sens de la débrouille et des opportunités (récits de G.M, P.F., O.D., etc.).

Pour s'installer, les artisans ne s'éloignent pas de leur cadre social habituel afin de tirer profit des avantages de leur communauté d'appartenance (quartier où ils ont vécu dans le cas de S.D.).

Le secteur informel trouve également son origine dans ce processus d'africanisation de la ville désormais investie par les migrants que la crise chronique de l'agriculture oblige à une reconversion dans l'urbain. L'informel, c'est cette pluralité d'occupations immédiatement rentables. Les gains sont quelquefois faibles. On joue alors sur une persévérante accumulation car plusieurs relais sociaux sont mobilisés pour rendre efficient ce secteur d'activités. C'est une économie de survie qui se développe, occupant un nombre impressionnant de personnes et de ménages.

La verticalité du type de recours dans le secteur informel

Dans un travail précédent (Bocquier et Fall, 1995), nous avions fait l'hypothèse d'un passage d'une logique horizontale à une logique verticale dans le cadre de l'accès au travail indépendant. Outre la transmission de patrimoine dont il est encore fait cas ici, l'accent est mis sur l'institutionnalisation de certains réseaux, notamment les cercles religieux confrériques. Ce faisant, de tels relais sociaux deviennent moins flexibles du fait de leur hiérarchisation. Cette perte d'informalité est un frein à leur accessibilité. Du coup, les liens avec les pairs ne sont que peu revisités; la dépendance vis-à-vis des aînés se développe dans un secteur où la dynamique était à l'autonomie et à l'association avec des personnes avec lesquelles on s'assimile : condisciples, collatéraux, migrants de même génération, etc.

La description du Pakku Lambaay est une illustration de la hiérarchisation constatée. Le Pakku Lambaay est un parc de dépôt et de stockage de marchandises diverses, de matériaux neufs et de récupération. Le parc ou Pak en wolof est défini comme un emplacement de stockage à l'air libre de matériaux de tout genre. Dans le cas d'espèce, ce lieu occasionne une vie communautaire et un système de valeurs partagées entre des individus liés les uns aux autres par des sentiments de solidarité réciproques. Il est situé sur l'avenue Lamine Guèye, entre le quartier Plateau et la zone environnante du grand marché Sandaga. Comme son nom l'indique, il abrite des commerçants originaires de la communauté rurale de Lambaay. Tout autour de l'emplacement du parc, on retrouve des quincailleries, des restaurants, des ateliers de menuiserie, des drogueries, etc.

Les premiers ressortissants de Lambaay s'y sont installés avant l'indépendance du pays. C'est en 1952 que les premiers commerçants y restèrent de manière permanente pour vendre des sacs vides, des cordages, des bouteilles récupérées, des objets de rebut, du matériel de navigation, du bois provenant du port de Dakar. Une deuxième génération de migrants de Lambaay installa les mêmes activités plus loin du parc, précisément aux alentours de la Grande Mosquée, aux allées Papa Guèye Fall. Une troisième vague de migrants de cette même localité ira à l'assaut de Pikine, la nouvelle ville à la périphérie de Dakar, pour s'établir à l'entrée en proposant le même type de commerce. Ce dernier est appelé Touba Lambaay en référence à la fois au nom de la capitale religieuse de la confrérie mouride (Touba) et à la localité d'origine (Lambaay). La communauté rurale de Lambaay compte beaucoup d'adeptes issus de la confrérie mouride dont le guide spirituel est Cheikh Ahmadou Bamba Mback.

Le Pakku Lambaay est dirigé par un conseil de sages composé de cinq membres choisis selon leur ancienneté et leur expérience. Il a un rôle de contrôle et de régulation sociale. Les notables qui le composent sont chargés de veiller à l'esprit communautaire, à la cohésion, à la fraternité et à la solidarité entre les différents éléments du Pakku Lambaay. S'agissant de sa fonction de régulation sociale, le conseil des sages s'emploie à la répression des comportements pervers, à l'élimination des déviants (délinquants, voleurs, prostituées, etc.). Il s'occupe également de la gestion des conflits internes entre les commerçants eux-mêmes et des litiges dans les transactions commerciales. Comme à l'origine du Pakku Lambaay, où un des migrants parmi les érudits enseignait le Coran à ses frères commerçants, on retrouve toujours un personnage indépendant du conseil des sages, appelé « *magoum daara* » (c'est-à-dire le plus instruit dans l'enseignement coranique), jouissant d'une grande autorité et chargé de regrouper les participations financières des membres du Pakku Lambaay. En prévision des événements familiaux, religieux, des projets d'investissements au village (édification de mosquées, implantation d'infrastructures sanitaires, remise de dons aux marabouts ou au Xalif général), les commerçants procèdent à un système d'épargne sur leurs revenus. Cette somme est remise au «*magoum daara* » qu'on peut considérer comme le banquier de la structure.

Il existe aussi une autre catégorie sociale appelée les « *Laxaramans* » ou « *Laxaraans* ». C'est un sobriquet attribué aux patrons des différentes unités commerciales du Pakku Lambaay. Ils emploient une main-d'œuvre qu'ils rétribuent selon des procédés informels. Ils sont caractérisés par la capacité à dissimuler leur avoir dont ils font montre. Leur habillement est rustique. Ils sont sobres, tant pour la nourriture que pour le logement. Ils conservent un style fait de valeurs rurales. Pour cela, on les appelle *kaw-kaws* en référence à leur sensibilité et à leurs manières paysannes qui rompent avec le style urbain moderne. Leur forte inculture est également constatée. Le *Laxaramann* possède un pouvoir économique important, par l'entremise duquel il peut entrer en relation avec les divers partenaires de la place pour l'octroi de leur matériel de vente. Les *Laxaramans* sont aussi des gens qui ont le sens des affaires. Ils dépensent peu pour gagner gros. Le matériel qu'ils achètent leur revient à des prix hors de toute concurrence.

Viennent après les « *Raloumans* ». Au niveau du Pakku Lambaay, ce sont eux qui ont en charge le service d'accueil. L'expression signifie mouchard en quelque sorte. Ils sont généralement jeunes. La moyenne d'âge varie entre 18 et 30 ans. Ils se confondent avec les citadins par leur mode d'habillement. On les voit en jean, en pantalon de lin et en chaussures à la mode. Ils sont en déphasage par rapport aux valeurs traditionnelles et sont super-branchés. Les Raloumans ne sont pas tous issus du même terroir d'origine. C'est une catégorie sociale qui est marquée par son hétérogénéité. On y rencontre des jeunes ruraux émigrés temporaires, des chômeurs, des licenciés et des

« déflatés ». Ces gens prennent une commission sur tout achat effectué par un client qu'ils ont orienté vers tel commerçant. En fait, ils connaissent les prix pratiqués par les commerçants qui les autorisent à négocier avec les clients en prenant soin d'y ajouter le montant de leur commission. C'est donc le client qui les rétribue indirectement pour leurs services d'accueil et d'orientation rendus nécessaires par l'absence de balises et l'informalité des activités commerciales et de négoce. Une fois qu'ils mobilisent un gain important, c'est le chemin de l'émigration vers la France, l'Italie, les États-Unis, l'Allemagne, etc.

On retrouve une dernière catégorie de *Raluman*, les « *Yamboukats* » dont le nom rappelle le bourdonnement de l'abeille. Il s'agit là des rabatteurs qui secondent les « *Raluman* » et les aident dans leur fonction d'accueil des clients. Ils ne sont pas habilités par les commerçants à prendre leurs marchandises pour les proposer aux clients mais ils participent à la négociation des prix des articles et cherchent toujours à influencer le client et à l'inciter à acheter tel produit vendu par leur protecteur de qui ils attendent des récompenses.

Si nous avons pris cet exemple, c'est en raison du rôle central du Pakku Lambaay dans le secteur informel à Dakar. Plusieurs sources principales d'approvisionnement des commerçants de cet emplacement sont identifiées. Une partie importante du matériel provient des restes des grands chantiers de l'État et des grandes sociétés nationales. Le matériel réformé dans le secteur privé comme dans le secteur public est vendu au Pakku Lambaay. Les seconds pourvoyeurs sont les particuliers qui revendent du matériel, des meubles de maison ou de bureau en raison de nouvelles acquisitions. En plus de la classe politique et affairiste, il y a le personnel diplomatique, les assistants techniques. On peut y remarquer également les objets volés. Une autre source d'approvisionnement est constituée de la pratique des « *Boukimans* », expression qui renvoie à l'hyène (l'hyène s'appelle Bouki dans les contes) pour sa couardise et sa stupidité. Elle désigne la catégorie des fonctionnaires de l'administration sénégalaise (bureaucrates, enseignants, agents de police, de la gendarmerie etc.) qui, pour des raisons sociales, viennent y écouler à des prix dérisoires des biens d'équipement qu'ils ont acheté à crédit.

Il y a également les « brocanteurs ». Ce sont des migrants qui, après avoir sillonné les quartiers de Dakar pour récupérer des objets jetés dans les poubelles ou racheter du matériel inutilisé dans les ménages, viennent au Pakku Lambaay pour y livrer ce matériel quelquefois recyclé. Les procédés sont nombreux. Ils reposent tous sur un sens des affaires. Ceux qui s'y adonnent sont considérés comme le prototype du travailleur de l'informel. Issus du milieu rural, ils n'ont pas reçu d'instruction scolaire ou très peu. On leur colle plusieurs sobriquets faisant référence à leur origine rurale. En wolof, différentes expressions sont utilisées : *kaw-kaw, wacc bees, seer.*

Malick Ndiaye (1993) a analysé cette condescendance des urbains et a montré qu'avec l'ascension irrésistible des travailleurs de l'informel, apparaissent de nouvelles appellations faisant davantage référence implicitement à leur génie économique. C'est ainsi qu'on peut noter le terme *modou-modou* (*modou* est un nom fréquemment rencontré au Sénégal, il est considéré comme un nom qui sonne local) ou *baay xaalis* (celui qui garde ou possède en permanence de l'argent, qui le thésaurise). « L'avantage des Modou, c'est sans doute que n'ayant pas de culture scolaire au sens occidental, ils ont dû puiser dans le capital moral et social traditionnel pour faire face, et ce faisant ils ont modernisé ce dernier sans avoir à le renier ni l'abandonner un seul instant, au contraire des intellectuels arabisants ou occidentalisés qui ont dû souvent affronter l'épreuve de l'assimilation » (Ndiaye, 1993).

L'idéologie confrérique religieuse est le souffle de cette nouvelle race de commerçants et affairistes appelée, faute de mieux, *modou-modus.* Cet islam noir s'inspire d'un soufisme qu'on retrouve fortement chez les principales figures emblématiques des confréries religieuses au Sénégal. Le travail apparaît comme fondamental dans le mouvement mouride. Chez Ahmadou Bamba, Philippe Couty parle d'un mysticisme réaliste (Copans *et al.,* 1972).

Au départ, les bawol-bawols s'adonnaient à des activités insignifiantes qui consistent à ramasser des objets périmés, des bibelots, du rebut, des gadgets, etc. et finalement, ils gèrent des affaires colossales. Aujourd'hui, le terme bawol-bawol n'est plus une simple référence à l'espace géographique rural d'origine. Il revêt un caractère extensible et concerne tout homme qui sait trimer, suer, faire preuve d'originalité dans l'art de commercer avec les autres, avoir le sens des affaires et des opportunités, partir d'activités simples et construire une richesse. Les bawol-bawols ont mis en valeur des occupations professionnelles jadis considérées répugnantes. Ils apparaissent comme les nouveaux héros ayant nationalisé le commerce et rendu accessibles les articles industriels de tout genre provenant d'Europe, d'Asie et d'Amérique jusqu'alors à la seule portée des couches sénégalaises aisées. Ils sont cités en exemple par de nombreux observateurs considérant l'informel comme l'école empirique et pragmatique rayonnante. Les principaux chanteurs sénégalais ont consacré des chansons aux bawol-bawol. C'est ainsi qu'on peut entendre chez l'un d'entre eux, Ouza, ces paroles qui résument bien la trame par laquelle la valorisation du secteur informel se réalise. Il s'agit d'un texte traduit du wolof et intitulé, *Modou-Modou* :

Aujourd'hui, je vais faire l'éloge de ceux qui sont sous le soleil

Ma race noire qu'on appelait *Moodu-Moodu*

C'est grâce à eux que les gens sont dans l'ombre.

Et ce que j'aime dans leur attitude, c'est qu'ils sont disciplinés, ils respectent les interdits, et les consignes de leur marabout.

Très tôt, il est au travail

Sous le soleil, il est au travail

Tard dans la nuit, *Modou-Modou* est au travail.

Qu'il pleuve, ça ne l'empêche pas d'aller au travail.

Qu'il fasse très froid, ça ne l'empêche pas d'aller au travail.

L'aisance ne l'amène pas à s'arrêter, à se reposer.

Ici comme en Amérique, *Modou-Modou* est à la recherche du travail, à monnayer son savoir-faire.

Ici comme à Taiwan, Moodu-Moodou est à la recherche du travail.

Ne pas parler le français ne l'empêche pas de voyager.

Ne pas avoir de diplôme ne l'empêche pas de travailler.

Le poids de l'âge n'est pas un motif pour prendre la retraite.

Car il sait que la vie n'est que souffrance

Va à Touba, c'est une preuve

Va à Poroxaan, c'est une preuve

Va à Xelkom, c'est une preuve

Va à l'Université, c'est une preuve

Où est le marché Sandaga? c'est une preuve.

Où est la famille de Xaadim? c'est une preuve

Où est «Pakku Lambaay», c'est une preuve.

Aujourd'hui, je vais faire l'éloge de ceux qui sont sous le soleil

Ceux qui sont dans les maisons dépendent d'eux

Ce que le *Toubab* me vendait à 50 000 F

Modou-Modou me le vend à 10 000 F.

Ce que le Libanais me vendait à 10 000 F, *Modou-Modou* me le vend à 500 F.

Sénégambie ô ô,

Modou-Modou, ne se soucie pas du samedi ou du dimanche.

Sénégambie, *Moodu-Moodu* n'a pas le temps pour le jeu de dames.

Même pour ces fêtes, Maoloud Nabi, Magal Touba qui est sa fête, Tabaski, Tamxarit, Korit.

Il n'y a pas de balle tirée.

Le Libanais nous a laissé notre économie

Il n'y a pas de balle tirée,

Le Toubab (blanc) nous a laissé gérer notre économie.

Donc ce que Serigne Touba prédisait est arrivé. Je ferai sortir le Blanc sans verser de sang. *Modou-Modou* ma race...

D'ici l'Amérique, *Moodu Caam* a chanté *Moodu-Moodu*

D'ici aux États-Unis, Kin, Guey a chanté les *Moodu-Moodu*

Où est *Moodu-Moodu* ? Il est allé monnayer sa force

Où est ma race ? Il est allé monnayer sa force.

Où est Mawluud Caam ? Il est allé monnayer sa force.

Où est Kin Guey ? Il est allé monnayer sa force.

Tante Kumba Guey, mon ami ? Il est allé monnayer sa force.

Où est Ablay Faal ? Il est allé monnayer sa force.

Tayiir Fay, mon ami ? Il est allé monnayer sa force.

Où est Alioun Guey ? Il est allé monnayer sa force.

Ceux qui sont des *Moodu-Moodu*, levez la main (bis).

Ce discours promotionnel est fondé sur une revendication nationaliste. L'accent est mis sur l'appropriation de l'idéologie travailliste par les travailleurs du secteur informel. Cette domestication trouve sa légitimation grâce aux références constantes, aux valeurs religieuses confrériques, mourides notamment. C'est pourquoi le chanteur évoque la capitale religieuse Touba, le lieu saint, Poroxaan, le nouveau et vaste périmètre exploité par les disciples en faveur du grand marabout mouride, Xelkom. On pourrait également relever la déspatialisation de l'activité commerciale au travers de plusieurs continents, faisant dès lors des travailleurs de l'informel des ambassadeurs de leur peuple. Malick Ndiaye (1993) parle même d'un processus en œuvre d'universalisation du modèle Modou-Modou. La diversité des lieux de rayonnement du modèle est évoquée. Ces espaces sont des pôles de solidarité entre condisciples. Cette solidarité demeure l'un des moyens privilégiés de régulation des rapports de travail au sein du secteur informel commercial. Le campus universitaire, jadis base rouge du fait de l'hégémonie des courants radicaux révolutionnaires de gauche, abritant actuellement de nombreuses associations religieuses confrériques, est cité parmi ces espaces, en même temps que les marchés ou le Pakku Lambaay. Le chanteur montre que le fondateur de cette confrérie mouride avait prédit l'avènement et la reconnaissance du modèle nationaliste Modou-Modou présent comme l'aboutissement d'une révolution silencieuse. C'est ainsi que le Libano-Syrien est nettement concurrencé par le *bawol-bawol* qui contrôle désormais le secteur informel.

Il est important de mentionner que ce type d'activités informelles se développe en marge du système central de l'économie moderne. L'administration de l'État est le principal pourvoyeur du matériel et de l'équipement qui y est revendu. Pakku Lambaay est au centre du processus de redistribution fondé sur le clientélisme caractéristique de l'État sénégalais. En fait, il y a bien une complicité entre commerçants et cadres de l'État chargés de réformer ce type de matériel. C'est pourquoi Penouil (1992) écrit : « Sans le secteur informel, les conséquences sociales des déséquilibres seraient encore plus graves, au point de rendre la gestion politique de la société impossible dans certains pays ». La structuration du Pakku Lambaay montre la présence de plusieurs acteurs qui vivent de ce système de redistribution qui trouve sa légitimation dans le commerce d'équipements et d'articles vendus jadis dans les grands magasins à Dakar et davantage à l'étranger à des prix hors de portée des ménages sénégalais.

Un contrôle de l'administration sur Pakku Lambaay relève presque de l'impossible car il est bâti sur le même principe qu'un réseau social, c'est-à-dire le caractère transversal des rapports sociaux activés pour répondre à des besoins spécifiques. Pakku Lambaay est certes visible mais cette visibilité cache des ressorts solidement enfouis servant de fondements au système. Le secteur informel a donc sa rationalité, son mode de fonctionnement propre qui varie d'un domaine d'activité à un autre, d'une ère culturelle à une autre. Mbemba (1989) note à ce propos que : « Les réalités du secteur informel se présentent de manière différente, en fonction des milieux investigués et des types d'activités... Plusieurs facteurs, sociaux, économiques, culturels, politiques, influent sur les mécanismes des activités informelles ».

La structuration que nous venons de décrire systématise la logique de la médiation en œuvre à Pakku Lambaay. Elle repose sur une verticalité du type de recours. Ce changement de dynamique est un signe des mécanismes de dépendance qui se mettent en place dans le secteur informel qui, en suivant cette logique, perdra de son accessibilité pour les nouveaux migrants et les jeunes sans travail à Dakar. Cette centralité permet au chef de la confrérie et à ses alliés d'y trouver un point de ralliement de leurs fidèles. L'État pourra également assurer un contrôle social plus subtil sur ces commerçants par la médiation de la confrérie religieuse.

Conclusion

L'informalité des réseaux que nous venons d'analyser repose sur le fait qu'ils traversent les groupes et les institutions sociales tout en les dépassant. En fournissant un moyen de circulation des biens et des personnes, un espace de réciprocité, d'échange, de dons et d'assistance, ils constituent des «amortisseurs» de la crise. Mais comme le note Penouil (1992), « Les réponses apportées par l'informel sont à la fois essentielles et insuffisantes. En effet, le secteur informel est bâti sur une précarité ». Cette caractéristique est partagée par les auteurs travaillant dans différents pays. Arellano R. (1992) généralise quand il écrit : « Dans les pays en voie de développement, on considère le monde de l'informel comme une soupape de sécurité face aux carences de l'État pour prendre en charge le développement économique et social de la population ». L'image d'un secteur informel comparable à un « marché pur » dont il parle, s'explique par le témoignage de Maldonado C. (1994) du BIT selon qui : « Il convient de reconnaître que le phénomène du secteur informel, caractérisé par des unités très restreintes de production et de distribution de biens et services avec de faibles niveaux de productivité et de revenus ainsi que l'absence de la quasi-totalité des formes de protection juridique et sociale, ne peut disparaître rapidement ».

Pour notre part, nous avons essayé de montrer que le système informel est dépendant du système de solidarité mettant en relief de nombreuses médiations. C'est pourquoi, à l'image des nouvelles formes de sociabilité se développant en milieu urbain, chaque acteur a un ou des protégés et il a aussi son protecteur. Seulement, cette réciprocité n'annule pas l'inégalité dans la reproduction sociale. Le fait que l'ascension sociale soit médiatisée par le groupe social rend nécessaires ces espaces de solidarité.

Il y a fort à parier que le modèle qui génère l'informel ou qui s'exprime en lui ne peut que s'enrichir de son informalité. Il entraînera encore d'autres formes de mobilisations de richesses nationales. Une couche supérieure riche commence à émerger dans ce secteur, mais les acteurs sont appelés à trouver des formes de cloisonnement de leurs activités rendant les réseaux organisés autour de leur opacité. Les formes inégalitaires de reproduction s'accentueront par le recours implacable à la médiation témoignant des limites de l'informalité.

Toutefois le type de médiation auquel les acteurs du secteur informel ont recours montre l'adaptation de l'informalité aux économies de survie et à l'environnement culturel des pays en transition.

Bibliographie

Antoine, P., P. Bocquier, A.S. Fall, et Y. Mb. Guiss, 1992. « Étude de l'insertion urbaine des migrants : présentation de la méthodologie de l'enquête menée à Dakar », dans *La ville en mouvement : habitat et habitants,* Eva Lelièvre & Claire Levy-Vroelant (éds), L'Harmattan (coll. Villes et Entreprises).

Arellano, R., Y. Gasse et G. Verna, 1992. *Le monde de l'entreprise informelle : intervention ou laissez-faire,* Centre Sahel, Université Laval, Série Dossiers, 26.

Bocquier, P., 1992. *L'insertion et la mobilité professionnelle à Dakar,* Thèse de doctorat d'Université, Université René Descartes, Paris V-Sorbonne.

Bocquier P. et A.S. Fall, 1995. « Le recours aux réseaux sociaux pour l'accès à l'emploi à Dakar », *Cahiers d'Études africaines*.

Copans, J., P. Couty, J. Roch, G. Rocheteau, 1972. « Maintenance sociale et changement économique au Sénégal », *T. 1 Doctrine économique et pratique du travail chez les mourides,* Travaux et Documents de l'ORSTOM.

Fall, A.S., 1994. « Et si l'insertion passait par l'investissement dans des réseaux sociaux ? réseaux formels et informels de solidarité et de dépendance dans les quartiers de Dakar », dans J.-P. Jacob et P. Lavigne Delville (éds.), *Les associations paysannes en Afrique*. Organisation et dynamiques, Karthala, Paris.

Fall, A.S., 1991. *Réseaux de sociabilité et insertion urbaine dans l'agglomération de Dakar,* Thèse de doctorat de sociologie, Université Cheikh-Anta Diop, Dakar.

Dijk, V., 1986. *Sénégal, Le secteur informel de Dakar,* Tome II., L'Harmattan (coll. Villes et Entreprises).

Hugon, P., 1989. *Les politiques d'appui au secteur informel*, Centre Sahel, Université Laval, Série Conférences,15.

Maldonado, C., 1994. *Une approche globale du secteur informel urbain, Recherche, dialogue social et action concertée*, Communication au Colloque de Villes et Développement, mai 1994, Université du Québec à Montréal, Bureau international du travail à Genève.

Mbemba, I., 1989. *Le secteur informel: un aperçu des aspects conceptuels et méthodologiques : Quelques cas de l'Afrique sahélienne,* Centre Sahel, Université Laval, Série Dossiers, 4.

Mboup, A., 1992. *Analyse sociologique du phénomène du «Pakku Lambaay»,* mémoire de maîtrise de Philosophie, Université, Cheikh-Anta Diop, Faculté des lettres et des sciences humaines.

Ndiaye, M., 1993. Le cas des «Baay xaalis», *Walfadjri*, 19 et 20 octobre.

Pénouil, M., 1992. « Secteur informel et crises africaines », dans J. Alibert (éd.), *Afrique contemporaine : Trente années d'Afrique,* La documentation française, 164.

Penouil, M. et J. P. Lachaud, 1985. *Le développement spontané : Les activités informelles en Afrique,* Pédone.

L'HETEROGENEITE DE L'EMPLOI DANS LES PED. LE DEGRE D'INFORMALITE DES TRAVAILLEURS URBAINS : APPLICATION AU RWANDA

Isabelle HENTIC

Évolution de la théorie de l'informel

Les plus récentes études empiriques portant sur le marché du travail des pays en développement (PED) montrent de façon quasi unanime que ce qu'elles identifient comme l'emploi informel - malgré les différents critères utilisés pour le saisir - apparaît très hétérogène du point de vue des formes et niveaux de l'organisation du travail, des statuts de l'emploi et de la rémunération. Ces constatations ont eu au moins deux implications majeures, l'une sur les politiques à l'égard de l'informel, l'autre sur la théorie relative au sujet. D'une part, elles ont contribué à faire reconnaître le secteur informel non plus comme « une poche de sous-emploi indésirable » (Charmes, 1980) mais comme une alternative viable de développement de l'emploi non agricole, notamment pour les pays à économie exsangue. Les gouvernements concernés et les instances d'aide internationale ont ainsi révisé leur attitude vis-à-vis des entreprises et des travailleurs de l'informel qui bénéficient aujourd'hui d'une reconnaissance officielle et de politiques et programmes de soutien relativement ciblés.

Les enquêtes menées auprès des petits producteurs ont d'autre part permis de faire évoluer les perceptions des théoriciens de l'informel, aujourd'hui placés devant un nouveau défi, celui de modéliser la structure du marché du travail ainsi que son articulation avec les formes modernes de l'économie en tenant compte de son caractère multiforme et hétérogène.

Dans ce sens, plusieurs chercheurs se sont interrogés sur la façon de segmenter le marché du travail informel. Citons en particulier Steel (1978) qui distingue un secteur informel résiduel et un secteur informel intermédiaire, et Nihan (1980) qui définit un secteur non structuré moderne et un secteur non structuré traditionnel. Il y a aussi Charmes (1982). Ce dernier, en se basant sur la facilité de repérage, a déterminé un secteur non structuré localisé et un secteur non structuré non localisé, d'une part et, d'autre part, un secteur involutif et un secteur évolutif ou transitionnel (De Miras, 1984).

Comme on peut le constater, la recherche théorique en économie du développement résiste à se défaire du dualisme avec lequel elle est apparue. Fields (1990) est à plusieurs égards celui qui a le plus précisément défini et justifié l'existence d'au moins deux segments dans la sphère de l'emploi informel des PED. Il utilise le niveau de facilité d'accès à l'emploi pour rendre compte de la diversité des activités, des types d'organisation et des rémunérations de l'informel.

De façon à préciser la notion d'accès à l'emploi, nous reprenons ici certaines de ses explications. L'économie urbaine des PED serait ainsi constituée des trois secteurs suivants :

- un secteur informel sans barrière à l'entrée appelé *Lower Tier Activity* ou *Ease to entry informal sector* qui se caractérise par l'auto-emploi ou l'emploi familial non rémunéré, des horaires et un lieu de travail irréguliers et une formation non spécifique pour les tâches professionnelles à exécuter; les rémunérations y sont faibles et les prix négociés. Ce segment correspondrait en fait à la vision classique du secteur informel.

- un secteur informel avec barrière à l'entrée appelé *Upper Tier Activity* qui affiche des échelles de rémunération plus ou moins proches de celles du secteur moderne. Les barrières à l'entrée consistent en des coûts de démarrage et d'opération, en une formation plus spécifique que le premier quant aux tâches à exécuter. Les travailleurs de ce segment, provenant la plupart du temps du secteur salarié de l'économie, l'auraient choisi délibérément contrairement à ceux du secteur informel d'accès facile pour qui il constitue un secteur refuge. L'horaire et le lieu de travail y sont plus réguliers.

- un secteur formel ou moderne qui se caractérise par des relations de travail bien définies, une formation spécifique, un lieu d'exercice fixe, des horaires réguliers et des conditions de travail en accord avec les normes en vigueur.

D'un point de vue théorique, cette segmentation permettrait de rendre plus réalistes les modèles du marché du travail des PED.

Dans les sections qui suivent, nous présentons tout d'abord une application de cette segmentation au cas rwandais. Nous exposons ensuite les limites principales de l'analyse catégorielle (secteur formel/informel, segment moderne/ traditionnel) avant de proposer une méthode d'analyse du marché du travail qui cherche à raisonner en termes de degré d'informalité.

Application d'une segmentation. L'Enquête Nationale sur l'Emploi (Rwanda)

Grâce aux collaborations de l'équipe de recherche du Groupe Interuniversitaire de Montréal (GIM) Villes et Développement avec le Ministère du Plan du Rwanda jusqu'en 1994 (Direction Générale de la Statistique, Kigali), nous avons pu exploiter les résultats de l'Enquête Nationale sur l'Emploi menée en 1988-89 auprès de 15 000 ménages en milieu urbain et de 6 000 en milieu rural. Au total, environ 41 200 personnes ont été enquêtées [79]. Un des objectifs de l'enquête était de mettre en évidence les caractéristiques socio-économiques et les caractéristiques d'emploi de la population rwandaise en âge de travailler (14 ans et plus).

La structure du questionnaire de l'enquête a permis de collecter toute une série de données relatives à la formation et à l'expérience de travail, l'occupation principale et le cas échéant secondaire, le statut d'emploi, l'horaire hebdomadaire de travail, l'entreprise (branche, secteur, taille, lieu d'exercice), les rémunérations (monétaires et non monétaires) et enfin, toute une série d'informations diachroniques sur les migrations de l'individu (provenance géographique, date d'établissement et accès au premier emploi en ville). Grâce à ces données et à partir de la notion de barrière à l'entrée sur le marché du

---

79 Le travail statistique a été réalisé sur SPSS 5.0.

travail que nous avons tenté d'opérationaliser, nous avons cherché à obtenir un premier découpage du marché du travail urbain et rural qui permette de mettre en évidence une structure du marché comprenant, outre le secteur formel (public et privé), les deux segments de l'informel.

L'hypothèse sous-jacente à ce découpage est que les caractéristiques et les conditions d'emploi des individus déterminent leur appartenance à l'un ou l'autre des secteurs.

Découpage du marché du travail au Rwanda

La population cible

À partir du questionnaire, nous avons retenu les personnes en âge de travailler qui ont eu une activité économique quelconque durant la semaine précédant l'enquête[80]. La population cible regroupe les personnes qui ont répondu par l'affirmative à la question : « Au cours de la semaine passée, avez-vous effectué un travail quelconque pour un salaire, un profit ou pour l'intérêt familial ? »

La distinction du secteur agricole d'autoconsommation (ou de survie) et des autres secteurs

Dans un deuxième temps, nous distinguons les individus engagés dans des activités agricoles d'autoconsommation des autres personnes actives afin d'identifier et de quantifier le premier secteur retenu: le secteur agricole d'autoconsommation constitué de petits agriculteurs exploitant leur lopin de terre pour des fins alimentaires. Ce dernier regroupe les individus ayant répondu « exploitation agricole d'autoconsommation » à la question : « Quel est le type de travail effectué dans cette activité ? ».

---

[80] Ce choix est justifié par la richesse des informations concernant les caractéristiques d'emploi des personnes actives durant la semaine de l'interview, les informations se rapportant à l'emploi des douze derniers mois ne permettant pas un découpage suffisant pour identifier les différents secteurs présents dans le modèle de Fields (1990).

La distinction des entreprises publiques et privées

En troisième lieu, nous nous sommes attachée à distinguer, au sein de la population active, hors agriculture d'autoconsommation, les individus appartenant aux entreprises publiques/parastatales des individus engagés dans des entreprises privées. L'ensemble des individus engagés dans des activités publiques/parastatales constitue alors le deuxième secteur retenu, soit le secteur formel public.

La distinction selon le lieu d'exercice de l'activité

Dans un quatrième temps, nous distinguons, au sein du secteur privé, les individus exerçant leurs activités dans un lieu fixe hors habitation, des individus exerçant dans un lieu non fixe (travail itinérant, métiers ambulants...) ou chez le propriétaire de l'entreprise. Cette variable constitue le premier des trois critères de distinction des secteurs formel, informel d'accès facile et d'accès difficile. En effet, la plupart des entreprises officiellement enregistrées fournissent des activités à l'extérieur du lieu d'habitation (bureau d'affaires, magasin, atelier...) alors que les activités individuelles ou familiales non déclarées se font majoritairement, mais non exclusivement, au sein même du ménage (petite confection, fabrique artisanale) ou dans un lieu variable (vendeurs de rue, services ambulants...).

La distinction selon les types d'apprentissage du métier

Au sein de ces deux catégories de lieu d'exercice, nous distinguons les individus ayant reçu un apprentissage professionnel officiel (établissement scolaire, école professionnelle/technique, université ou autre institution académique...) des individus ayant appris leur métier par expérience ou dans des institutions non officielles. Ce deuxième critère de distinction des secteurs formel, informel d'accès facile et d'accès difficile se justifie par les constatations empiriques selon lesquelles « les travailleurs les plus instruits ou les mieux formés ont le plus de chance d'obtenir un emploi dans les secteurs les plus rémunérés de l'économie » (Fields, 1990, p. 65). Or, toujours selon Fields, les échelles de salaire des secteurs formel et informel d'accès difficile se chevauchent largement et sont supérieures à celles du secteur informel d'accès facile. Il serait donc logique que l'on retrouve dans ce dernier des travailleurs dont la formation professionnelle soit moins reconnue sur le marché du travail, comparativement aux travailleurs des secteurs formel et informel d'accès difficile.

La durabilité de l'emploi

Enfin, nous distinguons les individus qui exercent leur activité depuis peu (moins d'un an) de ceux ayant acquis une certaine stabilité temporelle de l'emploi (un an et plus). Ce critère peut se justifier de deux façons. D'une part, les faits empiriques selon lesquels les travailleurs du secteur informel d'accès difficile préfèrent rester dans ce secteur (rémunération, liberté d'emploi...) impliquent le plus souvent des durées d'exercice d'activité plus longues que celles du secteur informel d'accès facile. D'autre part, l'existence de barrières à l'entrée dans le secteur informel d'accès difficile implique que les travailleurs de ce secteur exercent généralement leurs activités depuis un certain temps, comparativement aux travailleurs du secteur informel d'accès facile. Si, comme le soutient Fields, ces derniers sont généralement mécontents de leur situation et cherchent un meilleur emploi (p. 76), leur mobilité inter et intrasectorielle devrait s'avérer plus importante que celle des travailleurs des secteurs supérieurs.

Le découpage entre le secteur formel privé, le secteur informel d'accès facile et le secteur informel d'accès difficile a été réalisé en référence à ces trois derniers critères qui, on le notera, ne sont pas exclusifs. Nous avons choisi la présence d'au moins deux des trois critères distinctifs pour déterminer l'appartenance du travailleur à l'un des trois secteurs. Pour plus de clarté, le tableau suivant résume la méthode de découpage des secteurs formel privé, informel d'accès facile et informel d'accès difficile. Le choix de ce découpage se justifie par la grande disparité des situations (formes de recrutement, types d'organisation...) sur le marché du travail des PED qui oblige à adopter une certaine flexibilité dans la distinction des secteurs d'emploi et à avoir recours à une segmentation multicritères.

Tableau 3 – Critères de distinction

Lieu fixe	*Lieu non fixe*	*Appren-tissage officiel*	*Appren-tissage non officiel*	*Durée emploi < 1 an*	*Durée emploi > 1 an*	*Secteurs*
X		X				Formel privé
X			X		X	Informel accès fac.
X	X	X				Informel accès diff.
	X	X			X	Informel accès fac.
	X					Informel accès fac.
	X		X	X		Informel accès diff.
	X		X		X	Informel accès diff.

En récapitulant, nous sommes maintenant en présence de cinq secteurs d'emploi pour les milieux urbain et rural rwandais :

- ✓ agriculture d'autoconsommation;
- ✓ secteur formel public;
- ✓ secteur formel privé;
- ✓ secteur informel d'accès facile;
- ✓ secteur informel d'accès difficile.

Afin de vérifier si ce découpage donnait des résultats réalistes et significatifs, nous avons alors croisé ces catégories d'emploi avec une série d'indices socio-économiques qui nous renseignent sur la nature et les caractéristiques d'emploi de la main-d'œuvre ainsi isolée. Étant donné que la notion de barrière à l'entrée dans l'informel a été développée à partir des expériences urbaines des PED, nous nous limitons ici à présenter l'analyse statistique du milieu urbain rwandais.

Atrophie du formel privé, hypertrophie de l'informel d'accès facile

En termes de répartition des secteurs d'emploi urbain, on obtient les proportions suivantes :

Tableau 4 - Répartition des secteurs d'emploi (milieu urbain)

Secteurs	*Effectifs*	*Pourcentage*
Formel public	2,307	13,7
Formel privé	456	2,7
Informel accès difficile	2,760	16,4
Informel accès facile	5,873	34,9
Agricole d'autoc.	5,456	32,4
TOTAL	16,852	100

Source : Enquête Nationale sur l'Emploi, milieu urbain, Miniplan, 1989.

Le secteur qui occupe la plus grande part de la population active urbaine au Rwanda (plus du tiers) est le secteur informel d'accès facile avec 34,9 %. L'agriculture d'autoconsommation vient en deuxième position avec 32,4 %. L'agriculture en zone urbaine ou périurbaine se retrouve dans beaucoup de PED. Cependant, son importance au Rwanda s'explique par la configuration urbaine spécifique à ce pays où la majorité des ménages possède un lopin de terre en ville par tradition et par souci alimentaire [81]. Il faut noter que Fields ignore la présence de l'agriculture en milieu urbain. Compte tenu de ces proportions, il apparaît quant à nous nécessaire de considérer ce secteur dans notre analyse du marché du travail urbain rwandais.

---

81 Voir à ce sujet P. Sirven (1984), *La sous-urbanisation et les villes du Rwanda et du Burundi*, Thèse de Doctorat en Géographie, Université de Bordeaux III.

Le secteur informel d'accès difficile regroupe 16,4 % de la population active urbaine, c'est-à-dire autant que le secteur formel (16,4 %, secteurs public et privé confondus).

Au total, le secteur informel, tous segments confondus, occupe plus de la moitié de la population active urbaine (51,2 %). Ces chiffres semblent a priori compatibles avec les constatations empiriques relevées dans la littérature. J. Charmes, par exemple, rappelle que, selon les pays, les contextes et les définitions qui lui sont donnés, le secteur informel regroupe entre 20 et 60 % de l'emploi urbain des PED. À partir de données transversales sur divers pays d'Afrique, il observe une relation inverse entre la proportion de l'emploi informel urbain et le PNB par habitant. Les critères que nous avons retenus pour isoler le secteur informel au Rwanda semblent donner des proportions compatibles avec les données disponibles pour la plupart des pays d'Afrique et du Rwanda en particulier.

Statuts d'emploi, rémunération, horaire hebdomadaire et niveau d'éducation

Comme nous l'avons précisé plus haut, la notion de facilité d'accès se matérialiserait par l'horaire de travail, le statut d'emploi, le niveau de préparation à la tâche et, par voie de conséquence, la rémunération. Les données disponibles dans l'enquête nous permettent de vérifier si le découpage effectué donne une image relativement homogène des conditions d'emploi dans chacun des secteurs.

Le tableau 5 présente les statuts d'emploi dominants ainsi que les moyennes salariales de chacun des secteurs d'emploi. Le tableau 6 présente les niveaux d'éducation atteints par les travailleurs ainsi que leurs horaires de travail hebdomadaire. On constate que le salariat domine largement l'ensemble des secteurs d'emploi. Cependant, il faut nuancer cette observation par le fait que les secteurs informels sont dominés par le salariat en nature, en particulier le secteur informel d'accès facile, alors que les secteurs formels sont dominés par le salariat en espèces. Ceci s'expliquerait par le fait que le secteur informel d'accès difficile est principalement constitué de petites entreprises payant occasionnellement des salaires en espèces, alors que le secteur informel d'accès facile fonctionne généralement sur une base familiale avec peu d'échanges monétaires : troc, échange de services... Le statut d'indépendant arrive en deuxième position et touche principalement le secteur informel d'accès difficile où le petit entrepreneuriat est très présent.

Tableau 5 - Statuts d'emploi et moyennes salariales par secteur d'emploi

Secteurs	*Statuts dominants*		*Moyenne salariale (Francs rwandais)*
Formel public	Salariat	(100 %)	26 400
Formel privé	Salariat	(85 %)	33 900
	Indépendant	(10 %)	
	Employeur	(3 %)	
Informel accès difficile	Aide familiale	(6 %)	15 500
	Indépendant	(41 %)	
	Salariat	(50 %)	
Informel accès facile	Salariat	(64 %)	5 900
	Indépendant	(28 %)	
	Aide familiale	(6 %)	
Agricole d'autoc.	N/A		N/A

Source : Enquête Nationale sur l'Emploi, milieu urbain, Miniplan, 1989.

Concernant les rémunérations, on note que la hiérarchie des salaires moyens suit la hiérarchie des secteurs d'emploi. Les secteurs formels arrivent en tête, suivis du secteur informel d'accès difficile, où les tranches salariales chevauchent celles du secteur formel public, ce qui explique l'attrait de ce secteur pour les fonctionnaires (qui pratiquent souvent la pluriactivité) ou les personnes licenciées du secteur public (reconversion dans l'informel). Le secteur informel d'accès facile se situe au bas de l'échelle salariale. Pour ce qui est du secteur agricole, les données n'ont pas été documentées.

Tableau 6 - Niveau d'éducation et horaire hebdomadaire par secteur d'emploi

Secteurs	Niveau d'éducation (%)			Horaire hebdomadaire (%) **		
	Aucune	Primaire *	Second. et +	- 40h.	40-50h.	50h et +
Formel public	5,5	36,5	58	34	48	18
Formel privé	0,5	21,5	78	39	47	14
Informel difficile	16,0	66,0	18	33	31	36
Informel facile	21,0	72,0	7	30	18	52
Agriculture autoc.		55,0	1	93	5	2

Source : Enquête Nationale sur l'Emploi, milieu urbain, Miniplan, 1989.

* Cette catégorie comprend aussi les écoles d'artisanat.

** L'horaire hebdomadaire officiel se situe entre 35 et 40 heures au Rwanda.

L'analyse croisée avec les niveaux d'éducation et les horaires hebdomadaires donne les résultats suivants. Les niveaux d'éducation semblent suivre la logique salariale puisque les secteurs formels sont dominés par la présence de travailleurs ayant atteint le niveau secondaire ou universitaire, alors que les secteurs informels affichent des proportions plus importantes de niveaux primaires (les 2/3 de l'informel d'accès difficile, les 3/4 de l'informel d'accès facile) et dans une moindre mesure de travailleurs sans aucune éducation (1/6 de l'informel d'accès difficile, 1/5 de l'informel d'accès facile).

L'analyse des horaires de travail est, elle aussi, assez éloquente. Notons tout d'abord que le secteur formel public, qui devrait en principe regrouper une très large majorité de travailleurs œuvrant autour de 40 heures semaines (normes du travail en vigueur au Rwanda), affiche des horaires bien supérieurs, ce qui montre la présence incontestable de la pluriactivité dans ce secteur de l'économie. D'autre part, le sous-emploi agricole (80 % des travailleurs du secteur de l'autoconsommation œuvrent moins de 30 heures/semaine) s'explique par la saturation de l'agriculture familiale ainsi que par son caractère saisonnier. Par opposition, on note un suremploi dans le secteur informel, notamment dans son segment d'accès facile où plus de la moitié des travailleurs œuvrent plus de 50 heures/semaine.

La faible productivité, l'absence de protection syndicale et de réglementation du travail sont d'ailleurs des caractéristiques de ce segment: la précarité de leur emploi pousse les travailleurs à accepter les pires conditions de travail. Ainsi, les personnes les plus éduquées semblent plus à même de revendiquer, en tant qu'employés, des conditions de travail plus ou moins proches de la norme, et en tant qu'employeurs, de respecter certains règlements. Les moins éduqués sont souvent contraints de prendre des emplois relativement ouverts à tous, sur un marché donc très concurrentiel offrant des salaires et des conditions de travail bien en dessous des normes en vigueur sur les marchés contingentés (formel privé et public et dans une moindre mesure informel d'accès difficile).

Le suremploi de fait, les raisons du sous-emploi

Malgré les semaines chargées, 19 % des travailleurs du secteur informel d'accès facile désirent travailler plus, certainement en raison de leurs faibles rémunérations et du caractère sporadique de leur activité. À cet égard, le tableau 7 présente la répartition des travailleurs qui désirent travailler plus d'heures par semaine selon les raisons du sous-emploi suivantes :

- ✓ Raison 1 : panne, manque de matériel, d'outils
- ✓ Raison 2 : temps insuffisant, saison défavorable
- ✓ Raison 3 : pas de travail disponible
- ✓ Raison 4 : autres (non précisé dans l'enquête)

Comme on peut s'y attendre, le désœuvrement (raison 3) touche plus les secteurs informels que formels. Il apparaît clairement que ce sous-emploi s'explique par l'exiguïté des marchés (insuffisance de la demande pour les produits de l'informel) et par la forte concurrence qui règne au sein du secteur informel (excédent de l'offre) où la multiplicité des petits métiers génère une compétition acharnée. La deuxième raison du sous-emploi relève de la mauvaise qualité des équipements ou du manque de matériel (raison 1) dans les secteurs informels, et du manque de disponibilités dans les secteurs formels (raison 2). Le faible niveau de capitalisation et d'investissement/ machine est en effet un des problèmes majeurs des petits producteurs urbains dont la capacité d'emprunt pour l'achat de matériel productif est limitée par le manque de liquidités et de garanties bancaires disponibles [82]. La pluriactivité (saisonnière ou permanente) des travailleurs du secteur formel s'explique en partie par les moyennes salariales relativement faibles en vigueur (voir tableau 5).

Tableau 7 - Répartition des travailleurs désirant travailler plus d'heures hebdomadaires par secteur d'emploi selon les raisons du sous-emploi (%)

Secteurs	Raison 1	Raison 2	Raison 3	Raison 4
Formel public	3	24	49	24
Formel privé	12	23	47	18
Informel diff.	11	10	64	15
Informel fac.	12	7	67	14
Agric. autoc.	-	35	50	15

Source : Enquête Nationale sur l'Emploi, milieu urbain, Miniplan, 1989

Migration et emploi

Grâce à une série de données portant sur les migrations, il a été possible de mettre en évidence les faits saillants suivants. Précisons tout d'abord que le Rwanda est un pays d'habitat rural

[82] Voir à ce sujet, C. Maldonado: « Rompre l'isolement, une expérience d'appui aux petits producteurs urbains du Bénin », Communication présentée au *Colloque ACFAS*, *Les politiques d'appui au secteur informel dans les PED*, Rimouski, 18 mai 1993, ou encore I. Mbemba: *De quelques problèmes du petit entrepreneur africain*, Centre Sahel, Série Notes et travaux n. 5, février 1989.

essentiellement [83], ce qui explique l'importante proportion de migrants ruraux. Précisons également que la mobilité des personnes sur le territoire rwandais a été longtemps contrôlée sévèrement par le biais de permis de résidence et de travail obligatoires pour les personnes séjournant hors de leur commune de résidence.

Le tableau 8 donne les secteurs d'emploi urbain selon l'origine du travailleur (migrant/non migrant) et selon son milieu d'émigration (urbain/rural).

Tableau 8 - Répartition des travailleurs par secteur d'emploi urbain selon l'origine et le milieu d'émigration (%)

Secteurs d'emploi	Origine		Milieu d'émigration	
	Non Migrant	Migrant	Migrant urbain	Migrant rural
Formel public	22	*78*	24	76
Formel privé	19	81	32	68
Informel difficile	34	66	20	80
Informel facile	29	71	13	87
Agriculture autoc.	65	35	14	86

Source : Enquête Nationale sur l'Emploi, milieu urbain, Miniplan, 1989.

---

83 En 1994, environ 93 % de la population du Rwanda résidaient en milieu rural, ce qui en faisait un des pays les moins urbanisés de la planète. Après les événements de 1994, ce taux a évolué vers plus d'urbanisation suite aux politiques de réinsertion des réfugiés (villagisation, installation dans les chefs-lieux de préfecture).

Les proportions de migrants sont plus importantes dans les secteurs formels (environ 80 %) que dans les secteurs informels (environ 70 %), ce qui tend à montrer que la mobilité géographique, et implicitement professionnelle, est plus fréquente dans les secteurs d'emploi supérieurs. Les travailleurs ayant des formations plus recherchées sur le marché ont plus de facilité à obtenir des permis de travail écrits leur permettant d'acquérir des permis de résidence en bonne et due forme. C'est le secteur informel d'accès difficile qui présente la plus faible proportion de migrants, ce qui tendrait à montrer que les réseaux de connaissance des natifs urbains et les possibilités d'éducation et de formation plus fréquentes en ville constituent autant de barrières à l'entrée difficiles à franchir pour les paysans. D'ailleurs, c'est dans le secteur informel d'accès facile que l'on trouve la plus grande proportion de migrants ruraux : 87 % de ruraux contre 13 % de migrants urbains. Les proportions s'équilibrent au fur et à mesure que l'on monte dans les hiérarchies d'emploi : 80 % de ruraux contre 20 % d'urbains dans le secteur informel d'accès difficile, 76 % contre 24 % dans le secteur formel public et 68 % contre 32 % dans le secteur formel privé.

L'urbanité des migrants semble donc jouer en leur faveur quand il s'agit d'accéder au marché du travail formel et informel d'accès difficile. Les temps d'établissement dans la ville confirment cette tendance. On retrouve globalement plus de migrants de longue durée (plus de 5 ans) dans les secteurs formels (en moyenne 59 %) que dans les secteurs informels (en moyenne 50 %), et plus dans le secteur informel d'accès difficile (63 %) que facile (43 %). Ainsi, le degré de connaissance de la ville et l'intégration à des réseaux d'emploi, souvent proportionnels au temps passé en zone urbaine, semblent également constituer des barrières à l'entrée dans les secteurs formels et informel d'accès difficile.

Taille des entreprises

Enfin, nous avons pu noter que l'envergure de l'entreprise dans laquelle est engagé le travailleur semble fortement corrélée avec la hiérarchie des secteurs d'emploi. Le tableau 9 donne les secteurs d'emploi selon la taille de l'entreprise.

Le secteur formel privé est largement dominé par des entreprises de plus de cinq personnes ; le secteur informel d'accès difficile présente des proportions relativement équilibrées entre les deux catégories de taille, alors que le secteur informel d'accès facile est principalement constitué de travailleurs œuvrant dans de petites entreprises.

Ainsi, le critère de barrière à l'entrée, comme base de segmentation du marché, est en étroite relation avec la taille de l'entreprise, ce qui paraît très logique étant donné les difficultés d'organisation et de gestion inhérentes à toute activité d'envergure plus ou moins bien structurée.

Tableau 9 - Répartition des travailleurs par secteur d'emploi urbain selon la taille de l'entreprise (%)

Secteurs d'emploi	Plus de 5 pers.	Moins de 5 pers.
Formel privé	84	16
Informel d'accès difficile	47	53
Informel d'accès facile	18	82

Source : Enquête Nationale sur l'Emploi, milieu urbain, Miniplan, 1989.

Limite de la segmentation dualiste

Ce découpage du marché du travail rwandais, basé sur des critères de lieu d'exercice de l'activité (hors ou dans l'habitation), de type d'apprentissage du métier (hors ou dans les circuits officiels) et d'expérience de travail (longue ou courte) a permis de dégager certaines tendances assez significatives dont les plus marquées relèvent des niveaux d'éducation et de rémunération, des horaires de travail, de la taille des entreprises et de l'origine géographique des travailleurs. Cependant, il comporte certaines limites qui proviennent tout d'abord du fait que l'enquête utilisée ne concerne pas exclusivement le secteur informel mais l'ensemble de l'emploi. Cette contrainte oblige donc à extraire le secteur informel à partir de critères qui, croisés les uns aux autres, débouchent sur une nouvelle dualité (accès facile, accès difficile), certes pratique pour l'analyse descriptive mais encore trop simplificatrice pour rendre compte de l'ambivalence, de la mixité de l'informel qui « combine de façon durable des caractéristiques appartenant à des formes différentes d'organisation de l'activité économique » (Freyssinet, 1976).

De plus, les hypothèses de Fields postulent que le secteur informel d'accès difficile consiste en des activités plus permanentes que celles du secteur informel d'accès facile (Fields, 1990, p. 65). Le découpage utilisé a forcé tous les travailleurs ayant plus d'un an d'expérience à faire partie du secteur d'accès difficile. L'exclusivité de ce critère influence nécessairement l'âge (les jeunes, nouveaux arrivants sur le marchés du travail) et les niveaux de rémunération.

Une image plus réaliste du marché du travail : le degré d'informalité de l'emploi

L'étape suivante va donc consister à affiner ce découpage par le biais d'indices de barrières à l'entrée significatifs mais non exclusifs. L'objectif ici est d'améliorer les possibilités d'analyse du marché du travail en tentant de rompre avec les méthodes de segmentation dualisantes. Autrement dit, il s'agit d'obtenir une image du marché du travail qui permette de raisonner en termes de degrés d'informalité, plutôt qu'en catégories prédéterminées. La méthode consiste à considérer, pour chaque travailleur, cinq de leurs caractéristiques d'emploi et de formation qui prendront chacune les valeurs dichotomiques 0 et 1 selon qu'elles constituent une barrière à l'entrée (1) ou pas (0). Ces indices d'informalité sont le lieu d'exercice de l'activité, l'horaire hebdomadaire, le type d'apprentissage du métier jumelé au niveau d'éducation atteint, et enfin l'expérience de travail.

Le tableau 10 (à la fin) résume la méthode de segmentation utilisée. En sommant, pour chaque travailleur, la valeur de chacune de ces variables dichotomiques, on obtient une échelle d'informalité qui s'étend de 0 à 5 selon la force des barrières à l'entrée dans l'emploi occupé. Ainsi, les travailleurs se trouvant vers le haut de l'échelle d'informalité (5-4) devraient avoir des conditions d'emploi plus ou moins proches des normes en vigueur dans les industries et dans les entreprises modernes où les barrières à l'entrée sont fortes. Ceux se trouvant vers le bas de l'échelle (0-1) devraient être engagés dans des activités de subsistance sans aucune barrière à l'entrée. Enfin, les degrés d'informalité intermédiaires (2-3) devraient correspondre à des travailleurs engagés dans des activités plus ou moins structurées où subsistent certaines barrières à l'entrée.

En guise de conclusion

La problématique de l'emploi dans les PED réside selon nous dans sa nature contradictoire. La coexistence de formes d'organisation identiques ou proches de celles des activités capitalistes modernes avec celles des activités traditionnelles et familiales a incité à la catégorisation duale. L'approche dichotomique secteur formel/secteur informel a donné lieu à de multiples débats débouchant sur des guerres de définitions : Comment définir le secteur informel ? Faut-il abandonner le terme et le remplacer par un autre ? Quelles sont les caractéristiques internes de ce secteur ?

L'échec des tentatives de réponse à ces questions montre non pas qu'il faille abandonner le concept théorique de secteur informel, mais plutôt renoncer à fixer des critères permettant de scinder l'économie en deux secteurs distincts. C'est dans ce sens que semble aller la recherche empirique sur les activités informelles, qui se préoccupent aujourd'hui plus de leur fonctionnement et de leur articulation avec le reste de l'économie que de leurs hypothétiques caractéristiques générales. Or, depuis la reconnaissance de l'hétérogénéité du secteur informel, les modélisations du marché du travail des pays en développement se sont souvent contentées de lui ajouter un nouveau dualisme. Non sans reconnaître l'utilité de telles démarches qui permettent au moins d'initier des recherches plus fines, il nous apparaît opportun de dépasser les postulats aujourd'hui reconnus et de rechercher des méthodes d'analyse du marché capables d'interpréter correctement les réalités empiriques qui nous parviennent du Tiers-Monde. Aussi, plutôt que d'allonger la liste des approches duales du secteur informel dans les PED, nous avons tout d'abord reconnu l'intérêt et le bien-fondé de celles-ci avant d'en exposer les limites. Selon le but recherché, chaque alternative se justifie, pour autant qu'elle présente des capacités heuristiques. Tout ce qu'il semble falloir éviter, c'est de répéter les erreurs commises dans le passé.

Nous avons, par ailleurs, proposé une alternative d'appréhension du marché qui permette de rendre compte du caractère multiforme et complexe de l'organisation de l'emploi. La méthode utilisée n'est certes pas infaillible. Elle demande certainement à être vérifiée empiriquement. Basée sur les conditions et les caractéristiques d'emploi et de formation de la main-d'œuvre, elle pourrait présenter l'avantage de permettre d'identifier certains groupes cibles (les plus vulnérables, les plus dynamiques) ou certains secteurs d'activité à privilégier selon leur position sur l'échelle d'informalité.

Les pistes d'exploration sont nombreuses, l'objectif principal étant de développer des outils d'analyse opérationnels débouchant sur des politiques capables de faire sortir les petits producteurs urbains de l'isolement et, à terme, de la simple survie.

Bibliographie

Charmes, J., 1980. « Les contradictions du développement du secteur non structuré », *Revue Tiers-Monde,* 82.

De Miras, C., 1984. « De la formation de capital privé à l'économie populaire spontanée », *Politique Africaine,* 14.

Fields, G.S., « Labour Market Modeling and the Urban Informal Sector: Theory and Evidence », dans *The Informal Sector Revisited,* Centre de développement de l'OCDE, Paris, 19.

Freyssinet, J., 1976. *Méthodes d'analyse d'emploi en économie sous-développée,* IREP, Grenoble.

Nihan, G., 1980. « Le secteur non structuré, signification, aire d'extension du concept et application expérimentale », *Revue Tiers-Monde*, 82, 1980.

Steel, W., 1978. *The Intermediate Sector, Unemployment and the Employment Output Conflict: A Multisector Model,* BIRD.

Tableau 10 - Méthode de construction d'une échelle d'informalité de l'emploi.

Lieu fixe hors habitation 1								Lieu fixe hors habitation 1								Lieu non fixe ou dans l'habitation 0								Lieu non fixe ou dans l'habitation 0							
Horaire : - 45h./semaine 1								Horaire : - 45h./semaine 0								Horaire : - 45h./semaine 1								Horaire : - 45h./semaine 0							
Apprentissage officiel 1				Apprentissage non officiel 0				**Apprentissage officiel** 1				Apprentissage non officiel 0				Apprentissage officiel 1				Apprentissage non officiel 0				Apprentissage officiel 1				Apprentissage non officiel 0			
niveau secondaire et plus		niveau primaire et moins		niveau primaire et plus		aucun		niveau secondaire et plus		niveau primaire et moins		niveau primaire et plus		aucun		niveau secondaire et plus		niveau primaire et moins		niveau primaire et plus		aucun		niveau secondaire et plus		niveau primaire et moins		niveau primaire et plus		aucun	
1		0		1		0		1		0		1		0		1		0		1		0		1		0		1		0	
(+) 1an	(-) 1an	(+) 1an	(-) 1an	(+) 1an	(-) 1an	(+) 1an	(-) 1an	(+) 1an	(-) 1an	(+) 1an	(-) 1an	(+) 1an	(-) 1an	(+) 1an	(-) 1an	(+) 1an	(-) 1an	(+) 1an	(-) 1an	(+) 1an	(-) 1an	(+) 1an	(-) 1an	(+) 1an	(-) 1an	(+) 1an	(-) 1an	(+) 1an	(-) 1an	(+) 1an	(-) 1an
5	4	4	3	4	3	3	2	4	3	3	2	3	2	2	1	4	3	3	2	3	2	2	1	3	2	2	1	2	1	1	0

UNE ENQUETE DE LA BANQUE MONDIALE SUR LE DEVELOPPEMENT DE L'ENTREPRISE EN AFRIQUE : L DU CAMEROUN[84]

Bernard GAUTHIER, École des HEC, Montréal

Introduction

Les pays d'Afrique subsaharienne ont implanté, dans une grande majorité, au cours des dernières décennies, des programmes d'ajustement structurel parrainés par les agences internationales, en particulier par la Banque mondiale et le Fonds monétaire international (FMI) depuis le milieu des années 1980. Malgré l'instauration de ces programmes de réformes, l'Afrique subsaharienne a eu le malheureux privilège d'être la seule région en développement à connaître une décroissance réelle de son Produit national brut (PNB) depuis 1985. Selon un document récent de la Banque mondiale (World Bank, 1994), le peu d'efforts réels consacrés par les gouvernements africains à l'implantation de ces réformes serait l'une des principales causes de cette faible performance. Les pays ayant adéquatement mis en place les programmes d'ajustement, tels que le Ghana, ont connu des taux de croissance plus élevés que les pays ayant appliqué les réformes avec peu de vigueur, tels que la Côte-d'Ivoire ou le Cameroun.

En plus des mesures de stabilisation (c'est-à-dire le contrôle de l'inflation, de la balance commerciale et des déficits budgétaires) prévues dans ces programmes, la mise en place d'un environnement d'affaires favorable à l'investissement privé est considérée comme un élément majeur. Comme le notent plusieurs auteurs (CCCC, 1990 ; Stiglitz, 1990; World Bank, 1993), à la suite des échecs des politiques de substitution aux importations, des différentes interventions sur les

---

84 Cet article est tiré d'une étude réalisée en collaboration : Gauthier, B., Le Goff, J.-P., Vallée, L. *et al.* (1994) *Manufacturing Enterprises Under Adjustment in Cameroon : A Survey Perspective.* Je remercie Lucie Brindamour et Michel Sylvain pour leur précieuse assistance.

marchés qui ont freiné le développement des entreprises en Afrique et des déséquilibres des finances publiques, c'est sur l'initiative privée et l'*entrepreneurship* individuel que reposent maintenant les espoirs de croissance dans les régions en développement.

Perçu comme un concurrent de l'État, de ses entreprises publiques ou des monopoles réglementés établis par celui-ci, le secteur privé a longtemps eu mauvaise presse auprès des gouvernements africains. La structure industrielle africaine reflète d'ailleurs cette faible importance du secteur privé. On observe en effet une très faible présence des entreprises de taille moyenne et une forte concentration industrielle autour de quelques très grandes entreprises, généralement publiques ou étrangères, ainsi que l'existence d'une multitude de très petites entreprises, la plupart informelles. De plus, les activités manufacturières concernent à peine 12 % du PNB dans les pays subsahariens contre près du double dans les régions en développement de revenu comparable.

Dans le but de mieux comprendre les facteurs qui contraignent la croissance du secteur privé en Afrique, en particulier la façon dont les structures institutionnelles, réglementaires et administratives restreignent le développement des entreprises, la Banque mondiale a mis sur pied en 1992 le Programme régional de développement de l'entreprise en Afrique (PRDE). Ce programme, parrainé par 11 agences bilatérales de coopération, dont l'Agence canadienne de développement international, vise plus spécifiquement à : (i) comprendre de quelle façon la croissance des entreprises manufacturières est contrainte par leur environnement externe; (ii) déterminer l'impact des politiques de réforme structurelle sur l'entreprise manufacturière; (iii) évaluer la réponse différenciée des différents segments de l'industrie manufacturière aux politiques d'ajustement; (iv) proposer des avenues de réformes des politiques économiques afin de favoriser le développement du secteur privé.

Huit centres de recherche universitaires, sept européens et un nord-américain, ont été jumelés chacun à un centre de recherche africain afin de réaliser le programme de recherche dans les pays subsahariens. Le choix des pays africains étudiés fut déterminé d'abord par l'existence d'un programme d'ajustement structurel sur leur territoire, mais également par la volonté manifestée par les gouvernements de coopérer au programme. En raison de son expertise au Cameroun et de ses liens institutionnels avec l'ESSEC de Douala, le Centre d'études en administration internationale (CETAI) de l'École des HEC de Montréal s'est vu confier le volet Cameroun du PRDE.

Cet article présente l'évolution du projet au Cameroun et certains constats au sujet de l'impact différencié sur les entreprises des politiques d'ajustement présentement en cours dans le pays. Dans une première partie est d'abord examiné le cadre théorique de l'étude qui repose sur les travaux de la Nouvelle économie institutionnelle. Dans une seconde partie sont présentés le cadre méthodologique et le contexte socio-économique dans lequel s'est déroulée l'enquête. L'échantillon d'entreprises est aussi présenté, de même que les critères définissant le secteur informel utilisés dans l'enquête. Dans une quatrième partie, on discute des caractéristiques et de la performance des entreprises. On constate en particulier le dur coup que portent les politiques d'ajustement au secteur manufacturier. On note que l'ajustement est ressenti plus sévèrement au sein des entreprises, grandes et moyennes, qui autrefois bénéficiaient de la protection de l'État, alors que les petites et micro-entreprises, en raison de leur flexibilité technologique, semblent mieux s'adapter aux changements économiques en cours. Nous concluons avec une discussion sur la nécessité d'une politique de transition permettant de réduire les aspects négatifs de l'ajustement sur les entreprises.

Le cadre théorique

L'une des hypothèses à la base du PRDE est que le faible développement manufacturier et industriel observé en Afrique ne peut s'expliquer simplement par les distorsions des prix relatifs des facteurs et des biens; les cadres institutionnels au sein de l'environnement d'affaires africain présentent des désincitatifs importants à l'investissement industriel. Les différentes contraintes réglementaires (contrôle des prix et des salaires, fiscalité, etc.), administratives (procédures d'obtentions de licences, etc.) et bureaucratiques, de même que la présence de marchés incomplets et de droits de propriété incorrectement spécifiés, d'information imparfaite et de mécanismes d'application des contrats inadéquats ont pour effet d'accroître les coûts de transaction pour les entreprises et de réduire la capacité des agents économiques à transférer, en réponse à des libéralisations de prix et de tarifs, les facteurs de production vers des utilisations plus productives.

Le cadre théorique sur lequel repose le PRDE tire ses origines des travaux de la Nouvelle économie institutionnelle qui a, jusqu'à maintenant, principalement été appliquée à l'agriculture [85]. Selon cette approche, les règles institutionnelles (les lois commerciales, la structure des droits de propriété, les cadres administratifs, etc.) au sein desquelles évoluent les agents économiques conditionnent l'efficacité économique et le dynamisme entrepreneurial. Rarement les organisations économiques et l'environnement transactionnel permettent d'exploiter pleinement les gains à l'échange liés à la spécialisation et à la division du travail, car ce sont des facteurs autres que ceux liés à l'efficacité économique qui conduisent à la création et à la survie des organisations.

Douglass C. North écrit à ce sujet :

> (Economic) organizations ... are not necessarily socially productive because the institutional framework frequently has perverse incentives. Organizations will be designed to further the objectives of their creators. They will be created as a function not simply of institutional constraints but also of other constraints (e.g., technology, income and preferences). The interaction of these constraints shapes the potential wealth-maximization opportunities of entrepreneurs [86].

Le défi pour les concepteurs de politiques et d'institutions est donc d'identifier les «règles du jeu» optimales, c'est-à-dire les structures institutionnelles propices au développement des capacités entrepreneuriales et à la croissance économique. Un des objectifs majeurs du PRDE est ainsi d'identifier les facteurs au sein de l'environnement d'affaires africain qui contraignent l'investissement et la croissance du secteur industriel. Un objectif important consiste à identifier les changements à apporter à cet environnement de façon à créer plus de compétition parmi les industries, à restructurer les incitatifs afin qu'ils permettent de mieux tirer parti des avantages comparatifs du pays et à encourager l'investissement dans des secteurs d'exportation à plus haute valeur ajoutée.

---

85 Voir, par exemple, Nabli et Nugent, 1988; Bates, 1989; Stiglitz, 1986.

86 North, D.C. (1990), p. 73.

La méthodologie

C'est par le biais d'enquêtes directes auprès d'entreprises que procède le PRDE afin d'identifier les caractéristiques des entreprises et les facteurs qui contraignent leur croissance [87]. Un échantillon de 200 entreprises manufacturières au sein de quatre sous-secteurs d'activité, ceux du métal et de la petite machinerie, du bois et des meubles, du textile et des vêtements ainsi que des aliments et boissons, a été plus particulièrement ciblé. Le choix de l'industrie manufacturière repose sur l'importance des activités de transformation dans les premières phases du développement. Les sous-secteurs ont quant à eux été retenus en raison de leur importance dans le tissu manufacturier, représentant environ 70 % de la production manufacturière dans la plupart des pays subsahariens, dont le Cameroun.

Un des aspects intéressants du PRDE est son utilisation d'une méthodologie commune à l'ensemble des pays faisant partie du programme. Un même questionnaire est utilisé pour l'ensemble des pays avec, bien entendu, les adaptations nécessaires pour tenir compte des institutions locales (en particulier la réglementation et la fiscalité). Les thèmes couverts dans le questionnaire sont variés; ceux-ci comprennent l'*entrepreneurship*, le transfert de technologie, le marché du travail, le secteur financier, la réglementation et les infrastructures, les services d'aide aux entreprises et les aspects juridiques liés aux mécanismes de règlement des conflits.

Afin de saisir l'impact dynamique de l'ajustement sur les entreprises, trois phases de collecte de données auprès de l'échantillon d'entreprises sont prévues sur une période de trois ans. À ce jour, deux collectes de données ont eu lieu. La première s'est déroulée en mai et juin 1993 et la seconde en juin et juillet 1994. Une troisième visite auprès des entreprises avait été prévue au cours de l'été 1995. Il

[87] Certaines études de cas sur des thèmes particuliers (*e.g.* transferts de technologie, secteur financier, stratégie) sont également prévues dans le PRDE.

est à noter que les éléments présentés dans cet article ont trait spécifiquement aux données de la première année d'enquête.

Les entrevues sur le terrain duraient en moyenne de quatre à cinq heures et étaient menées par deux enquêteurs formant équipe, en général une personne du CETAI et une de l'ESSEC. Les enquêteurs rencontraient généralement le propriétaire de l'entreprise ou le gestionnaire principal, le comptable jusqu'à dix employés.

Le contexte

Il est utile de présenter brièvement le contexte économique dans lequel s'est déroulée l'enquête, ainsi que certains éléments importants des transformations économiques qu'a connues le Cameroun ces dernières années.

D'une stratégie de substitution aux importations à une stratégie d'exportation

Le Cameroun a adopté, durant les deux dernières décennies, une stratégie de substitution aux importations dans un environnement d'affaires hautement réglementé par l'État. Les interventions gouvernementales directes et indirectes ont encouragé le développement d'entreprises étrangères et publiques. Un soutien était accordé ou des désincitatifs étaient offerts à certaines catégories d'entreprises par le biais du contrôle des licences, des restrictions quantitatives sur les importations, des régimes fiscaux préférentiels et par la réglementation du système financier. La Société Nationale d'Investissement (SNI) joua également un rôle important dans l'industrialisation. Elle possède encore aujourd'hui une participation financière dans près de 150 entreprises camerounaises [88]. Cette stratégie de développement, interventionniste et tournée vers l'intérieur, a réussi partiellement à permettre l'établissement d'une base industrielle. Durant de nombreuses années, le Cameroun (avec le Gabon) a été considéré comme un exemple de succès parmi les pays d'Afrique centrale. La découverte de pétrole en 1978 accentua encore les espoirs de croissance de même que l'intervention publique dans l'économie.

---

[88] Gauthier, B. *et al.* (1993a).

La fragilité de cette stratégie se révéla toutefois à la suite des chocs externes qui secouèrent l'économie camerounaise à partir de 1986. La chute du prix des produits de base d'exportation (cacao, café, coton, pétrole), associée à la dépréciation du dollar américain, mena à une importante contraction de l'économie et révéla des problèmes structurels. Malgré la chute des revenus, le gouvernement tarda à réduire ses dépenses ce qui se traduisit par un lourd déficit qui mena à la création d'arrérages de paiements de l'État envers ses fournisseurs privés, ses employés et les banques. Il s'ensuivit un grand nombre de faillites, de mises à pied et une crise du système bancaire.

En 1988, le gouvernement adopta un programme de stabilisation du FMI qui fut suivi l'année suivante par l'implantation d'un programme d'ajustement structurel de la Banque mondiale. L'objectif du programme de réforme était principalement de corriger les distorsions de prix et d'*output*, de libéraliser les échanges et de réduire les interventions directes et indirectes du gouvernement dans l'économie. Malgré une application inégale des politiques de réforme, le processus de libéralisation a mené à d'importantes modifications de l'environnement d'affaires du secteur privé. Les barrières tarifaires et non tarifaires ont été réduites, le secteur bancaire a été restructuré, les restrictions quantitatives aux importations retirées (sauf sur certains produits alimentaires), les prix de la plupart des biens et services ont été déréglementés de même que le marché du travail, et un nouveau code des investissements a été adopté.

Malgré ces réformes, les résultats des politiques d'ajustement ne sont pas à ce jour très probants. Le Cameroun a connu une huitième année consécutive de décroissance de son PNB (décroissance annuelle moyenne du PNB réel *per capita* de -7,9 %). Le PNB *per capita* réel camerounais équivaut donc aujourd'hui à la moitié de celui de 1986 [89].

La collecte des données

La collecte de données s'est donc déroulée dans des circonstances difficiles. Comme nous l'avons mentionné précédemment, l'objectif était de se rendre dans 200 entreprises manufacturières. Pour des raisons de logistiques, deux villes principales furent ciblées : Douala, la capitale économique du Cameroun, et Yaoundé, la capitale

---

[89] Gauthier, B. *et al.* (1993a), p. 77.

politique. On se rendrait également dans un certain nombre d'entreprises des villes industrielles de Limbé et d'Édéa.

Un problème important se posait dès l'amorce de l'enquête, celui de l'absence de sources fiables d'information sur la population d'entreprises. Il n'existe en effet aucun recensement officiel des entreprises camerounaises. Certains organismes et ministères, tels que la Direction de la Statistique du Ministère du Plan, la Direction des douanes de Douala et la Direction des impôts rassemblent bien sûr un certain nombre d'informations sur les entreprises. Toutefois, depuis le début de la crise en 1986, aucune de ces banques de données n'a été mise à jour, les rendant ainsi inutilisables. Le Répertoire des entreprises de la Chambre de commerce et de l'industrie du Cameroun est une source alternative d'information sur les entreprises. Le dernier répertoire en date remonte toutefois à 1989. De plus, l'enregistrement des entreprises dans ce répertoire s'effectue sur une base volontaire, mais payante. Un biais de taille apparaît nécessairement à l'encontre des petites entreprises.

L'équipe s'est donc tournée vers une source alternative de données, celle-là constituée grâce à un précédent projet CETAI/ESSEC qui désagrégeait et complétait l'information contenue dans le répertoire d'entreprises de la Chambre de commerce [90]. Cette banque de données fut utilisée pour amorcer notre identification d'entreprises formelles. Deux cent vingt-deux entreprises étaient citées au sein des quatre secteurs étudiés pour Douala et Yaoundé. Toutefois, même dans ce répertoire, près de 50 % des entreprises ne purent être retracés sur le terrain. De vains efforts furent tentés pour les retracer et nous dûmes conclure qu'elles avaient cessé d'exister ou changé de nom ou d'emplacement. Un processus intensif de recherche d'entreprises fut donc mis en place afin d'identifier un nombre suffisant d'entreprises formelles et informelles. Dans le cas des firmes informelles, les coopératives et les associations d'affaires furent utilisées de façon à identifier les firmes qui feraient partie de l'échantillon [91].

---

[90] Le Goff, Jean-Pierre et J. NDioro, «Répertoire d'entreprises camerounaises», *Research Paper* n° CAM-93-12, octobre 1993, CETAI, École des HEC, Montréal.

[91] Gauthier, B. *et al.* (1994).

L'échantillon

À la base, nous recherchions un échantillon équilibré et représentatif du nombre de firmes et d'emplois au sein du secteur manufacturier. Ces deux objectifs étaient toutefois en conflit compte tenu du très grand nombre de très petites entreprises, généralement informelles, et de quelques très grandes entreprises employant un nombre important de travailleurs. À l'intérieur de chaque secteur, nous désirions également que se reflète l'importance des activités informelles et des entreprises étrangères ainsi que du capital public.

À la suite d'un test du questionnaire effectué en février 1993, la proportion des entreprises informelles fut réduite en raison principalement du fait que l'information obtenue auprès des firmes informelles était souvent incomplète et relativement homogène. Peu d'informations supplémentaires aurait été obtenu si nous avions tenté d'inclure dans l'échantillon un nombre de firmes informelles reflétant leur nombre réel en termes d'emploi manufacturier. Un plafond d'environ 50 à 60 firmes informelles fut donc établi [92]. Nous discuterons un peu plus loin des critères utilisés pour classer une entreprise dans la catégorie «informelle».

Notre échantillon de première année d'enquête est composé de 210 entreprises, de Douala et de Yaoundé principalement, ainsi qu'un certain nombre d'Édéa et de Limbé. Les entrevues ont eu lieu entre le 21 mai et le 30 juin 1993.

Les entreprises ont été classées dans le tableau 11, selon quatre tailles : les micro-entreprises employant 4 employés ou moins à plein temps, les petites entreprises (5 à 29 employés), les entreprises de taille moyenne (30 à 99 employés) et les grandes entreprises (plus de 100 employés). On note que notre échantillon contient 37 micro-entreprises, 95 petites, 43 moyennes et 35 grandes entreprises, en proportion presque égale au sein des quatre secteurs d'activité étudiés. Dans le tableau 12, l'échantillon est caractérisé par ce qui a trait au nombre d'emplois à plein temps qu'offrent les entreprises selon leur taille et leur secteur d'activité. On remarque que les emplois dans le secteur des aliments et boissons représentent près de 55 % de l'emploi total de l'échantillon. Ceci s'explique par la présence de quelques très grandes entreprises dans ce secteur (en particulier dans le secteur des

---

92 Gauthier, B. *et al.* (1994).

brasseries et de la transformation de l'huile de palme) que l'on retrouve en raison des économies d'échelle dans ce secteur. La répartition des emplois au sein des autres secteurs varie de 10 % à 17 %. On remarque également que, même si elles ne représentent qu'environ 16 % des entreprises étudiées, les grandes entreprises emploient 82 % des travailleurs. Les 35 micro-entreprises quant à elles n'emploient que 0,3 % des travailleurs de notre échantillon.

En ce qui a trait à la structure du capital, il a été observé que, parmi les 206 firmes pour lesquelles cette information était disponible, 66 % sont des entreprises privées camerounaises, 11 % sont privées et appartiennent à des étrangers seulement, 14 % sont des entreprises à capital mixte national et étranger et 9 % sont partiellement ou totalement publiques. [93]

Tableau 11 - Caractéristiques de l'échantillon (nombre d'entreprises par taille et secteur)

	Micro (1-4)	Petite (5-29)	Moyenne (30-99)	Grande (100 et +)	Total
Aliments et boissons	3	25	15	13	56
Textile et vêtements	15	16	4	5	40
Bois et meubles	11	23	9	10	53
Métal et machinerie	8	31	15	7	61
Total	37	95	43	35	210

[93] Gauthier, B. *et al.* (1994).

Tableau 12 - Répartition de l'emploi au sein de l'échantillon (nombre de travailleurs à plein temps selon la taille et le secteur)

	Micro	Petite	Moyenne	Grande	Total (%)
Aliments et boissons	8	383	763	10 370	55,0
Textile et vêtements	28	211	208	1 785	10,8
Bois et meubles	21	307	536	2 490	16,26
Métal et machinerie	17	435	774	2 284	17,01
Total	(0,3 %)	(6,4 %)	(11,06 %)	(82 %)	20 620

Critères d'informalité

Il n'existe pas de critères précis pour définir l'appartenance d'une entreprise au secteur informel de l'économie. Chaque étude tend à utiliser des critères opérationnels compte tenu de ses objectifs particuliers (CRETES, 1991). Généralement ces critères comprennent la faible taille de l'entreprise, le non-enregistrement à l'intérieur d'un cadre légal ou fiscal et le non-respect de la réglementation du travail. Selon les critères particuliers utilisés pour définir une firme informelle, le nombre de ces entreprises varie dans notre échantillon. Selon les estimations de l'ESSEC utilisant des critères de visibilité, de technologie et de structure du travail, le nombre de firmes informelles serait de 46, réparties de cette façon : 3 dans le secteur des aliments et boissons, 16 dans celui du textile, 15 dans celui du bois et des meubles et 12 dans celui du métal [94].

L'absence de procédures de comptabilité interne ou externe constitue un autre moyen pour déterminer le nombre d'entreprises informelles. Quarante entreprises ont répondu ne pas utiliser de comptabilité. La présence de structures traditionnelles d'apprentissage au sein d'une entreprise pourrait également constituer un autre critère permettant de

[94] Gauthier, B. *et al.* (1994).

définir une firme informelle. Notre échantillon comprenait 60 entreprises de ce type.

La figure 1 présente la distribution des entreprises de notre échantillon répondant aux trois critères d'informalité suivants : absence de comptabilité, présence d'apprentis et très petite taille. C'est l'intersection de ces trois critères, soit 41 entreprises, qui a finalement été retenue comme critère d'informalité et que nous utiliserons ici pour définir une entreprise informelle.

La représentativité de l'échantillon

Comme nous l'avons noté précédemment, en raison de l'absence de recensement de la population d'entreprises et de statistiques fiables, notre échantillon n'a pu être choisi au hasard. Malgré cette absence de données de base, la répartition par secteur de notre échantillon correspond d'assez près aux estimations disponibles du secteur manufacturier.

Dans le tableau 13 sont présentées les estimations de l'emploi manufacturier de trois études antérieures. Comme on peut le noter, la répartition de l'échantillon par secteur d'activité est relativement similaire à celle estimée dans les études antérieures.

Tableau 13 – Estimations de l'emploi par secteur (pourcentage de l'emploi manufacturier formel)

	Aliments et boissons	Textile et vêtements	Bois et meubles	Métal et machinerie
Répertoire de la Chambre de commerce (1989)	47,7	8,6	7,0	11,6
VIe Plan d'industrialisation (1989)	40,0	7,0	15,0	n.d.
USAID (1990)	44,5	6,6	n.d.	n.d.

Figure 1 - Critères d'informalité

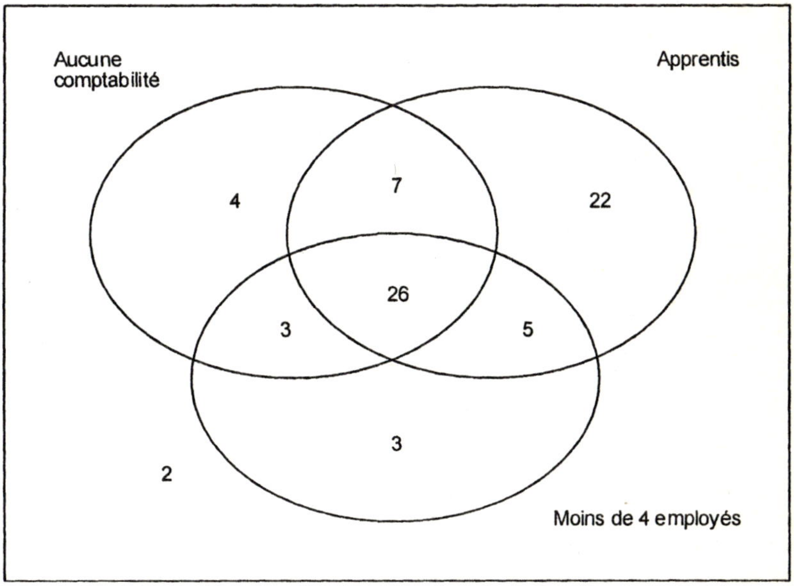

En ce qui a trait aux proportions des entreprises informelles, compte tenu qu'aucune donnée précise sur l'importance de ces types d'entreprises n'existe, il est difficile de comparer leur poids dans notre échantillon avec celui au sein de la population. Selon différentes études (CRETES, 1991; World Bank, 1993), il appert que les entreprises informelles occupent une part plus importante de l'emploi dans le secteur de la confection, des meubles, des boulangeries et des petits produits métalliques. Leur importance est moindre dans le domaine du bois, des aliments et boissons, du métal de base et du textile. Notre échantillon reflète cette situation. Bien sûr, la proportion des entreprises informelles dans notre échantillon est faible comparativement au nombre de ces entreprises dans la population d'entreprises. Toutefois, comme on l'a noté, un échantillon plus représentatif des entreprises informelles aurait été moins intéressant compte tenu du fait que les informations recueillies auprès de ces entreprises tendent à présenter peu de variances [95].

Résultats

La performance des entreprises manufacturières en période d'ajustement

Un certain nombre de caractéristiques intéressantes se dégagent de l'analyse des données, en particulier en ce qui a trait à la performance des entreprises. Selon différents indicateurs visant à mesurer le dynamisme et la performance des entreprises, tels que la croissance des ventes, la croissance de l'emploi ou le taux de profits, il appert que les politiques de réforme et la crise économique ont eu des impacts négatifs importants sur les établissements industriels. L'emploi à plein temps des entreprises manufacturières de notre échantillon a décru de 29 % entre 1987 et 1992 alors que les ventes ont décru de 17 % (en termes de valeur). Les profits sont quant à eux négatifs et représentent 1,9 % des ventes des entreprises (sur une base pondérée par les ventes).

---

[95] Gauthier, B. *et al.* (1994).

Il existe toutefois une nette différence de performance entre les secteurs d'activité, tout particulièrement selon la taille de l'établissement manufacturier; les petites entreprises et les entreprises informelles réagissent nettement mieux au processus de transition et à la conjoncture difficile que les grandes entreprises.

Comme le démontrent clairement les données d'enquête, les micro-entreprises et les petites entreprises sont les gagnantes évidentes de la période d'ajustement. En moyenne, les ventes des micro-entreprises et des petites entreprises ont crû de 9 % annuellement (sur une base non pondérée) entre 1987 et 1992 comparativement à une décroissance de 5 % des ventes pour les entreprises de taille moyenne et de grande taille [96] (Figure 2).

L'emploi à temps plein reflète la même tendance; en moyenne, les micro-entreprises et petites entreprises ont vu leur personnel à temps plein croître respectivement de 15 % et 14 % sur une base annuelle durant la période à l'étude alors que les entreprises moyennes et grandes ont réduit le nombre d'emplois à plein temps de 9 % en moyenne (Figure 3). Les profits des entreprises sont également fonction de la taille des entreprises; les micro-entreprises et les petites entreprises ont obtenu des profits (mesurés en termes de profits avant impôts en proportion des ventes) de 11 % et 2 % respectivement. Par opposition, les entreprises de taille moyenne et de grande taille ont connu, enregistré des pertes totalisant respectivement 2 % et 7 % de leur chiffre d'affaires (Figure 4).

Cet avantage marqué des entreprises de petite taille durant le processus de restructuration est encore plus accentué lorsque les entreprises sont distinguées en termes d'appartenance au secteur formel et informel. L'emploi à temps plein dans le secteur informel a crû plus rapidement (14 %) et ce de façon significative que dans le secteur formel (0,4 %). De plus, les firmes du secteur informel étaient significativement plus intéressantes que celles du secteur formel, alors que les profits représentaient 13 % en proportion des ventes comparativement à des pertes de 3 % pour les entreprises du secteur formel (Figure 4).

En termes de secteurs, les entreprises du secteur du bois et des meubles ont connu un taux de croissance des emplois à temps plein

---

96 Toutes les données subséquentes sont également sur une base non pondérée.

moins rapide que celles des autres secteurs. En moyenne, les entreprises dans le secteur du bois ont réduit leurs emplois de 2 % entre 1987 et 1992, alors que les entreprises des autres secteurs ont en moyenne accru leurs emplois à plein temps. Le secteur du métal en particulier a vu ses emplois croître de 10 % en moyenne. En termes de ventes, la croissance des secteurs a été de moins de 1 % en moyenne alors que les ventes dans le secteur du textile ont crû de 7 %. Les taux de profits ont également varié entre les différents secteurs. Les entreprises du secteur du bois et du textile sont en moyenne plus profitables, avec des taux de profits représentant 6 % et 7 % des ventes, alors que les entreprises du secteur du métal et celles du secteur des aliments et boissons enregistrent des pertes de 4 % et 2 % respectivement.

Figure 2 – Taux de croissance des ventes selon la taille et le statut (taux de croissance annualisé, 1987-1992)

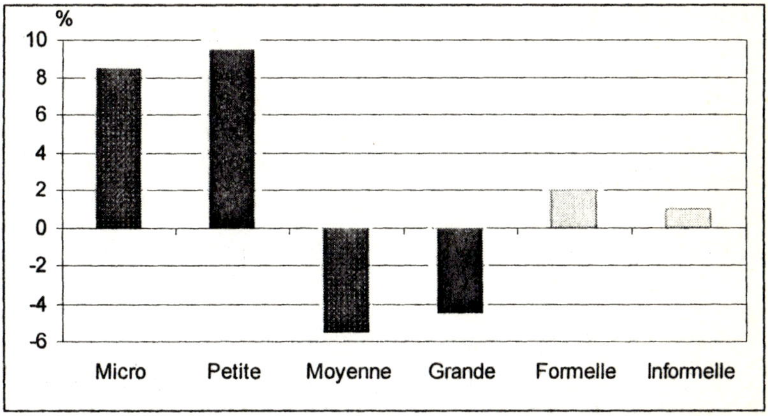

Figure 3 – Taux de croissance de l'emploi selon la taille et le statut (taux de croissance annualisé, 1987-1992)

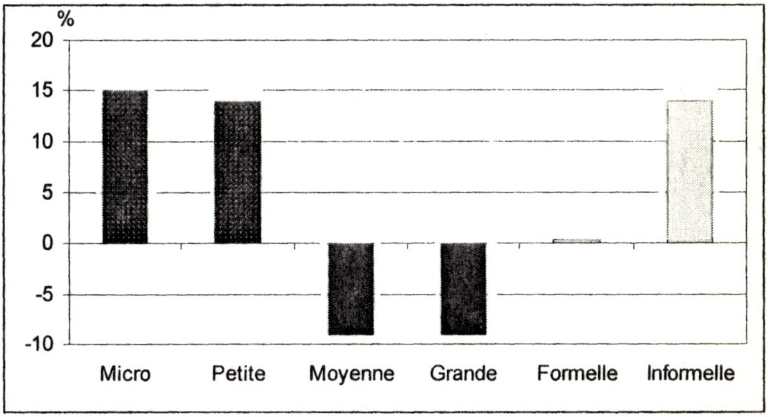

Figure 4 – Profits avant impôts selon la taille et le statut (en pourcentage des ventes de 1992)

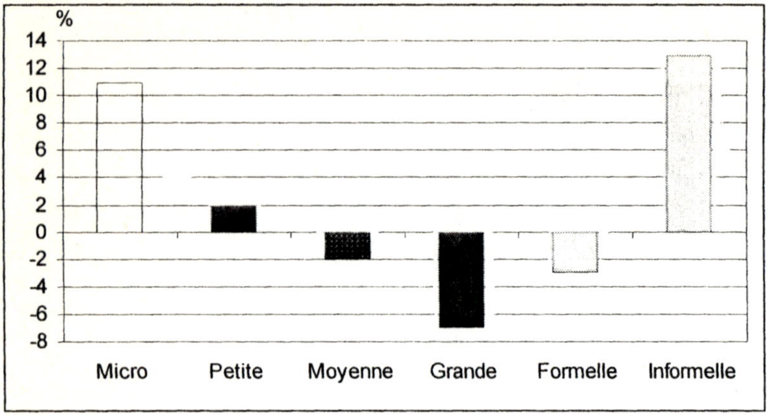

Principales contraintes

Malgré les changements et les assouplissements des contraintes réglementaires depuis l'entrée en vigueur des politiques d'ajustement, les résultats de l'enquête indiquent que l'environnement réglementaire présente régulièrement des contraintes importantes pour les entreprises.

Comme l'indique le tableau 14, les principales contraintes citées par les entrepreneurs concernent d'abord le manque de crédits pour leur fonds de roulement, le faible niveau de la demande et la compétition déloyale (provenant principalement des importations illégales du Nigeria). Ces contraintes ont été plus présentes ces dernières années à la suite de la baisse du niveau de confiance des entreprises, du taux élevé de faillites d'entreprises et de fermetures bancaires. Les autres problèmes majeurs ont trait à la corruption des fonctionnaires gouvernementaux, en particulier ceux des douanes et des licences, aux niveaux de taxes élevés et à l'incertitude entourant la politique industrielle de l'État. En ce qui a trait aux services d'infrastructures, les principaux problèmes pour les petites entreprises sont les services d'électricité et de téléphone, alors que les grandes entreprises sont préoccupées par les douanes et l'état des routes.

En matière de fiscalité, malgré des taux de taxation relativement faibles, le système fiscal montre un biais important en faveur des établissements de grande taille ainsi que des entreprises évoluant dans le système informel. Comme l'indiquent les fardeaux fiscaux apparaissant dans la figure 5, les entreprises de petite taille et de taille moyenne sont constamment défavorisées en termes de taxes directes et indirectes. On remarque particulièrement que le fardeau fiscal est très faible pour les micro-entreprises (0,9 % du chiffre d'affaires), qu'il est maximal pour les petites entreprises (10 % du chiffre d'affaires) et qu'il décroît ensuite de façon inversement proportionnelle à la taille de l'entreprise (grandes entreprises : 5,6 %). Dans cet environnement fiscal, où il est très avantageux d'être une grande entreprise, les micro-entreprises ne sont pas incitées à croître en taille et à devenir formelles.

Entreprises privilégiées versus entreprises non privilégiées

Le portrait qui émerge de l'analyse des données celui est donc d'une économie à deux vitesses, où les profits et la croissance sont directement fonction de la taille des entreprises et où les entreprises informelles tendent à être favorisées. L'accroissement des coûts et la réduction des bénéfices qu'entraîne le fait d'appartenir au secteur formel, liés à l'accroissement de l'implantation de la réglementation gouvernementale (en particulier en ce qui a trait à la fiscalité) et à la réduction des subventions gouvernementales au cours des dernières années, signifient que les activités informelles deviennent plus profitables que les activités formelles.

La déréglementation de l'économie a également amené une décroissance du coût réel du travail alors que les réglementations du travail (en particulier celles concernant les règles de recrutement et de licenciement) ont été assouplies et les possibilités d'emplois réduites. Combinés avec la réduction de l'accès au crédit à la suite de la crise bancaire, ces éléments ont fait en sorte que les entreprises de plus petite taille qui font usage de processus de production moins intensifs en capital ont été avantagées et ont accru leur niveau d'emploi. Les entreprises de plus grande taille, qui éprouvent des problèmes de rigidité technologique plus importants, ont moins été en mesure de s'adapter au nouvel environnement d'affaires et ont considérablement réduit leur niveau d'emploi. Leurs ventes et leurs profits connaissent également une diminution substantielle.

Figure 5 - Répartition des taxes selon la taille (en pourcentage des ventes)

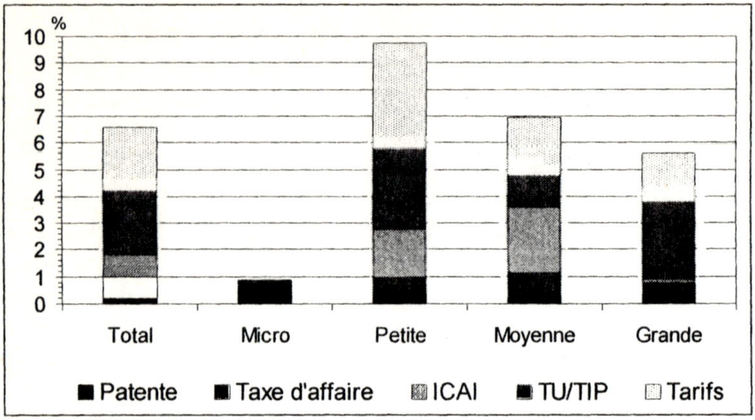

La performance difficile des entreprises de grande taille peut également être liée aux privilèges et à la protection auxquels elles ont eu droit dans le passé. La libéralisation des échanges et la déréglementation ont amené un renversement du sort pour les entreprises qui sont apparues et qui ont évolué dans un environnement hautement protégé et réglementé, et dont la survie et la croissance étaient assurées par les subventions gouvernementales et par des régimes spéciaux de production, souvent malgré leur inefficacité.

Comme le prédisait le rapport sur l'industrie camerounaise de la Banque mondiale en 1980 (World Bank, 1980), une grande partie du secteur industriel camerounais ne pourrait pas survivre au changement du cadre d'incitatifs dont les entreprises sont fortement dépendantes : «most firms would almost be unable to operate without the benefit of some of the tax break they receive». Ainsi, comme le prévoyait encore ce rapport, les entreprises qui, jusqu'à une époque récente, avaient obtenu la protection de l'État par l'entremise de licences d'exploitation de monopoles ou de quasi-monopoles ou grâce à des privilèges fiscaux importants, se trouvent maintenant dans des situations de crise et plusieurs font face à la faillite.

Tableau 14 - Contraintes principales (en % de répondants)

	Total	Micro	Petite	Moyenne	Grande	Alim.	Textile	Bois	Métal
Crédit :									
Manque de crédit	52	57	63	42	29	45	56	38	67
Demande :									
Demande insuffisante	43	51	41	47	37	41	59	35	43
Concurrence des importations	16	16	14	12	26	21	24	4	15
Concurrence locale	6	0	7	7	6	7	2	8	5
Infrastructure :									
Manque d'infrastructure	14	14	15	7	23	14	5	21	15
Prix des services	6	3	8	0	11	7	5	4	8
Réglementation gouvernementale/ Environnement									
Taxes	24	14	19	42	26	21	17	23	31
Corruption	20	0	23	28	26	25	15	23	18
Politique industrielle	15	5	12	20	26	14	15	12	18
Obtention des subventions	10	11	11	16	3	7	15	12	10
Services d'aide aux entreprises	7	8	9	7	0	7	12	6	5
Restrictions sur les activités	4	0	2	5	11	7	0	6	2
Réglementation du travail	4	0	4	7	3	5	0	6	3
Sécurité	4	3	4	5	3	7	0	2	5
Diff. d'obtenir des licences	3	3	1	7	3	2	0	10	2
Contrôle des prix	3	0	2	2	11	13	0	0	0

Comme l'indique le tableau 15, les firmes «privilégiées», c'est-à-dire celles qui obtenaient des bénéfices fiscaux à travers les régimes spéciaux de taxation (taxe unique ou taxe intérieure à la production) ou de production (code des investissements) réussissent moins bien [97]. En moyenne, les entreprises «privilégiées» ont enregistré des pertes représentant 4 % des ventes en comparaison des profits de 8 % des firmes «non privilégiées». Les ventes des firmes «privilégiées» ont crû faiblement de 1,4 % annuellement entre 1987 et 1992 contre une croissance de 3 % pour les «non-privilégiées». L'emploi à temps plein pour les firmes privilégiées a crû de 1,6 % contre 6,4 % pour les firmes sans privilèges.

---

[97] Pour plus de détails sur ces régimes spéciaux de production, voir Gauthier, B. *et al.* (1994), chap. 4.

Ainsi, ce ne sont pas toutes les entreprises manufacturières qui réduisent leurs effectifs et leur niveau de production actuellement. En marge des grandes entreprises et des firmes «privilégiées» existe un réseau diversifié d'entrepreneurs et d'entreprises de plus petite taille, non soutenus par l'État, mais malgré tout dynamiques et entreprenants. Ces entreprises qui, pour la plupart, ont vu le jour depuis le début du processus de libéralisation représentent l'autre côté de la médaille de l'ajustement au Cameroun.

Bien que ces entreprises ne soient pas au premier plan de l'industrialisation et qu'elles n'aient pas bénéficié des mêmes avantages passés que les grandes entreprises, elles sont parvenues, souvent marginalement et avec peu de ressources, à identifier des secteurs et des marchés où étaient présentes des occasions de marché. Ayant à rivaliser avec des concurrents plus importants bénéficiant d'avantages fiscaux ou financiers, ces entreprises durent apprendre les règles de la compétition, des profits et de l'efficacité, d'une façon bien réelle. Leur niveau de production plus faible, leur niveau moindre de technologie leur permirent d'être plus flexibles et de mieux s'adapter aux changements dans les conditions de marché créées par les réformes de politiques économiques en cours.

Tableau 15 - Performance des entreprises privilégiées et des entreprises non privilégiées

	Privilégiées	Non privilégiées
Croissance des ventes (%) (1987-1992)	1,36	3,05
Croissance de l'emploi (%) (1987-1992)	1,59	6,38
Profits/Ventes (%) (1992)	- 3,75	7,64
Productivité (000 CFAF) (Ventes/emploi, 1992)	12 204	7 056
(Nombre d'entreprises)	(112)	(94)

Conclusion

Le portrait qui se dégage de l'analyse des données d'enquête sur les entreprises manufacturières n'est donc pas aussi pessimiste qu'il apparaît de prime abord, compte tenu du déclin marqué de l'économie camerounaise. Bien que d'un côté on retrouve un groupe de grandes entreprises en décroissance, principalement publiques et étrangères, auxquelles incombe le fardeau de la décroissance, d'un autre côté on retrouve une série d'entreprises dynamiques qui pourraient contribuer à la revitalisation de l'économie. C'est peut-être à cette nouvelle classe d'affaires que les programmes d'aide vers l'Afrique des agences de coopération devraient être destinés.

Il faut tout de même souligner que, malgré leur dynamisme, les petites entreprises ne pourront à elles seules permettre la reprise économique du Cameroun, compte tenu qu'elles ne représentent qu'une faible proportion de l'emploi et du capital manufacturier total. Bien qu'elles constituent 46 % de l'échantillon en termes du nombre d'entreprises, les firmes non privilégiées ne représentent que 10 % de la part totale de l'emploi. En moyenne, ces firmes sont également moins intensives en capital, moins développées techniquement et moins intensives en importations que les entreprises «privilégiées». Leur utilisation des facteurs de production est toutefois plus près des coûts des facteurs locaux et de la dotation en capital humain de l'Afrique.

On doit aussi noter que ces entreprises non privilégiées et de plus petite taille exportent nettement moins que le segment privilégié de l'industrie qui est en décroissance. Cela signifie que des changements importants devront être effectués dans l'approche actuelle si on veut résoudre les problèmes liés à la taille réduite du marché local et tirer profit des économies d'échelle présentes dans l'industrie. De plus, puisque dans plusieurs cas l'informalité est devenue plus rentable que la formalité, le gouvernement est en danger de perdre d'importantes sources de revenus fiscaux, car plusieurs entreprises formelles pourraient choisir de transférer leur production dans le secteur informel. Comme on l'a souligné, l'informalisation de l'économie a d'importantes implications pour l'industrialisation compte tenu du peu de potentiel de croissance des entreprises informelles, de leur faible niveau d'intensité en capital et de leur plus faible niveau de productivité.

Le défi immédiat des agences de développement et des programmes d'aide au secteur privé est donc non seulement de soutenir et d'encourager les nouveaux entrepreneurs en émergence et les firmes non privilégiées ou de trouver des moyens de les faire évoluer et croître en matière de technologie et d'exportations, mais encore de trouver de quelle façon il est possible de sauvegarder la richesse acquise en termes de capital (physique et humain) que l'on retrouve dans le segment de l'industrie présentement en déclin et qui est en grand danger d'être sacrifié dans le processus actuel de transformation économique au Cameroun.

Bibliographie

Bates, R. H., 1989. *Beyond the Miracle of the Market: The Political Economy of Agrarian Development in Kenya,* Cambridge : Cambridge University Press.

Centre de coopération Cameroun Canada, 1990. Cadres d'intervention en faveur du secteur privé camerounais, Ottawa.

CRETES, 1991. *Le secteur informel au Cameroun,* Yaoundé.

Chambre de commerce et de l'industrie du Cameroun, 1989. *Répertoire de la Chambre de Commerce,* Douala.

Gauthier, B., J.-P. Le Goff, et L. Vallée, 1993a. «State Crisis and the Manufacturing Sector in Cameroon», *Country Background Paper, Regional Program on Enterprise Development*, The World Bank, Centre d'études en administration internationale, HEC, Montréal.

Gauthier, B., J.-P. Le Goff, L. Vallée, et al., 1993b. «Preliminary Report on the Cameroonian Survey», *Regional Program on Enterprise Development*, The World Bank, Centre d'études en administration internationale, HEC, Montréal.

Gauthier, B., J.-P. Le Goff, L. Vallée, et al., 1994. Manufacturing Enterprises Under Adjustment in Cameroon : A Survey Perspective, Country Study Series, *Regional Program on*

Enterprise Development, The World Bank, Centre d'études en administration internationale, HEC, Montréal.

Le Goff, J.-P., J. NDioro, 1993. « Répertoire d'entreprises camerounaises », *Cahier de recherche du CETAI*, CAM-93-12, École des HEC.

MINPAT, 1989. *VIe Plan directeur d'industrialisation du Cameroun*, Yaoundé.

Nabli, M. K. and J. B. Nugent, 1988. *The New Institutional Economics and Development; Theory and Applications to Tunisia,* Elsevier Science Publishers.

North, D.C., 1990. *Institutions, Institutional Change, and Economic Performance,* Oxford Press.

Stiglitz, J.E., 1986. «The New Development Economics», *World Development*, 14, 2.

Stiglitz, J.E., 1990. «Development Strategies : The Role of the State and the Private Sector», in *Proceedings of the World Bank Annual Conference on Development Economics,* World Bank, Washington, D.C.

USAID, 1990. *Étude diagnostic MAPS sur le secteur privé.*

Van Arkadie, B., 1989. «The Role of Institutions in Development», in *Proceedings of the World Bank Annual Conference on Development Economics*, World Bank, Washington, D.C.

World Bank, 1993. *Private Sector Assessment, Cameroun, Africa Department I, Industry and Energy Division*, Washington, D.C.

World Bank, 1994. *Adjustment in Africa : Reforms, Results and the Road Ahead*, Washington : Oxford University Press.

LA DETERMINATION DES REVENUS A SAN JOSE ET A HO-CHI-MINH-VILLE : UNE COMPARAISON CONTRASTÉE

Paul-Martel ROY et Paul BODSON

Introduction

La détermination des revenus est certes un des phénomènes les plus importants de l'activité économique. L'hypothèse dominante, au nord, à ce sujet, est celle de l'investissement en capital humain, selon laquelle le revenu est la rémunération de la productivité d'une personne, productivité qui dépend de facteurs comme l'éducation et la formation, dans lesquels on a pu investir. On pense à Mincer (1958), Schultz (1961), Becker (1964) et à Mincer (1974). Par ailleurs, dans les écrits sur le développement économique, on a eu tendance à affirmer aussi l'hypothèse de la segmentation des marchés : segmentation rural-urbain comme chez Lewis (1954), segmentation formel-informel comme chez Fields (1975, 1990) et Roy et Bodson (1995), selon laquelle chacun des segments a une influence qui lui est propre. Dans ce texte, nous voulons évaluer le mérite respectif de ces deux catégories d'hypothèses, en analysant de façon comparative les données de deux enquêtes, l'une réalisée à Ho-Chi-Minh-Ville (Vietnam) en 1996 et l'autre à San José (Costa Rica) en 1994. Nous verrons que des différences importantes existent quant aux facteurs à retenir dans l'une et l'autre ville mais que d'autre part des similitudes majeures sont également présentes.

Dans ce texte, nous reverrons en premier lieu de façon plus détaillée les hypothèses que nous voulons tester. Nous présenterons alors nos données et nous effectuerons nos tests statistiques, d'abord pour San José puis pour Ho-Chi-Minh-Ville. Nous terminerons par une comparaison des résultats et un énoncé des implications théoriques qui en découlent.

Les hypothèses

La **théorie du capital humain** constitue maintenant la pierre angulaire de la théorie de la détermination des revenus. Mis à part le jeu de l'offre et de la demande intervenant sur le marché du travail, le revenu d'un individu est considéré comme tributaire de l'investissement que ce dernier effectue pour parfaire ses connaissances et ses capacités productives. La théorie du capital humain met ainsi l'accent sur l'aspect qualitatif de l'offre de travail en prenant en compte des caractéristiques de celle-ci souvent délaissées : l'éducation, l'expérience, la formation professionnelle, la mobilité occupationnelle, la santé, la migration.

La notion de capital humain n'est cependant pas une idée nouvelle. Irving Fischer en 1906, Alfred Marshall en 1930, J.R . Walsh en 1935 et enfin F. Knight en 1944 sont les principaux économistes du début du XXème siècle qui se sont intéressés à cette notion sans toutefois la développer. Au cours des années 50, Schultz a approfondi la question mais c'est Mincer (1958) qui a initié une vague d'études sur les liens entre le capital humain et le niveau des revenus. Il utilise un modèle d'optimisation intégrant l'éducation scolaire comme seule variable influençant le revenu. L'idée est la suivante : une année d'études supplémentaire oblige l'individu à défrayer des coûts directs et des coûts indirects additionnels. Les coûts directs sont composés des frais de scolarité et des livres scolaires, alors que les coûts indirects concernent le manque à gagner, c'est-à-dire le coût d'opportunité résultant de la prolongation des études et par conséquent du report de l'entrée de l'individu sur le marché du travail. Seule l'anticipation d'un revenu futur plus élevé pourrait amener un individu rationnel à effectuer un tel investissement. Et il le fera jusqu'au point où cet investissement aura la même rentabilité que tout autre investissement alternatif. Schultz (1961) et Becker (1964) ont élargi cette approche à d'autres dimensions comme la formation professionnelle, la santé , la migration. Pourtant, c'est encore Mincer (1974) qui a énoncé la forme fonctionnelle qui est encore retenue de nos jours et que nous utiliserons plus loin.

L'hypothèse de la segmentation du marché du travail est moins retenue dans les pays du «nord». Pour ce qui est des pays du «sud», Lewis (1954) a été un des pionniers, distinguant un secteur manufacturier urbain et un secteur rural agricole et indiquant l'évolution des niveaux de revenus dans chacun des deux secteurs. Le salaire y est toujours plus élevé dans le secteur manufacturier - urbain que dans le secteur agricole - rural. Cependant, dans le modèle de Lewis, il n'y a pas de chômage et pas de secteur informel.

Todaro (1969) et Harris et Todaro (1970) ont introduit le chômage dans un modèle de migration de la campagne vers la ville. Le salaire y est plus élevé dans le secteur manufacturier – urbain, mais il est pondéré par le taux d'emploi en ville dans ce secteur. Le secteur informel [98] est absent.

Fields (1975) a présenté un modèle de migration et de développement du marché du travail urbain qui inclut un secteur informel, qui paraît essentiel dans le cadre d'études sur des pays tels que le Costa Rica et le Vietnam . Pour Fields, dans ce secteur, le salaire est supérieur à celui du milieu rural mais inférieur à celui qu'on trouve dans le secteur formel. Cette hypothèse semble aller de soi mais a été contredite par bien des observations, par exemple Webb (1975). On a trouvé en effet que le salaire n'est pas uniformément inférieur dans le secteur agricole à ce qu'il est dans le secteur informel. De même on a trouvé qu'il n'est pas uniformément inférieur dans le secteur informel à ce qu'il est dans le secteur formel. Fields (1990) a alors soumis une nouvelle hypothèse : celle de la scission du secteur informel en un segment d'accès facile et un segment d'accès difficile. Le segment d'accès facile est moins bien payé que le secteur formel alors que le segment d'accès difficile peut l'être plus. Notre point de vue est qu'on peut parvenir à d'aussi bons résultats en scindant non pas le secteur informel mais plutôt le secteur formel – comme il a déjà été fait pour les pays du nord par Doeringer et Piore (1971). Bien sûr, on peut aussi scinder chacun des deux secteurs.

Dans les pages qui suivent, nous chercherons à savoir si l'hypothèse de l'investissement en capital humain est validée sur les marchés du travail de San José et de Ho-Chi-Minh-Ville; nous chercherons également à savoir si une hypothèse de segmentation est également validée, qu'il s'agisse de la segmentation formel - informel ou de la segmentation soit de l'informel, soit du formel, à San José d'abord puis à Ho-Chi-Minh-Ville.

---

98 À propos du concept de secteur informel, voir Roy et Bodson (1995), p. 4-8.

Le contexte

Comme l'expliquent Bodson, Cordero et Perez Sainz (1995), dans le passé on a considéré que la diversité de la structure économique et donc l'existence de l'informel en Amérique Latine découlaient du processus de modernisation, s'appuyant sur l'industrialisation de substitution aux importations. Ce processus engendrait des niveaux technologiques différents dans chaque secteur de l'économie. Le secteur informel était alors censé occuper le dernier niveau de cette stratification du marché du travail.

Ainsi, le Programme d'Emploi pour l'Amérique Latine et les Caraïbes (PREALC) proposait un modèle de segmentation comprenant trois grandes hypothèses :

- Le marché du travail est constitué de segments et n'est pas homogène.
- Chaque segment du marché possède son propre mécanisme de détermination des niveaux d'emploi et de revenus.
- La segmentation est un phénomène structurel.

Par ailleurs, on a progressivement apporté des divisions dans chacun des secteurs, formel et informel. Ainsi, le secteur formel fut divisé en formel public et formel privé. Les distinctions à l'intérieur de l'informel ont varié d'une décennie à l'autre mais on s'est toujours entendu pour considérer que le secteur informel était hétérogène.

Dans cette lignée, la Faculté Latino-Américaine de Sciences Sociales (FLACSO) a proposé l'utilisation de critères tels que l'accumulation et la rationalité pour distinguer les établissements dynamiques, les établissements intermédiaires subordonnés et les unités de subsistance (Pérez Sainz, 1991 ; Pérez Sainz et Menjivar Larin, 1993).

L'applicabilité de ces réflexions est toutefois nuancée aujourd'hui. La vague des programmes d'ajustement structurel a apporté des changements majeurs quant à l'organisation du système productif. Un nouveau modèle s'installe, caractérisé par l'émergence d'un secteur de biens et services exportables. Ce secteur dit des « transables » regroupe les exportations non traditionnelles, agricoles ou industrielles, aussi bien que le tourisme. Ce secteur des « transables » sera considéré explicitement dans l'analyse qui suit comme un segment du secteur formel et nous chercherons à savoir s'il a une influence autonome sur les revenus, parmi les autres secteurs et parmi les variables d'investissement en capital humain.

Les données

Les données que nous utiliserons sont celles de l'enquête menée à San José, en 1994, par Paul Bodson et Juan Pablo Pérez Sainz et présentée par ces deux auteurs dans leur texte de 1995.

L'enquête a été effectuée auprès de ménages et porte d'abord sur l'emploi actuel, puis sur l'emploi précédent et l'emploi ayant précédé ce dernier. On peut ainsi effectuer parallèlement une analyse synchronique (emploi actuel) et une analyse diachronique (itinéraire occupationnel).

On a voulu mettre en évidence le secteur en émergence des « transables ». Pour cela, cette nouvelle catégorie a été extraite du secteur formel traditionnel (salariés) au moyen d'une question spécifique. Ceci ne satisfait pas entièrement les auteurs car le secteur des « transables » est certainement lui-même complexe, du fait de la pluralité de ses origines. L'enquête a été faite dans trois quartiers populaires en vue d'intégrer des espaces productifs d'époques différentes.

Dans les deux tableaux qui suivent, nous présentons des données d'abord sur les variables sociodémographiques personnelles qui ont été retenues, par secteur d'activité, puis sur les caractéristiques des postes de travail, encore par secteur d'activité. Dans ces tableaux, on retient un secteur «résiduel» qui diffère du secteur informel classique par le fait qu'il inclut l'emploi domestique. En outre, pour isoler la catégorie « formel », le critère de différenciation formel/informel préconisé par la FLACSO a été utilisé (Pérez Sainz, 1991).

Les caractéristiques sociodémographiques

Si l'on considère la répartition sectorielle selon le sexe de l'individu, on se rend compte que les hommes sont majoritaires dans les trois segments de l'échantillon. Cependant, ce phénomène est moins prononcé dans le segment des « transables » où on rencontre 48,2 % de femmes contre 23,7 % dans le formel et 36,1 % dans le résiduel.

Le statut civil représente un autre point de démarcation entre les trois secteurs considérés. Ainsi, les « transables » sont composés de 60,7 % de célibataires alors que le formel n'en compte que 28,8 % et le résiduel 17,2 %. À l'opposé, les situations de mariages ou d'unions de fait sont plus nombreuses dans le formel (65,3 %) et dans le résiduel (73 %).

La répartition sectorielle selon l'âge semble concorder avec la répartition selon le statut civil. En effet, la moyenne d'âge est beaucoup plus faible chez les « transables » (25 ans) que dans le formel (32,8 ans) et dans le résiduel (39,2 ans).

Un autre fait distingue fortement les différentes catégories. Il s'agit de la répartition selon le statut de chef de ménage. On constate que 61,9 % des individus oeuvrant dans le formel sont chefs de ménage, alors que seulement 39,3 % des travailleurs des « transables » présentent ce profil. Cependant, les individus du résiduel sont également chefs de ménage à 55,7 %.

Chez les « transables », la proportion de ceux qui sont responsables de la totalité des dépenses du ménage est plus faible que dans les trois autres secteurs, mais une forte proportion (78,6 %) y participe à plus de 50 %.

La scolarité est un point de démarcation important. En effet, les individus du secteur des « transables » sont en majorité titulaires d'un grade d'études primaires complétées, alors que pour les travailleurs du secteur résiduel il en est autrement : 28,7 % ont un niveau primaire incomplet et 29,7 % un niveau secondaire incomplet. Seulement 13,1 % des travailleurs du secteur résiduel ont terminé le secondaire ou ont dépassé ce niveau d'études. Il faut cependant retenir que 33,9 % des « transables » ont un niveau secondaire incomplet, ce qui n'est pas négligeable comme proportion. Par ailleurs, les individus du formel sont en majorité plus instruits que leurs semblables des deux autres segments de l'économie.

Les caractéristiques du poste de travail

Si on examine au tableau 17 les caractéristiques du poste de travail, on remarque tout de suite que les activités du secteur des « transables » sont concentrées à 94,6 % dans les industries manufacturières. Cette même branche n'accueille que 19,5 % des activités du formel et 18,9 % de celles du résiduel. Ces deux derniers segments sont plutôt tournés vers le commerce (à 22 % pour le formel et à 28,7 % pour le résiduel) et les services (39 % pour le formel et 31,1 % pour le résiduel).

L'ancienneté dans l'emploi est plus faible chez les « transables » que dans les deux autres secteurs. En effet, la moyenne en années d'occupation de l'emploi y est de 2,3 contre 5,6 pour le formel et 6,3 pour le résiduel. Cette remarque est tout à fait en conformité avec les caractéristiques observées sur la main-d'œuvre des « transables » car ce secteur comporte une plus forte proportion de jeunes.

Le temps de travail moyen en heures par semaine est cependant plus élevé dans le secteur des « transables » que dans le secteur résiduel (48,9 % contre 46,9 %). Mais le secteur formel présente un nombre moyen d'heures encore plus élevé (50,7 %).

Les niveaux de revenus présentent certains aspects étonnants. Ainsi, la plus faible moyenne mensuelle en *colons* [99] (monnaie costaricaine) se retrouve dans le secteur des « transables » (32 730,9 colons, soit 204,56 dollars), alors que les travailleurs du formel touchent en moyenne 48 151,2 *colons* par mois (soit 300,94 dollars). Enfin, les individus du résiduel s'en sortent relativement bien avec une moyenne de 44 091,7 *colons* par mois (soit 275,57 dollars).

---

99 Un dollar équivalait en 1994 à 160 *colons*.

Tableau 16 - Caractéristiques sociodémographiques de la main-d'œuvre par secteur occupationnel (San José)

Caracté-ristiques	Secteur des transables (n=56)	Secteur formel (n=118)	Secteur résiduel (n=122)	Total (n=296)
Sexe (%)				
Hommes	51,18	76,3	63,9	66,6
Femmes	48,2	23,7	36,1	33,4
Âge moyen (ans)	25,0	32,8	39,2	34,0
État civil (%)				
Célibatairc	60,7	28,8	17,2	30,1
Mar.-union	28,6	65,3	73,0	61,5
Autres	10,7	5,9	9,8	8,4
Scolarité (%)				
Pr. incompl.	8,9	13,6	28,7	18,9
Pr. compl.	46,4	23,7	28,7	30,1
Sec. incomp.	33,9	37,3	29,5	33,4
Sec. et +	10,7	25,4	13,1	17,6
Chef ménage (%)				
Oui	39,3	61,9	55,7	55,1
Non	60,7	38,1	44,3	44,9
Dépenses de ménage (%)				
Tout	19,6	50,0	41,8	40,9
Plus de 50 %	78,6	44,1	49,2	52,7
Moins 50 %	1,8	5,9	9,0	6,4

Source : Enquête Bodson et Pérez Sainz, 1994.

Tableau 17 - Caractéristiques du poste de travail par secteur occupationnel (San José)

Caracté-ristiques	Secteur Transables (n=56)	Secteur Formel (n=118)	Secteur Résiduel (n=112)	Total (n=296)
Branche d'activité				
Ind. Manuf.	94,6	19,5	18,9	33,4
Commerce	0,0	22,0	28,7	20,6
Services	0,0	39,0	31,1	28,4
Autres	5,4	19,5	21,3	17,6
Occup. de l'emploi (moyenne en années)	2,3	5,6	6,3	5,3
Temps de travail (nb moyen d'heures par sem.)	48,9	50,7	46,9	48,8
Revenus (moyenne mensuelle en *colons*)	32 730,9	48 151,2	44 091,7	43 462,4

Source : Enquête Bodson et Pérez Sainz, 1994

Analyse de régression

Nous voulons maintenant rechercher les facteurs explicatifs des niveaux de revenus, particulièrement l'importance respective des variables reliées au capital humain et de celles reliées aux différents secteurs. Nous procéderons au moyen d'une régression selon la méthode des moindres carrés généralisés. L'équation que nous voulons estimer est du type suivant :

$Y_i = X_i * \beta_i + \varepsilon_i$

àoù Y_i est le log. du revenu de l'individu (à la Mincer), où X_i est mis pour le vecteur des caractéristiques sociodémographiques des individus, des caractéristiques liées au capital humain ainsi que des caractéristiques du poste de travail, où β_i représente le vecteur des coefficients calculés pour les variables et ε_i, le vecteur des termes d'erreurs aléatoires.

Les variables

Les variables indépendantes considérées sont les suivantes :

- L'âge;
- Le sexe;
- Le statut matrimonial;
- La situation dans le ménage : chef ou non;
- Le niveau d'instruction;
- L'expérience professionnelle antérieure;
- La branche d'activité dans laquelle travaille l'individu : manufacture, commerce, services, autres;
- Le secteur (segment) de l'économie.

Certaines variables sont dichotomiques : le sexe, l'expérience professionnelle antérieure accumulée dans chaque secteur, la situation dans le ménage, les niveaux d'instruction, les différentes branches d'activité, les différents statuts matrimoniaux. Ceci implique que certaines catégories sont exclues. Ce sont :

- sans instruction pour la scolarité;

- autres branches d'activité : branches autres que la manufacture, le commerce ou les services pour la branche d'activité;
- sans expérience professionnelle antérieure pour l'expérience professionnelle antérieure;
- célibataire pour le statut matrimonial;
- résiduel pour le secteur de l'économie.

De ce fait, les coefficients seront interprétés comme la déviation par rapport à un individu sans instruction, sans expérience professionnelle antérieure, veuf, divorcé ou séparé, travaillant dans le résiduel et dans une branche autre que la manufacture, le commerce ou les services.

Nous procéderons à une régression du revenu, par la méthode des moindres carrés généralisés car les résultats obtenus à partir de cette méthode corrigent les effets de l'hétéroscédasticité.

Afin de juger de la significativité ou de la non-significativité de nos coefficients, nous présenterons en caractère gras les variables associées à des coefficients significatifs au moins à 10 % selon le critère du test t.

Les résultats

Dans le tableau 18, nous trouvons les résultats de l'estimation par régression du revenu sur les variables énumérées plus haut. Voici les principales observations qui se dégagent des résultats obtenus.

Le sexe de l'individu a un impact significatif sur son revenu (-0.42*Sexe). Les hommes touchent donc un salaire plus élevé que celui des femmes (rappelons que la variable «sexe » a été répartie de telle sorte que 1 corresponde aux femmes et 0 aux hommes). Ceci est un résultat très important que nous n'avions pas prévu. L'impact de l'âge de l'individu interrogé sur le revenu est présent, même s'il est peu prononcé (0.0477*Âge). La scolarité a un effet sur le niveau de revenu, mais l'impact varie selon le niveau d'études. Ainsi, la scolarité supérieure n'apporte aucun surplus significatif sur le salaire (le coefficient est positif mais il n'est pas statistiquement significatif). C'est la scolarité secondaire, complétée ou non, qui présente l'effet le plus prononcé sur le niveau des salaires (0.37*Secondaire). La scolarité primaire complétée a aussi un impact significatif sur le salaire (0.32*Études primaires).

La branche d'activité dans laquelle évolue l'individu a une influence sur le niveau de son salaire. C'est la branche des services qui semble jouer le rôle le moins défavorable par rapport à la branche «autres» (-0.21*Services). La branche commerce se classe dans une position intermédiaire quant à son rôle défavorable sur le salaire (-0.28*commerce). C'est la branche manufacturière, branche de prédilection de la main-d'œuvre des « transables », qui semble jouer le rôle le moins favorable concernant son effet sur la détermination des salaires (0.33*Manufacture).

L'impact de l'expérience professionnelle est mitigé : parmi les variables représentant les expériences spécifiques à chaque segment de l'économie, seule l'expérience acquise dans le secteur formel classique influence positivement le salaire (0.0601*Expérience (formel) mais elle n'est pas statistiquement significative.

Le fait d'être marié ou non, c'est-à-dire l'état civil de l'individu, n'a aucun effet significatif sur le niveau du salaire.

Le statut de chef de famille n'influence pas vraiment le niveau du salaire.

Les variables de secteurs, on le sait, sont pour nous très importantes. Nous avons retenu explicitement les « transables » et le formel dans l'équation de régression. Le secteur résiduel est la catégorie de référence. Les résultats indiquent les faits suivants :

- L'impact de l'appartenance au secteur des « transables » n'a aucune valeur statistiquement significative sur le niveau des salaires.
- De même, l'appartenance au secteur formel n'influence nullement à elle seule le niveau du salaire.

Ainsi, à partir de nos données, l'analyse de régressions nous incite à penser que ce ne sont pas les «effets de secteur» qui prédominent eu égard à la détermination des revenus sur le marché du travail de San José et que dès lors les hypothèses de segmentation du marché sont difficiles à tenir. S'il y en avait un, il serait saisi par les variables relatives à la branche d'activité.

Les variables les plus significatives de ces régressions sur les revenus sont par contre : le sexe, l'âge et l'éducation. La variable sexe en particulier se situe à un niveau de signification de 0,0000, ce qui justifie l'hypothèse d'une forte discrimination contre les femmes. L'hypothèse du capital humain, de son côté, est confortée du fait que l'âge et surtout l'éducation se situent à des niveaux de signification élevés.

Tableau 18 - Résultats de l'analyse de régression (San José)

Variable dépendante : Revenu

Variables indépendantes	**Coefficient**	**t**
Sexe	**0,428**	**6,646**
Âge	**0,048**	**2,822**
Âge au carré	**-0,001**	**-2,455**
Célibataire	0,123	1,014
Marié-union	-0,020	-0,180
Chef de foyer	-0,113	-1,460
Études primaires	**0,321**	**2,660**
Secondaire	**0,371**	**3,259**
Post-secondaire	0,206	0,899
Expérience-transab.	-0,022	-0,373
Expérience-formel	0,062	0,957
Expérience-résiduel	-0,041	-0,592
Transables	-0,101	-0,768
Formel	0,040	0,370
Manufacture	**-0,337**	**-2,767**
Commerce	**-0,284**	**-2,961**
Services	**-0,214**	**-2,310**
Constante	**9,712**	**29,669**
R^2	0,312	

Source : Enquête Bodson et Pérez Sainz, 1994.

Le contexte

À l'issue d'un demi-siècle de guerre, le Vietnam en 1975 a des infrastructures en grande partie détruites, une population traumatisée et deux systèmes économiques et politiques antagonistes. Les années de gestion à la soviétique qui ont suivi n'ont pas conduit au développement économique attendu. Suite à la chute de l'URSS en 1989, le Vietnam se tourne vers le « *doi moi* », une politique d'ouverture visant à la reprise de relations internationales élargies et au développement d'une économie de marché. Malgré ce virage récent, l'agriculture compte encore pour plus de 70 % de l'emploi total, 80 % de la population active, 51 % du PNB et de 35 à 40 % de la valeur totale des exportations. Bien que Hanoï soit la capitale politique du pays, Ho-Chi-Minh-Ville, lieu de l'enquête exploitée ici, est le centre économique du pays avec un PNB *per capita* annuel de 480 USD contre 200 USD pour l'ensemble du pays.

La faiblesse des salaires et de la productivité, l'ampleur des écarts de salaire, la rapidité de la croissance de la population active, le sous-emploi des actifs et l'importance du secteur agricole caractérisent le marché du travail du Vietnam comme celui de pratiquement tous les autres pays en voie de développement. L'absence de mécanismes de soutien aux chômeurs conduit à un taux de chômage officiel de seulement 1,3 % (Banque mondiale, 1996) puisque tout membre de la population active en difficulté doit occuper un emploi, quelles que soient les conditions de cet emploi. Les salaires sont bas et l'emploi souvent instable. Le sous-emploi (moins de 15 heures de travail par semaine) qui est probablement une meilleure caractérisation du marché du travail des pays en voie de développement est d'ailleurs de 10 % au Vietnam selon la même source. Ces données macro-économiques sont par ailleurs contestées puisque d'autres évaluent le taux de chômage à 8 % (Loizance et Simonot, 1993) ou à 30 % (Banque Asiatique de Développement).

À Ho-Chi-Minh-Ville, on évalue officiellement à 300 000 le nombre des chômeurs, parmi lesquels 6 000 (2 %) diplômés universitaires et 19 000 (6,33 %) employés et fonctionnaires licenciés. L'aggravation du taux de chômage du Vietnam s'explique par la rapide croissance de la population et l'arrivée sur le marché de l'emploi d'une population jeune, sans expérience professionnelle et sans formation. Les restrictions budgétaires dans la fonction publique sont une cause supplémentaire de l'augmentation rapide du taux de chômage.

Le système vietnamien semble mal pourvu pour fournir la formation et l'apprentissage des techniques nécessaires à la participation à un marché du travail concurrentiel, malgré un taux d'alphabétisation de 80 %. Par exemple, seulement 2 % de la population totale ont accès à l'enseignement supérieur.

Pour tester nos hypothèses, nous procéderons à des régressions multiples, de la même manière que nous l'avons fait précédemment. Pour ce qui est de l'hypothèse d'investissement en capital humain, nous utiliserons la forme fonctionnelle de Mincer (1974) qui comprend les variables maintenant classiques dans toute équation de revenu : âge, expérience, éducation.

Pour ce qui est des hypothèses de segmentation, nous ne disposons pas des données qui nous permettraient de distinguer empiriquement un secteur informel d'accès facile et un autre d'accès difficile. Nous avons cependant pu distinguer divers segments du secteur formel. Ceci nous permettra de situer le secteur informel par rapport à l'un ou l'autre de ces segments du secteur formel: privé, public et tourné vers l'exportation. Ainsi, l'hypothèse que nous testons n'est pas exactement celle de Fields mais plutôt que la rémunération dans le secteur informel est supérieure à celle de certains segments du secteur formel mais inférieure à d'autres. En effet, comme on l'a dit plus haut, pour expliquer les anomalies dont Fields (1990) a fait mention, on peut scinder le secteur informel comme il l'a fait. On peut aussi scinder le secteur formel, ce que nous avons fait.

Les particularités du Vietnam tant du point de vue géographique que social nous conduisent à inclure des variables sociales. Les divisions géographiques «nord», « centre » et « sud » ont été et restent importantes. Ainsi, l'origine géographique des sujets enquêtés sera prise en compte dans notre modèle. De même, dans un pays encore socialiste, il se peut que des variables comme le statut du travailleur (de la travailleuse) dans le foyer ou le nombre de ses enfants influe sur sa rémunération. On pourrait s'attendre aussi à ce que la discrimination selon le sexe soit moins présente que dans des pays capitalistes. C'est ce que nous allons vérifier.

Les données

L'analyse empirique est réalisée à partir des données d'une enquête que nous avons menée en mars 1996, à Ho-Chi-Minh-Ville. Les réponses au questionnaire pePrmettent de recueillir des informations sur les trois derniers emplois occupés. L'enquête s'est faite dans les treize arrondissements de Ho-chi-minh-ville, auprès de familles choisies au hasard.

En plus de l'information traditionnelle concernant les caractéristiques de capital humain telles que l'âge, le niveau d'éducation et des variables « sociales » comme les caractéristiques de la famille, le sexe et le statut marital du répondant, nous avons aussi recueilli de l'information concernant les caractéristiques de l'emploi (type d'occupation et nombre d'heures travaillées) et le secteur d'occupation, qui est au centre de cette étude. Nous savons donc si l'emploi est dans le secteur formel ou dans le secteur informel. Étant donné que la structure d'emploi au Vietnam est en fait plus compliquée que la simple dichotomie formel - informel, nous distinguons dans le secteur formel le secteur public du secteur privé et de celui tourné vers l'exportation. Les employés de l'État sont dans le secteur public (64 % de l'échantillon); les patrons, les gérants non propriétaires et les employés ou travailleurs d'une entreprise privée sont dans le secteur privé (35 % de l'échantillon); les indépendants sont associés au secteur informel. Enfin, les personnes ayant répondu oui à la question : « l'entreprise où vous travaillez vend-elle ses produits ou ses services à l'étranger ? » sont classifiées dans le secteur d'exportation. Ce dernier représente 74 observations sur les 302 de l'échantillon soit 24,5 %, dont 47 observations (63,51 %) appartenaient au secteur public, 26 (35,14 %) au secteur privé et une seule (1,35 %) au secteur informel. Nous considérons toutes les réponses inadaptées (ne sait pas, ne répond pas, ou ce n'est pas le cas) comme des valeurs manquantes.

Résultats

Statistiques descriptives

Le tableau 19 indique les caractéristiques sociodémographiques de l'échantillon selon les secteurs occupationnels. Dans les secteurs privé et public qui sont associés à des revenus moyens plus élevés (secteur privé) ou à des avantages sociaux relativement importants (secteur public), on retrouve une plus forte proportion d'hommes, de personnes mariées (dans le cas du secteur public), de personnes ayant un post-secondaire, de chefs de foyer (dans le cas du secteur public) et de personnes originaires du nord (secteur public) ou du sud (secteur privé).

Le niveau d'étude est un critère important de détermination de l'appartenance au secteur informel. En effet, la relative facilité d'accès à ce secteur conduit à ce que la main-d'œuvre y soit moins scolarisée (20 % ayant atteint le niveau primaire et 34 % le secondaire). Dans le secteur privé, on retrouve 88 % de travailleurs de niveau secondaire ou supérieur, contre 81 % dans le secteur public et 74 % dans le secteur d'exportation.

Le grand nombre de diplômés qui travaillent dans le secteur privé est expliqué par la présence des *joint-ventures* et des bureaux de représentation où les rémunérations sont souvent plus élevées par rapport aux autres secteurs. Nous le constatons également dans le secteur public où les salaires sont plus bas, mais où la promotion et certains privilèges (dans les années 80) ont longtemps été assurés.

La responsabilité du répondant vis-à-vis des dépenses du ménage ou son statut de chef de foyer ne diffère pas selon le secteur d'appartenance. Par contre, l'origine du père (la région de son lieu de naissance) varie de façon systématique par secteur. Les personnes du nord sont sur-représentées dans tous les secteurs sauf le secteur privé. Ceci est cohérent avec l'héritage plus long de communisme dans le nord qui ne favorise pas la présence dans ce secteur même si, par contre, ce groupe est sur-représenté dans le secteur de l'exportation pour lequel l'initiative privée doit être associée à des contacts avec le gouvernement, que les personnes du nord sont plus à même d'avoir développés. Au contraire, les personnes originaire du sud sont sous-représentées dans le secteur informel qui est plus facilement évitable lorsque la famille est originaire de la région et a développé les contacts permettant l'acquisition d'un emploi plus stable et mieux rémunéré. Enfin, les habitants du centre se trouvent sur-représentés dans le secteur privé et le secteur informel.

Les statistiques descriptives donnent donc la vision de deux pôles constitués d'une part par le secteur public où la main-d'œuvre est davantage masculine, mariée, éduquée et plus âgée que dans les secteurs privé et d'exportation, et d'autre part, par le secteur informel qui emploie une main-d'œuvre plus féminine, peu éduquée, plus âgée que dans les secteurs privé et d'exportation et où les personnes originaires du centre sont sur-représentées.

Le tableau 20 présente les caractéristiques des emplois par secteur occupationnel. Les différences de revenu moyen sont frappantes. Le secteur privé paye 50 % de plus que son plus proche compétiteur, le secteur informel. Ici comme ailleurs, ce dernier offre un niveau de rémunération supérieur à celui d'autres secteurs. Un travailleur du secteur informel obtient un salaire un peu plus élevé que celui du secteur d'exportation, équivalent à 70 % du salaire moyen du secteur privé.

Lorsque l'on tient compte du nombre d'heures de travail et des allocations sous forme de vêtements, de nourriture, de frais de déplacement, qui sont parfois plus importantes que le salaire mensuel, le portrait change quelque peu. C'est pourquoi nous avons défini une variable de revenu horaire qui tient compte des allocations. Ce revenu horaire, qu'on trouve à la ligne 3 du tableau 20 et qu'on appellera « reva » reste alors plus élevé dans le secteur privé (9 453 43 VND/heure). Celui du secteur des exportations est au deuxième rang avec 7 695,60 VND/heure; le secteur informel est au troisième rang avec 6 145,46 VND / heure et le « reva » du secteur public est situé au dernier rang (5 596,64 VND/heure). Tout à l'heure, nous avons remarqué que le revenu moyen dans le secteur informel est plus élevé que celui du secteur des exportations, alors que maintenant le « reva » du secteur informel est nettement plus bas que le « reva » du secteur des exportations (6 145,46 VND/heure contre 7 695,60 VND/heure. Néanmoins, le revenu dans le secteur informel reste préférable à celui du secteur public. Ceci confirme l'idée que le secteur informel n'est pas la pire alternative possible.

Tableau 19 - Caractéristiques sociodémographiques de l'échantillon par secteur occupationnel (Ho-Chi-Minh-Ville)

	Caracté-ristiques		Secteur public (n=57)	Secteur privé (n=51)	Secteur export (n=74)	Secteur informel (n=120)	Total (n=302)
1.	Sexe (%)	Homme	63,16	60,79	54,06	54,17	56,95
		Femme	36,84	39,21	45,94	45,88	43,05
2.	État civil (%)	Célibataire	24,56	39,21	43,24	34,17	35,43
3.	Niveau d'études (%)	Primaire	5,26	5,88	4,05	20,00	10,92
		Secondaire	14,04	5,88	21,62	34,17	22,52
		Post-secondaire	80,70	88,24	74,32	45,83	66,56
4.	Âge moyen (ans)		36,32	32,73	32,28	37,73	35,28
5.	Chef de foyer (%)	Oui	66,67	60,78	58,11	61,67	61,59
		Non	33,33	39,22	41,89	38,33	38,41
6.	Dépenses du ménage (%)	Tout	43,86	39,22	29,73	43,33	39,40
		Une partie	47,36	50,98	58,11	43,33	49,01
		Rien	8,77	9,80	12,16	13,33	11,59
7.	Origine (%)	Nord	42,11	25,49	50,00	50,00	44,37
		Centre	14,04	31,37	13,51	21,67	19,87
		Sud	43,85	43,14	36,49	28,33	35,76

Source : Enquête Roy, Bodson et Nguyen Thi, 1996.

Tableau 20 - Caractéristiques du poste de travail par secteur occupationnel (Ho-Chi-Minh-Ville)

Caractéristiques	Secteur public (n=57)	Secteur privé (n=51)	Secteur informel (n=120)	Secteur export (n=74)	Total (n=302)
1. Revenus mensuels moyens en VND (1USD = 11 050 VND)	978 596	1 722 600	1 200 442	1 167 568	1 237 959
2. Nombre moyen d'heures de travail par semaine	48.21	49.24	50.89	49.19	49.69
3. Revenus en tenant compte des allocations et du nombre d'heures de travail (revenus moyens par heure en VND)	5 596.64	9 453.43	6 145.46	7 695.60	7 032.46
4. Occupation de l'emploi (moyenne en années)	8.65	4.49	8.35	4.64	6.85

Source : Enquête Roy, Bodson et Nguyen Thi, 1996.

Enfin, l'ancienneté dans l'emploi renforce l'idée d'un marché du travail segmenté. Les travailleurs sont restés plus longtemps dans les secteurs public et informel malgré le bas salaire, que dans les secteurs privé et d'exportation (8 ans contre 4 ans). L'ancienneté dans le secteur informel peut s'expliquer en partie par la difficulté d'entrer dans le secteur formel privé à cause du manque de qualification, mais aussi par le peu d'attrait des alternatives telles que le travail dans le secteur public ou d'exportation qui imposent des contraintes plus grandes d'horaire et de distance du travail et un plus faible revenu dans le cas du secteur public. Par ailleurs, il est certain que les secteurs privé et d'exportation ont une existence plus récente au Vietnam et qu'il est donc normal que la durée de présence dans ces secteurs soit plus faible.

Analyse de régression

Nous attendons de cette analyse de régression une explication des impacts de différents facteurs sur la structure des salaires. En supposant que la détermination des revenus dépende de facteurs liés à l'investissement en capital humain, au statut social et au secteur d'activité de l'entreprise, nous construisons le modèle de la détermination des revenus pour le cas du Vietnam comme suit :

Reva = a + b1*(sexe) + b2*(âge) + b3*(nombre de personnes) + b4*(nombre de personnes au carré) + b5*(nombre de travailleurs) + b6*(nombre de travailleurs au carré) + b7*(statut de chef de famille) + b8*(originaire du nord) + b9*(originaire du centre) + b10*(marié) + b11*(autre catégorie d'état civil) + b12*(éducation secondaire) + b13*(éducation post-secondaire) + b14*(secteur public) + b15*(secteur privé) + b16*(secteur informel) + ε.

Reva = log[(revenu + allocations)/heuret]

où «revenu» est le salaire mensuel de l'observation, « allocations » les allocations mensuelles et « heuret » le nombre d'heures que la personne enquêtée travaille par mois.

Ainsi, la variable dépendante « Reva » correspond au revenu horaire, en tenant compte des allocations sous forme de nourriture, de vêtements ou de frais de déplacement.

La variable de revenu est régressée sur seize variables explicatives. Il s'agit premièrement de la variable dichotomique correspondant au sexe du répondant (0 si l'observation est un homme), de la variable d'âge (de 16 à 71 ans), du nombre de personnes et du nombre de travailleurs dans le foyer.

Nous avons également introduit des variables dichotomiques indiquant si le répondant est chef du foyer, originaire du nord ou du centre (référence : sud), marié ou d'un autre statut (référence : célibataire), a terminé le secondaire ou le post-secondaire (référence : primaire) et travaille actuellement dans le secteur public, privé, ou informel (référence : secteur d'exportation).

Les résultats de la régression de moindres carrés généralisés, au tableau 21, montrent que la détermination du revenu horaire (y compris les indemnités en nourriture, vêtements, ou en frais de déplacement) suit une logique qui n'est pas très différente de celle que l'on retrouve dans les pays du nord. Les variables incluses peuvent être classées en trois catégories distinctes. La première catégorie comprend les variables traditionnelles de capital humain. Il s'agit de l'âge (qui mesure imparfaitement, il est vrai, l'expérience) et de l'éducation. La deuxième catégorie comprend les variables sociales. Il s'agit de l'origine du chef de famille (nord, centre ou sud du pays), du nombre de travailleurs à la maison, du nombre de personnes à la maison (la structure familiale adaptée à la structure non nucléaire des familles), du statut de chef de famille et du sexe du répondant.

Enfin, la troisième catégorie qui est spécifique à cette étude est le secteur d'emploi (public, privé, d'exportation et informel). L'omission de la variable d'âge au carré et de variables permettant l'interaction entre les variables de capital humain (âge et éducation) et de secteur d'activité fait suite au résultat d'un test de F qui montre que ces variables sont conjointement non significatives.

Tout d'abord, les variables de statut social n'ont à peu près pas d'impact sur le revenu du répondant. Le nombre de travailleurs à la maison, la taille de la famille, le statut de chef de famille, la région d'origine et même le sexe ne sont pas des déterminants significatifs du salaire. Seul le statut familial montre que les personnes veuves, divorcées ou séparées gagnent moins que les personnes mariées ou célibataires. Cet effet est similaire à celui observé dans d'autres pays développés où le statut de divorcé, par exemple, est généralement associé à des revenus plus faibles.

Par contre, les variables de capital humain sont, comme dans les pays développés, importantes. L'âge conduit à une augmentation du salaire. En fait, chaque année supplémentaire conduit à une augmentation du salaire de l'ordre de 1 %. De façon similaire, alors que le fait d'avoir suivi des études secondaires ne permet pas de conclure à une augmentation des salaires, les études post-secondaires conduisent à des revenus plus élevés d'environ 40 %.

L'appartenance à un secteur particulier de l'économie est, là encore, un déterminant essentiel, si ce n'est principal, du revenu. Le secteur de référence est le secteur de l'exportation qui génère des revenus qui ne sont pas différents de ceux du secteur informel. Par contre, le secteur public paye environ 20 % de moins que le secteur informel ou d'exportation alors que le secteur privé paye 20 % de plus. Les effets de secteurs sont donc considérables. Les salaires relativement élevés dans le secteur privé sont probablement en partie dus aux contraintes imposées par le gouvernement sur les compagnies, souvent étrangères, qui opèrent dans ce secteur. Par exemple, un salaire minimum est imposé dans ce secteur mais ne l'est pas ailleurs. On peut donc se demander ce que sont les mécanismes qui conduisent les individus à se situer dans l'un ou l'autre des secteurs. En effet, l'appartenance au secteur plus que toute autre chose, y compris l'éducation ou l'expérience, est le déterminant par excellence du revenu futur au Vietnam.

Les résultats de l'analyse de détermination des salaires montrent que, au Vietnam comme dans d'autres pays développés, on peut analyser la structure salariale à partir de données d'enquête et que celle-ci, loin d'être arbitraire, peut être expliquée en partie au moins par les caractéristiques de capital humain ou de statut social des individus et par le secteur auquel on appartient.

Ainsi donc, en recherchant à Ho-Chi-Minh-Ville les facteurs influant sur la détermination des salaires, nous avons retenu des facteurs liés au capital humain, au secteur d'appartenance du répondant et au statut social. À partir d'une régression de moindres carrés généralisés, on a pu constater que chacun des trois types de facteurs a son influence propre. En particulier, l'effet de secteur est important et les résultats obtenus confortent l'hypothèse que la rémunération dans le secteur informel est supérieure à celle de certains segments du secteur formel mais inférieure à celle d'autres segments du même secteur. Ainsi, la détermination des salaires au Vietnam, étudiée pour la première fois avec des méthodes statistiques à partir de données d'enquêtes, forme un tout qui d'une part ressemble à ce qu'on trouve dans les pays développés (importance des variables reliées à l'investissement en capital humain ou au statut social) mais d'autre part temps possède ses caractéristiques propres (importance de distinguer différents secteurs : public, privé, export et informel).

Tableau 21 - Résultats de l'analyse de régression (Ho-Chi-Minh-Ville)

Variable dépendante : Revenu		
Variables indépendantes	**Coefficients**	**Écart-type**
Sexe	-,059	,070
Âge	**,009***	**,004**
Nombre de personnes dans le foyer	,059	,061
Nombre de personnes au carré	-,006	,004
Nombre de travailleurs	-,002	,058
Nombre de travailleurs au carré	,003	,005
Statut de chef de famille	,055	,082
Région d'origine (réf. : sud)		
Nord	,013	,081
Centre	,019	,097
Statut marital (réf. : célibataire)		
Marié	-,027	,090
Autre	**-,947*****	**,1972**
Niveau d'éducation (réf. : primaire)		
Secondaire	,225	,142
Post-secondaire	**,430*****	**,122**
Secteur d'activité (réf. : exportation)		
Public	**-,213****	**,098**
Privé	**,237****	**,104**
Informel	-,006	,094
Constante	**7,923*****	**,266**
R^2	,17	

Source : Enquête Roy, Bodson et Nguyen Thi, 1996.

*, **, *** : Variables significatives au niveau de confiance de 10, 5 et 1 %.

Conclusion

Nous avons étudié deux pays, deux villes, très différents. Les similitudes qu'on trouve dans les résultats ont ainsi plus de force.

A San José, les variables les plus significatives des régressions sont : le sexe, l'âge et l'éducation. La variable sexe en particulier se situe à un niveau de signification de 0,0000, ce qui justifie l'hypothèse d'une forte discrimination contre les femmes mais ne conforte pas l'hypothèse du capital humain. Celle-ci est par contre confortée par le fait que l'âge et l'éducation se situent à des niveaux de signification élevés. Par ailleurs, les secteurs ne semblent pas exercer d'influence autonome.

A Ho-Chi-Minh-Ville, parmi les facteurs influant sur la détermination des revenus, nous avons retenu ceux qui sont liés au capital humain, au secteur d'appartenance du répondant et au statut social. On a pu constater que chacun des trois types de facteurs a son influence propre. En particulier, l'effet de secteur est important et les résultats obtenus confortent l'hypothèse que la rémunération dans le secteur informel est supérieure à celle de certains segments du secteur formel mais inférieure à celle d'autres segments du même secteur. Ainsi, la détermination des revenus au Vietnam et le choix du secteur d'emploi semblent former un tout logique qui d'une part ressemble à ce qu'on trouve dans d'autres pays et notamment au Costa Rica (importance de certaines variables reliées à l'investissement en capital humain ou au statut social) mais en même temps possède ses caractéristiques propres (importance de distinguer différents secteurs : public, privé, export et informel). Les secteurs sont donc plus importants au Vietnam qu'au Costa Rica, peut-être parce qu'ils sont plus récents. Par ailleurs, la discrimination contre les femmes n'apparaît pas comme variable significative au Vietnam.

On note donc entre les deux villes des similitudes importantes mais aussi de grandes différences.

Bibliographie

Banque mondiale, 1996. *Rapport sur le développement dans le monde*, Washington, D.C.

Becker, G. S., 1964. *Human Capital: A Theoretical and Empirical Analysis, with Special Reference to Education.* New York: National Bureau of Economic Research, 187 p.

Bodson, P., C. Allen et J. P. Pérez Sainz, 1995. *Las nuevas caras del empleo*, FLACSO, Costa Rica, 92 p.

Fields, G. S., 1975. « Rural-Urban Migration, Urban Unemployment and Underemployment, and Job Search Activity in LDCs », *Journal of Development Economics*, juin.

Fields, G. S., 1990. « La modélisation du marché du travail et le secteur informel urbain : le théorique et l'empirique », dans OCDE, *Nouvelles approches du secteur informel*, Paris, 53-79.

Harris, J. R et P. M. Todaro, 1970. « Migration, Unemployment and Development: A Two-Sector Analysis », *American Economic Review*, mars.

Lewis, W.A., 1954. « Economic Development with Unlimited Supplies of Labour », *Manchester School of Economic and Social Studies*, mai.

Loizance, D. et P. Simonot, 1993. *Marchés Internationaux*. Chambre de Commerce et d'Industrie de Paris. 167 p.

Mincer, J., 1958. « Investment in human capital and personal income distribution ». *Journal of Political Economy,* vol. 66, no 4, 281-302.

Mincer, J., 1974. *Schooling, Experience, and Earnings*. New York: National Bureau of Economic Research, 152 p.

Nguyen, H. B., T. D. Huu, X. T. Nguyen, Ngoc Tho Luu, Hoang Tuyen Nguyen et Viet Ha Tran (dir. publ.), 1993. *Vietnam - Year 2000*. Québec: Federick W.Bush. 388 p.

Perez S. et J. Pablo, 1991. *Informalidad urbana en America Latina. Enfoques, problematicas e interrogantes*. Caracas, FLACSO-Guatemala / Nueva Sociedad.

Perez S., J. Pablo y R. M. Larin, 1993. « Genero e informalidad en Centroamerica: una perspectiva regional » in R. M. Larin y J.P. S. Perez (coord.): *Ni heroes ni villanas. Genero e informalidad urbana en Centroamerica*, FLACSO, San José.

Roy, P-M. et P. Bodson, 1995. « Peut-on formaliser le secteur informel ? », dans P. Bodson et P.-M. Roy, (éds), *Politiques d'appui au secteur informel dans les pays en développement,* Paris et Montréal, ECONOMICA, 3-23.

Saigon Eco, *Hebdomadaire vietnamien*, 1995.

Saigon Time, *Hebdomadaire vietnamien,* 1995.

Schultz, T. W., 1959. « Investment in man: An economist's view ». *Social Service Review,* vol. 33 (juin), 109-117.

Schultz, T. W., 1961. « Investment in human capital ». *American Economic Review,* vol. 51, no 1, 1-17.

Todaro, M. P., 1969. « A Model of Labor Migration and Urban Employment in Less Developed Countries », *American Economic Review,* vol. 59, mars.

Webb, R., 1975. « The Urban Traditional Sector in Peru », World Bank, mimeo.

LES DETERMINANTS DES SALAIRES DANS LES PAYS EN DEVELOPPEMENT : UNE APPLICATION AU CAS DU RWANDA

Agnès GATIGNOL, INRS-Urbanisation, Paul-Martel ROY, UQAM et Marc VAN AUDENRODE, Université Laval

Introduction

Dans ce texte, nous voulons étudier les déterminants des salaires dans un pays en voie de développement en utilisant une méthode d'estimation qui permette de tester à la fois l'hypothèse de l'investissement en capital humain et la théorie de la dualité des marchés du travail. Ces théories sont testées à partir de la méthode dite du *switching*.

L'intérêt du texte vient en bonne partie de la provenance de la banque de données. En effet, les travaux qui établissent des comparaisons entre les secteurs formel et informel sont assez rares, surtout pour un pays de l'Afrique subsaharienne comme le Rwanda.

Le marché du travail urbain au Rwanda

Notre intérêt porte sur le marché du travail urbain dans un pays en développement. Dans ce marché du travail, nous nous attachons à l'analyse du secteur informel en comparaison avec le secteur formel.

Le secteur formel est constitué des grandes entreprises et du secteur public. Les salaires y sont relativement élevés, ce qui peut être attribué à des facteurs institutionnels comme les syndicats et la législation du marché du travail.

Le secteur informel a été défini par le BIT (1972) comme ayant les caractéristiques suivantes : facilité d'accès aux activités; recours aux ressources locales; propriété familiale des ressources; échelle restreinte des opérations; techniques à forte intensité de main-d'œuvre et dûment adaptées; qualifications acquises en dehors du système scolaire officiel; marchés échappant à tous règlements et ouverts à la concurrence. Nous retiendrons cette définition en ne nous attardant pas sur les controverses qui peuvent l'entourer. Les salaires dans le secteur urbain informel sont déterminés essentiellement par le jeu de l'offre et de la demande. Ils sont habituellement postulés plus bas que dans le secteur formel.

Les données utilisées dans notre étude proviennent d'une enquête réalisée au cours de l'année 1988-89 par la Direction Générale de la Statistique du Ministère du Plan du Rwanda.

La population totale du Rwanda, au 1er janvier 1989, était de 6 783 174 personnes dont 400 510 en milieu urbain et 6 382 663 en milieu rural. Le PIB par habitant était de 308 $ US en 1990, ce qui est quelque peu plus élevé que celui des pays voisins : 215 $ US au Burundi, 120 en Tanzanie et 260 au Zaïre.

Le secteur formel urbain totalise une population occupée de 173 000 personnes. Les principaux employeurs sont :

- les administrations publiques avec 36 %
- le bâtiment et les travaux publics avec 11,45 %.

73 % des travailleurs du secteur formel ont un salaire inférieur à 150 $ par mois. 25 % de la population occupée dans ce secteur sont sans instruction.

80 % des travailleurs du secteur informel non agricole gagnent moins de 50 $ par mois. Le secteur informel est constitué essentiellement de travailleurs indépendants (47,54 % de ses effectifs) et de salariés (40 %). Les employeurs représentent à peine 1 % de cette population.

La plupart des travaux réalisés sur la détermination des salaires dans les PVD prennent appui sur les hypothèses développées par Becker (1964) à propos de l'investissement en capital humain et sur l'approche de Mincer (1974).

Becker a basé ses travaux sur l'hypothèse suivante : beaucoup de travailleurs augmentent leur productivité en acquérant de nouvelles qualifications et en en perfectionnant d'anciennes durant l'emploi.

Pour Mincer, les gains auraient une corrélation largement observée avec la scolarité, que ce soit pour des pays en développement ou pour des pays industrialisés. Les résultats montrent que les taux de rendement de l'éducation tendent à être substantiellement plus élevés dans les PVD. Cependant, il ne faut pas oublier de noter que les rendements varient suivant les niveaux d'éducation. Mais la distinction la plus évidente pour estimer les fonctions de gains est celle faite entre les niveaux primaire, secondaire et supérieur d'éducation.

On constate un déclin du taux de rendement de l'éducation entre les niveaux primaire et secondaire. La haute profitabilité de l'éducation primaire est due au faible coût de ce niveau de scolarité (relativement aux autres) et de la différence de productivité substantielle entre ceux qui ont une éducation de base et les illettrés.

Ces considérations au sujet des variables de capital humain indiquent l'importante influence de l'éducation (quantitativement et qualitativement) et de la formation sur les salaires. Si les travaux de ces auteurs ont posé les bases de la recherche sur les facteurs influençant les salaires, de nombreux autres chercheurs ont travaillé à l'explication du processus de formation des salaires.

Pour notre part, nous rechercherons si, outre les variables qui viennent d'être mentionnées, il existe un «effet de secteur» dans la détermination des salaires. Des auteurs comme Van der Gaag et Vijverberg (1988) ont recherché de tels effets de secteurs dans une étude sur le marché du travail d'Abidjan (Côte-d'Ivoire) en y voyant une application de l'hypothèse de dualité de Doeringer et Piore (1971) entre un secteur primaire et un secteur secondaire : ils comparaient le secteur public et le secteur privé. Pour notre part, nous nous en tiendrons à la distinction formel-informel. Nous chercherons les rendements de l'investissement en capital humain dans chacun de ces deux secteurs. On pose comme hypothèse que les employeurs du secteur formel, par l'intermédiaire du mécanisme de la file d'attente, vont choisir les travailleurs les plus expérimentés et les mieux qualifiés. Ainsi, les rendements sur l'éducation et l'expérience devraient être supérieurs dans le secteur formel.

Le modèle de *switching*

Les études qui testent les rendements de l'investissement en capital humain en comparant deux segments du marché du travail commencent, en règle générale, par diviser les individus en deux secteurs sur la base des caractéristiques des travailleurs; après la division de l'échantillon, elles testent une équation de salaire pour chaque secteur afin d'analyser les différences. Si nous savions de façon certaine quels travailleurs se retrouvent dans le secteur formel et lesquels s'orientent vers l'informel, nous pourrions tester l'hypothèse voulant que le processus de détermination des salaires dans les deux secteurs varie. Mais nous avons vu que le secteur informel n'est pas uniforme et que certains individus choisissent ce secteur volontairement et non de façon contrainte. De la même manière, certains individus vont choisir le secteur informel après un passage dans le secteur formel où ils ont acquis une certaine expérience. Diviser, dans ce contexte, les travailleurs sur la base, par exemple, de l'expérience en classant les plus expérimentés dans le formel biaiserait les résultats.

Le modèle de *switching* que nous utilisons permet de développer une technique qui va déterminer simultanément la probabilité qu'un travailleur soit dans le secteur formel plutôt que dans l'informel et le mode de détermination des salaires dans chaque secteur. Si nous savions de façon certaine quels travailleurs sont dans le secteur formel et lesquels sont dans l'informel nous pourrions tester l'hypothèse selon laquelle le processus de détermination des salaires dans les deux secteurs est différent. Pour cela nous estimerions séparément une équation de salaire pour chaque groupe.

Nous aurions alors le modèle suivant :

(1) $\ln W_i = X_i \ \beta_f + e_{fi}$ si une personne est dans le secteur formel ;

(2) $\ln w_i = X_i \ \beta_s + e_{si}$ si une personne est dans le secteur informel,

où w est le salaire horaire, X un vecteur de caractéristiques individuelles, β_f et β_s des vecteurs de paramètres et e_f et e_s les termes d'erreurs.

Selon les hypothèses de la dualité du marché du travail, les coefficients β_f sur l'éducation et l'expérience devraient être grands et significatifs tandis que les coefficients β_s du secteur informel devraient être petits et peu significatifs.

Cette procédure présente un défaut majeur. En effet, si des caractéristiques non observées influencent les salaires mais aussi l'attachement à un secteur plutôt qu'à l'autre, les estimés des équations de salaires (1) et (2) pourront être biaisés. Nous avons vu que le secteur informel n'est pas uniforme et que certains individus choisissent ce secteur volontairement et non de façon contrainte. De la même manière, certains individus vont choisir le secteur informel après un passage dans le secteur formel où ils ont acquis une expertise. Diviser, dans ce contexte, les travailleurs sur la base, par exemple, de l'expérience en classant les plus expérimentés dans le formel biaiserait les résultats.

Si nous divisions les individus sur la base de leurs salaires nous ferions aussi des erreurs. Il ne serait pas surprenant dans ce cas de trouver que l'effet de l'éducation sur les salaires est petit parmi les emplois à faible revenu.

En général, diviser l'échantillon de cette façon biaisera les rendements estimés de l'éducation et de l'expérience dans les deux secteurs. Ces biais sont dus à la troncation de l'échantillon qui produit une corrélation entre les termes d'erreurs des équations de salaire et les variables X.

De plus, Lang et Dickens (1988) amènent l'argument que les estimations par moindres carrés ordinaires (MCO) spécifiques à chaque secteur sont inappropriées à cause d'un biais de sélection.

Les travailleurs observés dans chaque secteur vont différer systématiquement à cause de variables non observées, et ainsi violer l'hypothèse de l'existence d'un terme d'erreur aléatoire nécessaire pour l'estimation par MCO. Le tableau 25 met en évidence les différences dans les résultats selon qu'on tient compte du biais de sélection ou pas.

Pour éliminer ce biais, on définit une troisième équation qui mesure la probabilité pour un individu d'être dans le secteur formel (on pose par hypothèse que le secteur préféré reste le secteur formel). On a alors l'équation suivante :

(3) $Y_i^* = X_i \beta_w + e_{wi}$

où Y^* est la probabilité d'être dans le secteur formel ; les autres éléments de l'équation sont définis de façon analogue à ceux des équations (1) et (2).

L'équation (3) est connue sous le nom de *switching* car les individus sont dans le secteur formel si Y^* est supérieur à zéro et dans le secteur informel si Y^* est plus petit que zéro. La technique statistique que nous appliquons est appelée modèle de *switching* endogène avec régimes inconnus; ce modèle laisse la probabilité d'être dans un secteur plutôt que dans l'autre dépendre des caractéristiques des travailleurs. La probabilité, pour le salaire, d'être déterminé par les secteurs formel et informel est modélisée comme une fonction non linéaire des caractéristiques individuelles et des termes d'erreurs des équations (1) à (2). La forme particulière de cette fonction est dérivée en supposant que les termes d'erreurs dans les équations (1), (2) et (3) suivent une loi normale trivariée et peuvent être corrélés. Les paramètres des trois équations sont estimés simultanément en utilisant la technique de maximum de vraisemblance.

Le modèle consiste donc en trois équations : une régression de salaires pour chacun des deux secteurs du marché du travail et une équation estimée par un *probit* qui prédit la probabilité qu'un individu obtienne un emploi dans le formel. La variable dépendante des équations de salaire est le logarithme naturel du salaire horaire, donc les coefficients β_f et β_s des équations (1) et (2) sont les changements en pourcentage associés avec une unité de changement dans la variable explicative.

Les paramètres du *switching* n'ont pas la même interprétation puisque la probabilité d'obtenir un emploi dans le secteur formel est une fonction non linéaire des coefficients. Ainsi, un coefficient positif indique que la variable associée à celui-ci augmente la probabilité qu'un individu possédant cette caractéristique obtienne un emploi dans le secteur formel.

Présentation détaillée des équations

Nous venons de décrire le modèle utilisé ; nous allons maintenant détailler les équations et donner quelques statistiques descriptives des variables sur lesquelles il s'appuie.

Pour évaluer les divergences salariales intersectorielles au Rwanda, la première étape a été d'élaborer une équation de salaire commune aux deux secteurs. À ce niveau-là, nous avons aussi incorporé une équation de type *probit.* Cette troisième équation avait pour but d'obtenir la probabilité qu'un individu possédant telle ou telle caractéristique appartienne au secteur formel plutôt qu'au secteur informel. L'équation de salaire adoptée a été construite selon l'approche mincérienne standard (Mincer, 1974) et d'après l'équation proposée par Van der Gaag et Vijverberg (1988).

L'équation construite est de la forme suivante :

$$\begin{aligned} \text{LnW} = \alpha &+ b_1\,\text{Sexe} + b_2\,\text{Ancien1} + b_3\,\text{Ancien2} + b_4\,\text{Ancien3} + b_5\,\text{Ancien4} \\ &+ b_6\,\text{Âge1} + b_7\,\text{Âge2} + b_8\,\text{Âge3} + b_9\,\text{Âge4} + b_{10}\,\text{Âge5} + b_{11}\,\text{Âge6} \\ &+ b_{12}\,\text{Âge7} + b_{13}\,\text{Âge8} + b_{14}\,\text{École1} + b_{15}\,\text{École2} + b_{16}\,\text{École3} \\ &+ b_{17}\,\text{École4} + b_{18}\,\text{École5} + b_{19}\,\text{École6} + b_{20}\,\text{National} + b_{21}\,\text{Pref9} \\ &+ b_{22}\,\text{Lwagen} + \text{Lambda (ou lambda1)} + \xi \end{aligned}$$

La variable que nous voulons expliquer est le logarithme naturel du salaire horaire (LnW). Cette variable a dû être construite car l'enquête nous fournissait uniquement le salaire mensuel de l'individu. La première variable explicative que nous retrouvons (Sexe) est une variable dichotomique, comme toutes les variables indépendantes comprises dans l'équation. Elle prend la valeur 0 si l'observation correspond à un homme et 1 si c'est une femme. On pense que le sexe du répondant aura un impact significatif sur les salaires : il devrait être significativement positif pour les hommes.

En plus de la variable sexe, nous avons introduit une série de variables (Ancien1 à Ancien4) qui concernent l'ancienneté dans l'emploi. Les niveaux 1 à 4 représentent respectivement les individus qui occupent cet emploi depuis moins de six mois, depuis six mois mais moins d'un an, depuis au moins un an mais moins de cinq ans et depuis cinq ans mais moins de dix ans; la catégorie de référence est celle où les individus occupent leur emploi depuis plus de dix ans. Cette variable nous permet d'évaluer l'effet de l'expérience spécifique sur les salaires.

On retrouve ensuite la variable âge qui se divise en huit catégories. Elles se lisent ainsi : Âge1 correspond aux personnes âgées de 14 à 16 ans, Âge2 aux personnes ayant de 17 à 19 ans, Âge3 à celles ayant de 20 à 24 ans ; Âge4, Âge5, Âge6, Âge7 et Âge8 correspondent respectivement aux tranches d'âge suivantes : 25-34 ans, 35-44 ans, 45-54 ans, 55-64 ans et 64-74 ans. La catégorie d'âge qui nous sert de point de comparaison concerne les personnes âgées de plus de 75 ans. La relation âge-salaire devrait, selon Mincer, être positive jusqu'à un certain niveau pour s'inverser ensuite. Cette variable combinée avec le niveau de scolarité nous permet de tenir compte de l'expérience générale de travail. La variable scolarité (École) vient ensuite dans l'équation. Les personnes qui ne sont jamais allées à l'école ou qui n'ont pas complété la première année de primaire sont regroupées sous la variable École1. Au Rwanda, la scolarité commence normalement à l'âge de sept ans. Le niveau École2 identifie les individus qui ont suivi des cours à l'école élémentaire, c'est-à-dire qu'elles devraient être alphabétisées et qu'elles ont reçu un enseignement primaire général. Ces personnes ont entre une et huit années de scolarité. La variable École3 s'applique aux personnes qui ont suivi des études techniques après l'école primaire. Cela correspond à plusieurs cycles techniques qui donnent des formations d'une durée de un à trois ans.

Après l'école primaire, les individus ont pu suivre des études secondaires générales. Si le cycle a été complété, ils ont sept années de scolarité en plus de leur cycle primaire. Ce sont ces personnes que l'on retrouve dans la catégorie École4. À la fin de ces études secondaires générales, certains s'orientent vers des études techniques supérieures (École5). Pour obtenir un diplôme d'études techniques supérieures, il faut avoir réussi trois années de scolarité supplémentaires. D'autres préfèrent continuer dans un cycle d'études secondaires supérieures (École6). Ce cycle de trois ans est préalable à une entrée à l'université. Finalement, la variable École7 regroupe ceux et celles qui ont obtenu un diplôme universitaire. Donc, une personne qui a suivi une scolarité normale, qui a terminé ses études avec une licence (diplôme obtenu après deux années d'études universitaires), qui est âgée de 24 ans et qui a suivi 17 années de scolarité fera partie de la catégorie École7. Cette catégorie est notre point de référence.

La variable National représente la nationalité du répondant. On fait la distinction entre être rwandais ou non. Cette caractéristique est importante par son incidence sur les salaires par le biais de la discrimination. Van der Gaag et Vijverberg (1988) relèvent aussi l'importance de cette variable dans les pays en développement. La variable prend la valeur 0 pour les Rwandais et la valeur 1 dans tous les autres cas.

Nous avons inclus une variable concernant la valeur du salaire en nature que perçoivent les travailleurs (Lwagen). L'effet de cette composante sur les salaires devrait être négatif : une compensation salariale sous la forme d'un logement, de nourriture ou de vêtements pourrait diminuer d'autant le montant du salaire monétaire. Nous utilisons la valeur du service en nature totale sous la forme logarithmique.

Vient ensuite la variable se rattachant à la préfecture où habite le répondant. Nous voulons tester si le fait d'habiter dans la capitale (Kigali) au lieu d'une autre préfecture peut influencer le choix du secteur et les salaires. Les individus de Kigali ont la valeur 1, les autres, la valeur 0.

Dans les équations de salaire, on trouve finalement les variables Lambda et Lambda1. Ces deux variables sont calculées à partir de l'estimation du *probit*. Pour les obtenir il faut d'abord évaluer le ratio de Mills et prendre ensuite son inverse soit :

(4) $$\lambda(\alpha) = -\varphi(\alpha) / \phi(\alpha)$$

où φ est la fonction de densité pour la normale et ϕ la fonction de densité cumulative.

L'inverse du ratio de Mills est estimé et utilisé comme un régresseur supplémentaire pour réduire le biais de sélection. Les valeurs estimées de Lambda et Lambda1 permettent d'expliquer deux phénomènes. Premièrement, si la valeur de Lambda est significative, cela implique qu'il existe un gros biais de sélection. Les résultats qui auraient été obtenus par simples moindres carrés auraient été biaisés et les résultats obtenus par le modèle de *switching* doivent être significativement différents de ceux obtenus par MCO. D'autre part ces variables nous donnent l'occasion d'évaluer l'écart entre le salaire naturel et le salaire réel.

Un Lambda positif peut s'interpréter comme le pourcentage de salaire qu'obtiendrait en plus un individu par rapport à la moyenne de la population. Un Lambda négatif signifie que les salaires distribués dans ce secteur sont inférieurs à ce qu'ils devraient être, étant donné les caractéristiques individuelles et la population moyenne. La variable Lambda nous donne donc la proportion de l'écart par rapport au salaire naturel.

Nous avons créé une seconde équation que nous appelons *switching*. Cette équation permettra de déterminer la probabilité que telle ou telle variable influence le choix du secteur préféré soit le secteur formel, selon notre hypothèse. Dans cette équation, la variable dépendante est une variable dichotomique (celle du secteur) et non le logarithme du salaire.

Nous distinguons le secteur formel du secteur informel à partir de la définition utilisée dans l'enquête. Le secteur formel est constitué de toutes les entreprises publiques, parapubliques et privées ayant plus de cinq employés et dont l'activité productrice se déroule dans une place fixe différente de l'habitation du propriétaire. Le secteur informel regroupe alors les entreprises privées de moins de cinq employés dont l'activité se pratique soit chez le propriétaire soit en dehors d'une place fixe (par exemple les vendeurs ambulants). Cette variable prend la valeur 0 quand l'entreprise fait partie du secteur formel et 1 dans l'autre cas. L'équation sur laquelle nous appliquons le *probit* est, à quelques différences près, identique aux équations de salaires définies plus haut.

On insère dans l'équation *switching* des instruments différents de ceux utilisés dans l'équation de salaire afin d'améliorer la qualité de l'interprétation. Dans le cas contraire, on serait obligé d'analyser les résultats comme étant une fonction non linéaire.

On remarque donc que le salaire en nature n'est pas présent car il a un côté endogène. En effet, cet instrument a plus d'effet sur la détermination des salaires que sur le choix du secteur. Ce n'est pas l'existence d'un salaire en nature qui va influencer la décision d'aller dans le formel plutôt que dans l'informel, mais le salaire en nature va avoir un effet sur la valeur du salaire réel. De la même façon, le fait d'être marié ou pas va influencer le choix du secteur plus que le salaire. En effet, les entrepreneurs du secteur formel vont rechercher des employés qui ont une réputation de sérieux et de stabilité (le mariage serait synonyme de telles caractéristiques). D'autre part, les employés mariés vont se diriger vers des emplois assurant une certaine sécurité et des salaires relativement plus élevés. Inversement, le fait d'être marié a peu de chances d'influencer les salaires.

Nous venons de décrire les différentes variables présentes dans notre modèle. Nous supposons qu'elles jouent un rôle dans la détermination des salaires et qu'elles agissent de façon différente selon le secteur. Dans la prochaine partie, nous allons analyser les résultats du *switching* et des équations de salaire après application du modèle ; nous comparerons les seconds à ceux obtenus par moindres carrés ordinaires. Avant de faire cela, nous décrivons à partir de statistiques descriptives notre échantillon.

Le modèle consiste donc en trois équations : une régression de salaires pour chacun des deux secteurs du marché du travail et une équation estimée par un *probit* qui prédit la probabilité qu'un individu obtienne un emploi dans le formel. La variable dépendante des équations de salaire est le logarithme naturel du salaire horaire, donc les coefficients β_f et β_s des équations (1) et (2) sont les changements, en pourcentage, associés avec une unité de changement dans la variable explicative. Les paramètres du *switching* n'ont pas la même interprétation puisque la probabilité d'obtenir un emploi dans le secteur formel est une fonction non linéaire des coefficients. Ainsi, un coefficient positif indique que la variable associée à celui-ci augmente la probabilité qu'un individu possédant cette caractéristique obtienne un emploi dans le secteur formel.

Analyse descriptive de l'échantillon

À partir du tableau 22, nous soulignons les variables qui représentent un intérêt certain pour notre recherche. Un premier fait marquant concerne la participation au marché du travail selon le sexe. En effet,

74 % de la population occupée sont des hommes. Le secteur qui emploie le moins de femmes est le secteur privé.

Si on se penche sur la variable concernant l'expérience, on remarque que 87 % des employés du secteur public ont plus de deux ans d'ancienneté : peu de personnes veulent quitter ces emplois. Le secteur informel, quant à lui, va accueillir 47 % des nouveaux arrivés sur le marché du travail. La plupart des travailleurs dans le public et le privé ont entre 25 et 54 ans : c'est le signe d'une certaine stabilité et d'une faible ouverture aux plus jeunes. Dans le secteur informel, 61 % de la main-d'œuvre ont moins de 24 ans et 86 % des travailleurs de ce secteur ne savent ni lire ni écrire.

Les emplois sont occupés en majorité par des Rwandais, les étrangers n'occupant que 4,2 % des emplois urbains. La plupart des activités urbaines se trouvent à Kigali.

Les plus hauts salaires se retrouvent dans le secteur public où le salaire maximum est de 4 100 $. Dans le secteur privé, les salaires maximaux sont de 2 400 $ canadiens ; dans le secteur informel, le maximum est 1 270 $. Les salaires les plus élevés sont offerts aux hommes. Cette hiérarchie des salaires est respectée chez les femmes.

A partir de ces traits généraux, on peut dresser le portrait du travailleur type dans chacun des trois secteurs. L'employé moyen du secteur formel public est un homme de nationalité rwandaise ayant entre 4 et 5 années d'expérience dans l'emploi. Il est âgé de 25 à 54 ans et diplômé de l'enseignement secondaire. Il travaille dans la préfecture de Kigali. Le même employé dans le secteur privé est identique en tous points, sauf au niveau de la scolarité qui est inférieure. Le travailleur type du secteur informel est un homme, rwandais, résidant dans la capitale, avec peu d'années d'expérience dans son emploi (80 % des travailleurs ont moins de cinq années d'ancienneté) ; il a entre 20 et 24 ans et sort de l'école élémentaire.

Analyse du *Probit*

Nous avons noté que le secteur informel, malgré son expansion et son acceptation comme phénomène dans les pays en voie de développement, était difficile à cerner et demeurait mal défini. Des divergences de théories et d'hypothèses concernent ce segment du marché du travail.

Tableau 22 - Présentation des fréquences et des pourcentages (entre parenthèses) des variables du modèle

Variable	Public		Privé		Informel		Total	
Homme	1690	(73,7)	1452	(83,7)	2659	(70,4)	5801	(74,3)
Femme	604	(26,3)	283	(16,3)	1119	(29,6)	2006	(25,7)
Ancien1	171	(7,5)	201	(11,6)	1020	(27,0)	1392	(17,8)
Ancien2	124	(5,4)	170	(9,8)	555	(14,7)	849	(10,9)
Ancien3	704	(30,7)	615	(35,4)	1440	(38,1)	2179	(27,9)
Ancien4	620	(27,0)	369	(21,3)	408	(10,8)	1397	(17,9)
Ancien5	675	(29,4)	380	(21,9)	355	(9,4)	1410	(18,0)
Âge1	4	(0,2)	5	(0,3)	488	(12,9)	497	(6,3)
Âge2	30	(1,3)	58	(3,3)	789	(20,9)	877	(11,2)
Âge3	270	(11,8)	294	(16,9)	1027	(27,2)	1591	(20,4)
Âge4	1059	(46,2)	811	(46,7)	954	(25,3)	2824	(36,2)
Âge5	631	(27,5)	380	(21,9)	354	(9,4)	1365	(17,5)
Âge6	233	(10,2)	141	(8,1)	116	(3,1)	490	(6,3)
Âge7	54	(2,4)	35	(2,0)	34	(0,9)	123	(1,6)
Âge8	10	(0,4)	9	(0,5)	14	(0,4)	33	(0,4)
Âge9	3	(0,1)	2	(0,1)	2	(0,1)	7	(0,1)
École1	129	(5,6)	160	(9,2)	738	(19,5)	1027	(13,1)
École2	666	(29,0)	802	(46,2)	2504	(66,3)	3972	(51,0)
École3	171	(7,5)	159	(9,2)	231	(6,1)	561	(7,2)
École4	471	(20,5)	336	(19,4)	194	(5,1)	1001	(12,8)
École5	508	(22,1)	160	(9,2)	61	(1,6)	729	(9,3)
École6	47	(2,0)	28	(1,6)	13	(0,3)	88	(1,1)
École7	302	(13,2)	90	(5,2)	37	(1,0)	429	(5,5)
Rwandais	2186	(95,3)	1614	(93,0)	3685	(97,5)	7485	(95,8)
Autre pays	108	(4,7)	121	(7,0)	93	(2,5)	322	(4,2)
Kigali	1562	(68,1)	1425	(82,1)	2756	(72,9)	5743	(73,5)
Province	732	(31,9)	310	(17,9)	1022	(27,1)	2064	(26,5)
TOTAL	2294	(29,4)	1735	(22,2)	3778	(48,4)	7807	(100)

Les paramètres associés à l'équation de « *switching* » n'ont pas la même interprétation que ceux d'une équation de salaire standard puisque la probabilité d'obtenir un emploi dans le secteur formel implique qu'il faut être prudent quand on veut en établir une définition opérationnelle. Il n'est pas aisé de dire avec certitude que tel ou tel individu, possédant telle ou telle caractéristique sera de façon absolument certaine dans un secteur plutôt que dans l'autre. Un des avantages du modèle dit du *switching* est qu'il permet de tenir compte de ces préoccupations.

Le modèle va déterminer, dans un premier temps, la probabilité qu'un individu, étant donné ses caractéristiques, soit dans le secteur formel (choix1) ou dans le secteur informel (choix0). À partir de ces probabilités, il estimera les équations de salaires. De plus, non seulement cette approche nous permet de connaître les rendements de l'investissement en capital humain, mais elle nous permet aussi d'incorporer des éléments qui influencent la structure des salaires sans pour autant être liés aux forces du marché. Selon Mincer (1974), la productivité marginale a un impact direct sur la variation des salaires.

Nous avons déjà expliqué le modèle, puis nous avons décrit les variables explicatives comprises dans les trois équations du modèle. Le tableau 23 présente les résultats du *probit*. L'estimation du modèle est la probabilité qu'un travailleur se retrouve dans le secteur formel ou informel, étant donné ses caractéristiques socio-économiques.

Les paramètres associés à l'équation de *switching* n'ont pas la même interprétation que ceux d'une équation de salaire classique puisque la possibilité d'obtenir un emploi dans le secteur formel est une fonction non linéaire des coefficients. Cependant, des coefficients positifs indiquent que la variable augmente la probabilité qu'un individu ayant telle caractéristique obtienne un emploi dans le formel.

Un premier examen des coefficients nous indique que le fait d'être marié, d'avoir un bon niveau d'éducation et une grande ancienneté augmente la probabilité d'être dans le secteur formel. Le coefficient négatif de la variable sexe viendrait confirmer notre hypothèse selon laquelle il existe des barrières non économiques à l'entrée des femmes sur le marché de l'emploi formel. Les femmes ont 16 % de plus de chances de travailler pour le secteur informel que les hommes. Les variables concernant l'âge des travailleurs fournissent des renseignements intéressants quant à la population qu'on retrouve sur chacun des deux segments du marché. Les personnes qui ont entre 14 et 19 ans vont selon toute vraisemblance être employées par l'informel. Ces deux tranches sont très significatives et l'impact de ces variables sur la détermination du secteur est très fort. En effet, des coefficients supérieurs, en valeur absolue, à 1 ne peuvent pas être analysés selon la magnitude de l'effet. Une telle valeur peut seulement être interprétée comme une probabilité très forte de faire le choix de l'informel si le coefficient est négatif et inversement de s'orienter vers le formel si le signe est positif.

Pour mieux appréhender l'influence d'une variable sur le choix du secteur, il faut comparer les rémunérations entre les secteurs. Si l'éducation procure de plus grands rendements dans un secteur par rapport à l'autre, les personnes qui possèdent cette caractéristique vont se diriger vers le segment qui valorise le plus cet attribut. Ainsi, si l'éducation est plus recherchée dans le secteur formel que dans l'informel, le coefficient de cette variable devrait être positif ou, tout au moins, supérieur aux autres. L'étude des coefficients des différents niveaux de scolarité nous apprend que moins on est scolarisé, plus le coefficient est négatif, et plus grande est son importance dans le choix du secteur. Donc, moins on a été scolarisé plus la probabilité de se retrouver dans le secteur informel est grande.

Le secteur formel recherche plus particulièrement une main-d'œuvre qualifiée (importance de la scolarité) mais aussi stable. Ce secteur va donc attirer des travailleurs mariés, qui sont eux-mêmes à la recherche d'emplois suffisamment rémunérés pour subvenir aux besoins de leur famille. Pour attirer et garder ces travailleurs, il faut offrir des salaires concurrentiels. Le coefficient positif de la variable du mariage, la forte probabilité (40 %) d'être dans le secteur formel, montrent à quel point le secteur formel attire et recrute des employés mariés, car le mariage implique sagesse et stabilité.

Le signe négatif de la caractéristique de la nationalité nous signale qu'un individu non rwandais se retrouvera plus vraisemblablement dans le secteur informel. Notre échantillon révélait le faible pourcentage (4 %) de cette catégorie dans l'ensemble du marché du travail urbain. Le haut degré de signification de cette variable nous fait supposer que c'est une des caractéristiques non économiques qui peut influencer les salaires. En effet, quand une variable est significative, c'est-à-dire que la probabilité de rejeter l'hypothèse nulle est très forte, cela implique que cette variable a un impact sur la variation des salaires. Donc le fait d'être étranger va nous orienter avec une probabilité de 27 % vers le secteur informel. De plus, il y a de grandes chances que cet attribut ait un impact sur les salaires.

Si on analyse la variable de la préfecture (Pref9), on constate encore un coefficient négatif fortement significatif. Donc, les emplois informels urbains en dehors de la principale préfecture (Kigali) sont moins disponibles. En effet, le marché du travail urbain dans le reste du pays est très rare car ces régions sont avant tout agricoles. Dans le reste du pays, les emplois informels se trouvent essentiellement dans le domaine agricole. Donc, si un individu travaille dans le secteur urbain en dehors de la capitale, il se retrouvera dans le secteur formel avec une grande probabilité. Inversement, un individu dans la capitale aura une plus grande probabilité de trouver un travail dans le secteur informel (12 %).

On peut en déduire que les salaires de ceux qui travaillent en région pour le secteur urbain seront ceux du secteur formel, donc généralement plus élevés que ceux de l'informel.

L'équation du *switching* a montré qu'il existe deux secteurs sur le marché du travail urbain et que les individus, étant donné leurs caractéristiques, vont se diriger vers l'un ou l'autre des deux secteurs. Nous complétons notre analyse de ces deux segments du marché du travail en estimant les équations de salaire qui correspondent à ces deux secteurs.

Avant d'étudier les résultats de l'estimation par le modèle de *switching*, nous allons comparer ces derniers dans leur ensemble avec ceux obtenus avec l'application d'un simple modèle par moindres carrés ordinaires.

Tableau 23 - Résultats de l'équation dite du *switching*

Variables	Coefficients	P > | Z|
Sexe	-0,1624**	0,000
Marié	0,4030**	0,000
Ancien1	-0,1923**	0,004
Ancien2	-0,0990**	0,168
Ancien3	-0,1036**	0,059
Ancien4	(0,0310)	0,590
Âge1	► -2,3397**	0,000
Âge2	► -1,6086**	0,004
Âge3	-0,9647**	0,083
Âge4	-0,5661	0,308
Âge5	-0,5506	0,321
Âge6	(-0,3682)	0,509
Âge7	(-0,2136)	0,707
Âge8	-0,4582	0,442
École1	► -1,6144**	0,000
École2	► -1,2615**	0,000
École3	-0,7276**	0,000
École4	-0,3968**	0,000
École5	0,1066	0,351
École6	-0,3399**	0,070
Nationalité	-0,2720**	0,002
Préfecture	-0,1207**	0,002
Constante	► 1,8678**	0,000

Note : Un astérisque double (**) indique que le test du ratio de vraisemblance est significatif à un niveau de ,05. Les variables entre parenthèses (.) indiquent que le test n'est pas significatif. Un ► signifie que l'effet de la variable est très significatif.

Estimations par Moindres Carrés Ordinaires versus estimations par modèle de *switching*

Avant de présenter ces résultats, nous voulons amener une précision au sujet de la banque de données. En effet, après avoir retenu les variables et les observations qui nous intéressaient pour notre modèle, nous avons constaté que la part respective de chaque secteur dans l'échantillon était différente de celles de la banque de données originale. Le tableau 24 illustre ce problème.

Tableau 24 - Poids des secteurs formel et informel dans la banque de données originale et dans l'échantillon

Secteur		Fréquence	Pourcentage
Originale	Formel	4 172	37,0
	Informel	7 103	63,0
	Total	11 275	100,0
Échantillon	Formel	4 029	51,6
	Informel	3 778	48,4
	Total	7 807	100,0

On peut constater qu'après avoir éliminé les individus qui ne faisaient pas partie du sujet de notre étude et les observations contenant des valeurs manquantes, la part du secteur informel par rapport au secteur formel a été inversée. Pour contrôler l'impact de ce changement sur les résultats, nous avons fait des régressions simples sans et avec correction du poids. Nous avons estimé une première équation où nous ne tenions pas compte de cette inversion, et une autre où nous accordions un poids au secteur informel pour nous rapprocher de la réalité. Nous avons constaté que l'absence ou la présence d'un poids n'amenait aucune variation dans nos résultats. Nous avons donc adopté un modèle où ce facteur n'était pas pris en compte.

L'objectif de notre étude n'était pas d'évaluer les rendements de l'investissement en capital humain à partir d'un modèle d'estimation par moindres carrés ordinaires mais de tester un modèle qui corrigeait les biais de sélection. Le prochain tableau présente les résultats obtenus avec les deux méthodes d'estimation.

On a pu constater que deux nouvelles variables explicatives étaient présentes dans le modèle de « switching » : les variables Lamda et Lamda1. Ces deux variables, une pour le secteur formel, l'autre pour le secteur informel, nous indiquent l'importance du biais de sélection. Elles justifient l'utilisation d'un modèle de *switching* quand elles sont significatives.

À la lecture du tableau 25, on remarque qu'il existe des valeurs pour la variable Lambda uniquement dans le modèle de *switching*. En effet, nous avons expliqué plus haut que cette variable était ajoutée au modèle pour corriger le biais de sélection. Ainsi, si la valeur estimée de Lambda est significative, on pourra s'attendre à de grandes différences entre les deux modèles; dans le cas contraire – non-signification de Lambda -, les résultats par moindres carrés ordinaires et ceux obtenus par la méthode de *switching* devraient être relativement similaires. D'autre part, le signe du paramètre correspondant à cette variable va nous donner des indications sur la proportion de l'écart du salaire dans ce secteur par rapport au salaire naturel moyen dans la population.

Tableau 25 - Paramètres des estimations pour les secteurs formel et informel pour deux méthodes d'estimation

VARIABLES	MODÈLE MCO		MODÈLE SWITCHING		
	Formel	Informel	Public	Privé	Informel
Sexe	-0,1013*	-0,1133*	-0,1152*	-0,0140	-0,1312*
Ancien1	-0,4255*	-0,6426*	-0,3215*	-0,5040*	-0,6485*
Ancien2	-0,4444*	-0,5367*	-0,3339*	-0,5420*	-0,5335*
Ancien3	-0,2988*	-0,4065*	-0,2317*	-0,3938*	-0,4036*
Ancien4	-0,1495*	-0,2289*	-0,1586*	-0,1485*	-0,2278*
Âge1	-1,0998*	-0,6086	-1,5368*	0,3520	-0,8383
Âge2	-0,6451*	-0,4744	-0,6477	0,2135	-0,5342
Âge3	-0,3439	-0,0777	-0,4733	0,2906	-0,1192
Âge4	-0,1268	0,4111	-0,3456	0,4387	0,3711
Âge5	-0,0352	0,4674	-0,2422	0,4871	0,4300
Âge6	0,0457	0,3380	-0,1730	0,5223	0,3020
Âge7	0,0234	-0,0937	-0,1481	0,3763	-0,1134
Âge8	-0,0431	0,1499	-0,3792	0,5500	0,1224
École1	-1,8831*	-2,4363*	-1,7917*	-1,7147*	-2,4823*
École2	-1,4659*	-2,0164*	-1,4192*	-1,3800*	-2,1642*
École3	-1,0397*	-1,7919*	-0,9105*	-1,1863*	-1,7892*
École4	-0,7671*	-1,3481*	-0,7323*	-0,8605*	-1,3496*
École5	-0,4213*	-0,8206*	-0,4077*	-0,5102*	-0,8228*
École6	-0,1206	-0,0191	-0,1472	-0,1146	-0,0282
National	0,1667*	0,3469*	0,3137*	0,0090	0,3374*
Lwagen	0,0641*	-0,2783*	0,0622*	0,0607*	-0,2788*
Pref9	0,2605*	0,2754*	0,1695*	0,4501*	0,2609*
Lambda	----	----	-0,0831	-0,3703*	0,0029*
Constante	3,9169*	3,9899*	4,1291*	3,4851*	4,0477*

Note : Les valeurs avec un * indiquent que la variable est significative à un niveau de confiance de 5 %. Le t tabulé = 1,96. Toute valeur supérieure ou égale en valeur absolue à cette valeur est significative. Plus le t calculé est supérieur au t tabulé, plus la variable est significative.

Pour le secteur formel public, on constate que cette variable n'est pas significative. Cela indique que le processus de sélection se fait sans biais. Un individu qui se trouve dans le secteur formel public avec le modèle de *switching* aurait été dans le même secteur avec le modèle MCO. On peut en déduire qu'il ne devrait pas y avoir de différences majeures entre les estimations des deux méthodes pour le même segment du marché du travail.

La variable Lambda pour le secteur formel privé est significative. Donc, il existe un biais de sélection pour les personnes qui entrent dans ce secteur et celles qui vont sur le marché du travail informel. Le fait que cette variable soit significative apporte une justification à l'adoption d'un modèle d'estimation qui corrige les biais de sélection. Le signe du paramètre étant négatif, on peut conclure que les personnes qui travaillent dans ce secteur devraient avoir des salaires inférieurs par rapport au reste de la population qui possède les mêmes caractéristiques mais qui a un emploi dans un autre secteur. Ainsi, une personne possédant tel ou tel attribut aurait une baisse de salaire d'environ 30 % par rapport au salaire naturel. Les salaires de ce secteur ne dépendent donc pas uniquement de la productivité des individus.

Dans le secteur informel, cette variable est aussi significative. Le choix de la méthode d'estimation est donc là aussi justifié. Si nous n'avions pas tenu compte du problème de définition du secteur informel et de la possibilité d'imputer par erreur un secteur à un individu, nous aurions sans doute attribué un emploi dans le secteur privé à un travailleur du secteur informel par exemple : le signe de Lambda est positif pour le secteur informel.

Un employé de ce secteur devrait avoir un salaire plus élevé : les salaires distribués dans ce secteur sont inférieurs aux salaires naturels de la population. Toutefois, le pourcentage de cette différence est très faible (0,3 %) ; on peut penser que les salaires du secteur informel sont reliés directement à la productivité.

Nous venons de voir que le choix du modèle d'estimation par maximum de vraisemblance est légitimé par l'existence d'un biais de sélection dans les secteurs formel privé et informel. L'absence d'un biais de sélection dans le secteur formel public s'explique par le fait que les travailleurs de ce secteur sont facilement identifiables. En effet, il est aisé de recenser les entreprises dont l'activité est publique ou parapublique et donc d'identifier les employés de ces secteurs. Par contre, pour les secteurs formel et informel, le risque de mal sélectionner les individus d'un secteur par rapport à l'autre est plus important à cause de l'absence d'une définition précise adaptée au secteur informel.

Quand on compare les résultats d'une méthode d'estimation par rapport à l'autre, on constate qu'il n'y a pas de différences notables. Les résultats MCO du secteur formel sont comparables à ceux obtenus par la méthode de *switching*. Nous avons remarqué que le biais de sélection n'était pas significatif dans le cas du secteur public tandis qu'il l'était pour le secteur privé. Cette opposition pourrait expliquer l'absence de variation entre les résultats des deux modèles. Cependant, l'analyse des estimations pour le secteur informel pour chaque méthode de régression fait ressortir les faibles différences qui existent entre les deux méthodes. Dans tous les cas, nous nous attendions à trouver des différences importantes entre les résultats des deux estimations. Pour le secteur informel, cette absence de différence pourrait s'expliquer par le fait que le biais de sélection, malgré sa signification, indique une faible variation : un tiers d'un point de pourcentage. Il existe donc un biais de sélection qui nécessite des estimations par un modèle de *switching*, mais la correction de ce biais n'a pas d'impact significatif sur les variables. Si nous comparons les résultats entre le secteur formel d'une part, et les secteurs public et privé d'autre part, nous constatons qu'il existe quelques différences. Par exemple, des variables vont avoir un effet significatif sur les salaires avec une méthode et ne pas en avoir avec l'autre.

Ainsi, pour le secteur formel et les MCO, la variable de sexe a un effet négatif et significatif sur les salaires, tandis que cet effet est dix fois moindre et non significatif pour le secteur privé et le modèle de *switching*. De la même façon, la variable de l'âge a des effets différents sur les salaires selon la méthode d'estimation choisie. La variable concernant les individus ayant entre 17 et 19 ans (Âge2) va être significative et avoir un effet positif sur les salaires dans la méthode des moindres carrés ordinaires alors qu'elle sera non significative et aura un effet négatif sur les salaires pour le public et le privé par estimation de la forme d'un *switching*. Les valeurs de la variable Lambda pour les secteurs formel privé et formel public nous indiquaient l'existence d'un biais de sélection dans le premier cas et pas dans le second. Les quelques différences dans les résultats sont plus faibles que celles attendues.

La comparaison des résultats des deux méthodes d'estimation nous a permis de constater l'existence d'un biais de sélection pour les secteurs formel privé et informel. Nous pensons que la relative facilité à déterminer quels sont les travailleurs du secteur formel public joue un rôle dans l'absence d'un biais pour ce secteur. La présence d'un biais dans deux des trois secteurs justifie donc l'utilisation de la méthode d'estimation dite du *switching*. Cependant, les faibles différences dans les résultats sont surprenantes. Nous voulions tester l'existence d'un biais de sélection. Les valeurs de la variable Lambda ont confirmé cette hypothèse. Comprendre pourquoi ce biais a si peu d'impact pourrait être l'objectif d'une recherche future.

Analyse des résultats du modèle de *switching*

Dans ce paragraphe, nous allons présenter, à l'aide du tableau 26 et de quelques figures, l'analyse des résultats des estimations des équations de salaires par la méthode du *switching*. L'équation a été remaniée de manière à pouvoir obtenir des variations en pourcentages. En effet, nous régressions les variables explicatives sur le logarithme du salaire ; nos résultats n'étaient donc pas des variations en pourcentages. Cette formule nous permet de mieux apprécier l'effet d'une variable sur la variation des salaires, en particulier pour les valeurs supérieures, en valeur absolue, à 1.

L'analyse de la variable relative au sexe nous permet de constater que. indépendamment du secteur, il existe une corrélation négative entre le sexe et le salaire. Cela nous indique qu'il y a de la discrimination par rapport au sexe dans tous les domaines du marché du travail. Les femmes sont donc, de façon générale, moins payées que les hommes. La variable est significative pour les secteurs formel public et informel, et l'écart en faveur des hommes est d'environ 10 % dans les deux cas.

L'étude des salaires selon le sexe nous a confirmé ce résultat : les salaires des femmes sont inférieurs à ceux des hommes pour le public et l'informel. Par contre, la variable n'a pas un coefficient significatif pour le secteur formel privé. Ce constat nous permet d'avancer qu'il n'y a pas de différences majeures de salaires entre les hommes et les femmes. La faible proportion de femmes (243) et la grande variance à l'intérieur de ce groupe peuvent être à l'origine de ce résultat.

La variable concernant la nationalité nous donne des résultats qui peuvent paraître surprenants. En effet, on constate que les étrangers ont des salaires plus élevés que les Rwandais. Ces derniers accusent une perte proche de 37 % dans le secteur public et de 40 % dans le secteur informel. Pour le secteur public, ce résultat peut s'expliquer par la présence de travailleurs étrangers dans les postes des échelons supérieurs. On peut penser, par exemple, à des emplois de cadres occupés par des personnes ayant une bonne formation et étant étrangères au pays, qui ont exigé des salaires élevés pour venir travailler au Rwanda.

Notre étude du *probit* montrait la faible proportion d'étrangers sur le marché du travail, mais surtout la grande probabilité qu'ils aient une activité dans le secteur informel. On peut faire l'hypothèse que l'accès au secteur formel public est plus limité pour ces travailleurs. Ils vont donc s'orienter vers l'informel où, s'ils possèdent un niveau de scolarité relativement plus élevé, ils obtiendront des salaires plus importants.

La variable de la nationalité n'a pas d'effet sur les salaires dans le secteur formel privé : il n'y a pas de discrimination par rapport à la nationalité dans ce secteur, ou encore les travailleurs étrangers n'y trouvent pas d'emploi.

Donc, il existerait une discrimination par rapport aux salaires dans les secteurs public et informel, mais c'est une discrimination en défaveur des Rwandais car elle implique des salaires plus élevés pour les étrangers.

Tableau 26 - Résultats par méthode d'estimation de *switching*

Variables	Formel public	Formel privé	Informel
Sexe	-0,1088*	-0,0139	-0,1229*
Ancien1	-0,2749*	-0,3959*	-0,4772*
Ancien2	-0,2839*	-0,4184*	-0,4134*
Ancien3	-0,2068*	-0,3255*	-0,3321*
Ancien4	-0,1467*	-0,1380*	-0,2037*
Âge1	-0,7849*	0,4219	-0,5676
Âge2	-0,4767	0,2380	-0,4139
Âge3	-0,3770	0,3373	-0,1124
Âge4	-0,2922	0,5507	0,4494
Âge5	-0,2151	0,6277	0,5373
Âge6	-0,1588	0,6859	0,3526
Âge7	-0,1376	0,4569	-0,1072
Âge8	-0,3156	0,7333	0,1302
École1	-0,8333*	-0,8199*	-0,9164*
École2	-0,7581*	-0,7484*	-0,8851*
École3	-0,5977*	-0,6946*	-0,8329*
École4	-0,5192*	-0,5770*	-0,7406*
École5	-0,3348*	-0,3996*	-0,5608*
École6	-0,1369	-0,1083	-0,0278
National	0,3686*	0,0091	0,4013*
Lwagen	0,0642*	0,0626*	-0,2433*
Pref9	0,1847*	0,5685*	0,2982*
Lambda	-0,0797*	-0,3095*	0,0029*
Constante	4,1291*	3,4851*	4,0477

Note : Les valeurs avec une étoile * indiquent que la variable est significative à un niveau de confiance de 5 %, c'est-à-dire pour une statistique t tabulée égale ou supérieure à 1,96.

Les trois segments du marché du travail urbain rwandais offrent des salaires en nature à leurs employés. Cependant, l'effet de cette forme de rémunération sur le salaire mensuel n'est pas le même selon qu'on observe le secteur formel ou le secteur informel. Pour les secteurs public et privé l'impact de cette variable est identique : on remarque que la variable est significative et entraîne une augmentation de 6 % des salaires. Il n'y a pas d'effet de substitution entre les salaires monétaires et les salaires en nature. Le fait de recevoir des avantages de cet ordre ne va pas faire diminuer le salaire du même montant. Les travailleurs du secteur informel reçoivent eux aussi de tels avantages. Cependant, l'effet significatif de cette rémunération est une corrélation négative avec les salaires. Il y a un effet de substitution entre un salaire en nature et le salaire monétaire. L'obtention de cette rémunération va faire baisser les salaires de 24 % dans le secteur informel. On compense la faiblesse des salaires du secteur informel par des avantages en nature : logement, nourriture, vêtements. Si on ne tient compte que de cette variable, l'hypothèse qui veut que le secteur formel soit préféré par la majorité des personnes actives se trouve vérifiée.

Lors de l'analyse des résultats obtenus par application d'un *probit*, nous avions soulevé le fait que les personnes qui ont un emploi dans le secteur urbain en dehors de la capitale sont probablement engagées par le secteur formel. L'analyse des régressions des équations de salaire souligne l'importance de cette variable sur la détermination des salaires. Dans les trois secteurs, cette variable est significative et, dans les trois secteurs, elle a une corrélation positive avec les salaires. Ce fait peut s'expliquer par la rareté des emplois urbains en dehors de la capitale, dans des régions essentiellement agricoles. On suppose que les travailleurs de l'urbain en zone rurale bénéficient de salaires plus élevés pour compenser l'éloignement. Ainsi les travailleurs du public en dehors de la province de Kigali obtiendraient une prime de 18 % pour s'établir en région. Les variations de salaires entre la capitale et les autres provinces, pour les secteurs formel privé et informel, s'expliquent par les coûts plus élevés pour accéder aux matériaux en particulier ou aux matières premières en général.

Ces différences peuvent s'expliquer aussi par la rareté des entreprises de ce secteur dans ces régions. Le fait de travailler en dehors de Kigali a un impact plus grand pour les salariés du secteur formel privé : un travailleur verra son salaire augmenter de 56 % s'il décide de travailler dans le secteur privé en province. La variation de salaires pour les employés du secteur informel est de 29 % ; elle est de 18 % pour les emplois du secteur public.

À l'aide de la figure 6, nous pouvons suivre l'effet de l'âge sur les salaires selon le secteur.

Figure 6 - Variation des salaires suivant la tranche d'âge et le secteur

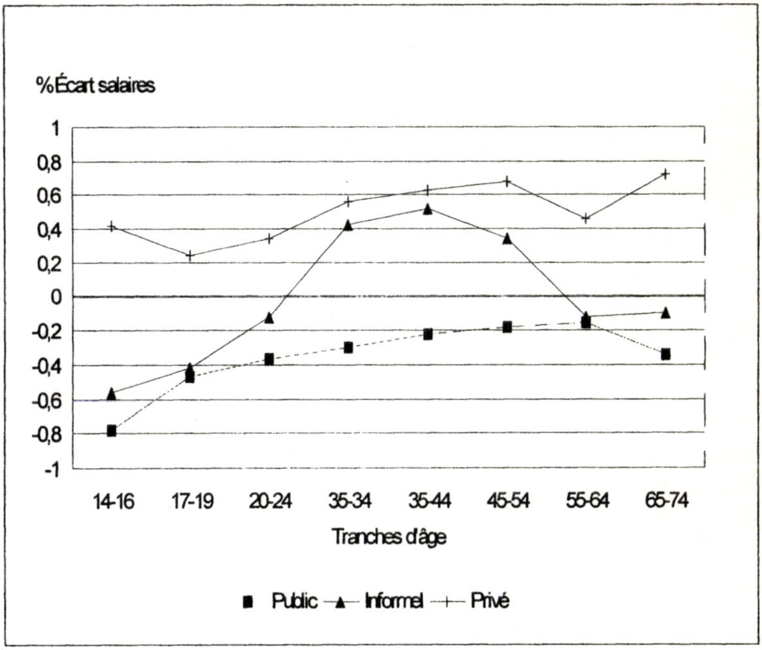

Si nous nous concentrons sur la variable de l'âge, nous constatons en premier lieu que, dans la plupart des cas, cette variable n'est pas significative; en fait elle ne l'est que pour le premier groupe d'âge (14-16 ans) et uniquement dans le cas du secteur public. La valeur non significative de cette variable est à mettre en rapport avec l'hypothèse nulle, soit par rapport aux observations du groupe d'âge supérieur (plus de 75 ans). Ainsi la corrélation négative de la variable Âge1 sur les salaires du secteur public se lit comme suit : les personnes âgées de 14 à 16 ans, dans le secteur public, ont des salaires inférieurs de 78 % par rapport à celles qui ont plus de 75 ans et qui travaillent dans le secteur public.

Ainsi, pour le secteur public, on note que plus on est vieux, plus l'impact négatif du manque d'expérience diminue. Le pic du groupe d'âge des 55-64 ans montre que c'est à cet âge qu'on atteint le maximum de sa rémunération. Le profil de l'influence de l'âge sur les salaires est différent dans le cas du secteur privé. En effet, les salaires sont à leur maximum pour les personnes qui se trouvent dans le groupe des 45-54 ans, et ils connaissent une forte baisse pour celles qui sont âgées de 55 à 64 ans. Pour le secteur informel, le sommet est atteint pour les personnes ayant entre 35 et 44 ans, et les salaires connaissent eux aussi une importante baisse pour les 55-64 ans. On peut supposer qu'après 54 ans la carrière commence à décliner pour les travailleurs du secteur public.

L'effet positif de 42 % pour les jeunes travailleurs (14-16 ans) du secteur privé et l'impact négatif de la jeunesse pour les secteurs public et informel montrent que les emplois sont difficilement accessibles dans le public pour les jeunes et qu'il n'est pas facile de trouver un emploi quand on est jeune dans le secteur informel. Toutefois, nous commentons uniquement les profils des salaires par rapport à l'âge car cette variable n'a pas d'impact significatif sur les salaires. La variable de l'expérience a des effets plus significatifs sur les salaires. Premièrement, quel que soit le secteur où on évolue, le manque d'expérience (c'est-à-dire moins de six mois à un an d'ancienneté dans l'emploi) a un effet négatif sur les salaires. Cet effet est moindre dans le secteur public où les débutants accusent une perte de salaire de 30 % par rapport à ceux qui ont plus de dix ans d'expérience. Les nouveaux employés du secteur privé et du secteur informel recevront des salaires inférieurs d'environ 40 % par rapport aux travailleurs plus expérimentés. Plus on acquiert de l'expérience, moins les salaires sont diminués par rapport aux plus anciens dans l'emploi.

Le profil des trois secteurs concernant l'impact de l'expérience sur les salaires est relativement identique même si le secteur formel public pénalise moins le manque d'expérience. La figure 7 représente les variations des salaires selon les niveaux d'expérience. Ceux qui possèdent plus de cinq ans d'expérience n'accusent plus qu'un différentiel de 10 % avec ceux travaillant depuis plus de dix ans dans les secteurs public et privé. Le secteur informel encourage la stabilité d'emploi en offrant de grandes différences de salaires entre les gens avec et sans expérience. Si on compare les variations de salaire, on remarque que les employés du secteur informel ayant plus de cinq ans d'expérience ont des salaires plus élevés de 57 % par rapport à ceux qui ont moins de 6 ans d'ancienneté. Dans le secteur privé cette différence est de 66 %. On peut conclure que ce secteur valorise l'ancienneté dans l'emploi en offrant des salaires très bas aux inexpérimentés et en favorisant les plus anciens. Dans le secteur public, la différence entre ces deux niveaux d'expérience fait varier les salaires de 48 % : l'expérience a un impact significativement positif sur les salaires.

Les firmes vont donc éviter les coûts dus au roulement de personnel en valorisant l'expérience. En effet, nous avons vu avec le modèle de Stiglitz (1974) que le roulement du personnel joue un rôle important dans la structure du marché du travail. Les entreprises minimisent les coûts d'embauche en distribuant des salaires plus élevés au fur et à mesure qu'on vieillit dans l'entreprise.

Figure 7 - Variation des salaires suivant l'expérience dans l'emploi et le secteur

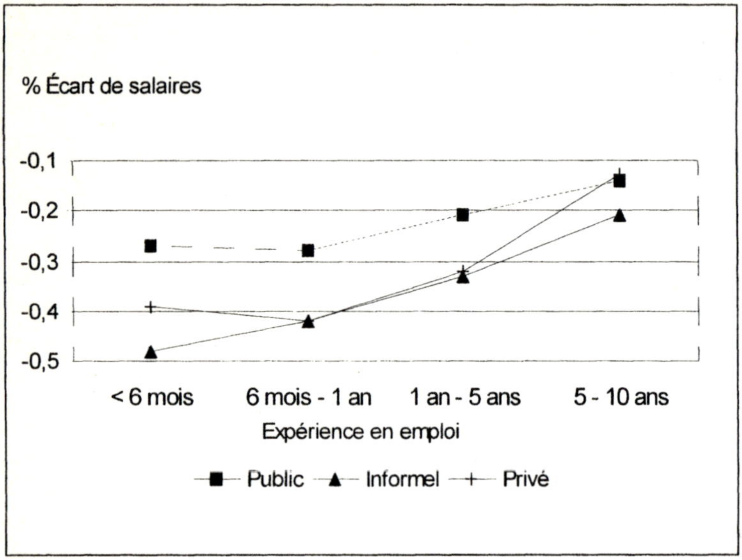

La dernière variable à analyser concerne le niveau de scolarité. La première constatation qu'on peut faire est l'impact très significatif et très négatif de l'absence de scolarité sur les salaires. Par exemple, dans le secteur informel, les personnes n'ayant aucun niveau scolaire ou n'ayant pas été à l'école, ont des salaires inférieurs de 91 % par rapport aux personnes diplômées. En fait, les travailleurs diplômés dans des niveaux supérieurs sont assez rares ; ces niveaux ont ainsi beaucoup plus d'effets positifs sur les salaires. Les employés non diplômés sont fortement pénalisés. Deuxièmement, on remarque que la variable de scolarité École6 n'est significative dans aucun des trois secteurs. Cela s'explique car il y a peu d'individus qui ont atteint un niveau aussi élevé que celui de secondaire supérieur et encore moins de personnes qui ont un niveau universitaire. L'effet sur les salaires d'un secondaire supérieur n'est donc pas significativement différent de celui d'un niveau universitaire.

La figure 8 dresse le portrait de l'impact de la formation sur les salaires. Pour le secteur formel public, on note la présence d'un pic qui correspond à l'enseignement secondaire; on remarque d'autre part le creux entre les personnes qui ont étudié dans des domaines de niveaux techniques supérieurs et celles qui ont suivi des cours du secondaire supérieur. Cela s'explique par le fait que le secteur public ne valorise pas ce type d'emploi, préférant des individus possédant une formation plus générale. Il y a un écart de 35 % entre les techniciens supérieurs et ceux qui sortent d'un niveau secondaire général supérieur. Cet écart est en faveur du secondaire général.

Les courbes des secteurs privé, public et informel sont parallèles, avec un effet plus grand de l'absence de scolarité sur les salaires pour le secteur informel. Si la productivité marginale d'un individu augmente quand le niveau de scolarité augmente, si les salaires sont déterminés par la productivité des individus, alors les salaires de ces trois secteurs sont influencés par la productivité des individus, donc par leur niveau de scolarité. Le secteur informel semble être celui qui met le plus d'emphase sur la scolarité, car il pénalise beaucoup ceux qui n'en ont eu pas pour récompenser très fortement ceux qui en ont eu. Ainsi les rendements de l'investissement dans l'éducation vont être élevés. Ce résultat justifie l'importance d'investir et de développer l'éducation dans les pays en développement.

L'analyse des résultats nous permet de relever les caractéristiques économiques et non économiques qui ont un impact sur les salaires. Ainsi, on a constaté que le fait d'être un homme, d'être un étranger et de travailler en dehors de la province de Kigali va avoir un impact positif sur les salaires. Il y a des secteurs qui discriminent plus par rapport à ces attributs que d'autres. Par exemple, le secteur informel discrimine plus par rapport au sexe que le secteur public, tandis que dans le privé les différences salariales entre les hommes et les femmes ne sont pas significatives.

Figure 8 - Variation des salaires suivant le niveau de scolarité et le secteur

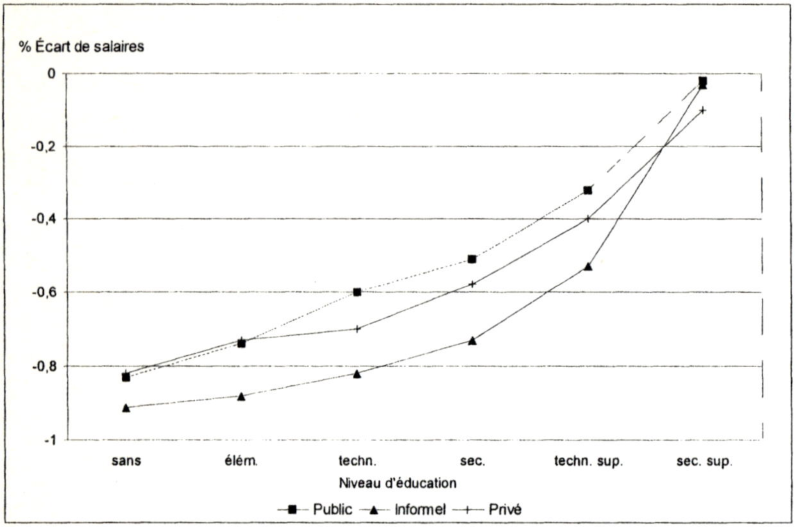

Le secteur privé, par ailleurs, compense de façon non négligeable le fait de travailler à l'extérieur de Kigali, en distribuant des salaires supérieurs de 56 % à ceux qui travaillent loin de la capitale. Les immigrants qui entrent dans le marché du travail public ou informel doivent être des travailleurs très qualifiés car leurs salaires sont largement plus élevés que ceux des Rwandais.

La variable du salaire en nature nous apprend qu'il y a une corrélation positive entre ce revenu et les salaires pour les secteurs du formel. Par contre dans le secteur informel, cette corrélation est négative : il y a donc un effet de substitution entre un salaire en nature et les salaires horaires. L'étude des coefficients de la variable Lambda permet de compléter l'étude de la détermination des salaires dans les différents secteurs.

Pour le secteur informel, l'impact de cette variable sur les salaires est positif; donc les employés de ce secteur devraient obtenir des rémunérations plus élevées comparativement au salaire naturel.

Cependant cet impact est relativement faible (0,3 %). L'effet de substitution entre salaire en nature et salaire monétaire et le niveau des salaires proche du salaire naturel nous permettent de déduire que les salaires du secteur informel sont déterminés essentiellement par la productivité des individus. L'effet négatif du manque d'expérience et l'effet positif de la scolarité sur les salaires viennent confirmer cette hypothèse.

Les secteurs public et privé se situent dans la même hypothèse car on a vu que la scolarité et l'expérience sont aussi valorisées dans ce secteur. Néanmoins, ces deux secteurs pénalisent moins la faible qualification ou un manque d'expérience et ils ne substituent pas le salaire en nature au salaire horaire. Si les variables de l'investissement en capital humain jouent un rôle dans la détermination des salaires du secteur formel, on peut conclure qu'il y a d'autres facteurs que ceux de la productivité qui influencent ces salaires.

La comparaison des rendements dans l'investissement en capital humain, la scolarité et l'expérience (si on la considère comme source de formation) dans l'emploi, nous apprend que ces variables jouent un rôle non négligeable dans la détermination des salaires du marché du travail urbain. Les salaires plus élevés alloués aux étrangers peuvent révéler l'accent mis sur la qualité de la formation. En effet, nous ne possédons pas de variables sur la qualité mais nous pouvons faire l'hypothèse que les diplômes étrangers sont perçus comme meilleurs et on valorise cette caractéristique en l'accompagnant de salaires plus élevés.

Conclusion

Le but de ce texte était double. Nous voulions d'une part construire un modèle qui tenait compte d'un éventuel biais de sélection dans la définition des secteurs formel et informel. D'autre part, nous voulions tester si l'investissement en capital humain avait joué un rôle dans la détermination des salaires sur le marché du travail urbain au Rwanda. Pour réaliser ces objectifs nous avons utilisé une banque de données datant de 1989. Nous avons distingué différents segments du marché du travail : un secteur formel public, un secteur formel privé et un secteur informel.

Lors de cette étape nous nous sommes heurtés au problème de la définition fonctionnelle du secteur informel. Nous avons forcément adopté celle qui a été utilisée lors de l'enquête. Une fois cette définition adoptée, nous avons appliqué un modèle dit de *switching*, pour corriger les éventuelles erreurs de sélection. Cette méthode nous a permis de mettre en évidence l'existence d'un biais de sélection quand on étudie le secteur formel privé et le secteur informel séparément. En effet, il est facile de mettre un individu dans un secteur alors qu'en réalité il travaille dans l'autre. Pour le secteur public, ce risque est moindre car les employés et les entreprises de ce secteur sont facilement identifiables. La première étape du modèle attribuait aux observations une probabilité de se retrouver dans le secteur informel plutôt que dans l'informel. Grâce à cette procédure nous tenions compte des caractéristiques des individus et des secteurs pour réduire le risque d'erreur.

Les résultats ont par ailleurs montré que l'expérience et la scolarité sont deux variables importantes dans la détermination des salaires. Nos résultats sur les rendements de la formation en milieu scolaire et en emploi viendraient confirmer l'hypothèse de Corbo et Stelcner (1983) selon laquelle le modèle de capital humain est valide pour expliquer les variations de salaires dans les pays en développement.

Néanmoins, nous avons aussi montré qu'il existait des facteurs non économiques à l'origine des différences salariales. La nationalité ou encore le sexe en sont des exemples.

Bibliographie

Banque mondiale, 1987. *The Economics of Urbanization and Urban Policies in Developing Countries*, Washington, 184 p.

Bennell, P., 1981. «Les écarts de salaire entre le secteur public et le secteur privé en Afrique», *Travail et société*, (juillet-septembre), 6 (3), 229-249.

Becker, G., 1964. *Human Capital*, New York: Columbia University Press, chapitres 2 et 3.

Charmes, J., 1990. «Une revue critique des concepts, définitions et recherches sur le secteur informel», *Nouvelles approches du secteur informel,* OCDE: Paris, 11-51.

Chiswick, C. U., 1976. «On Estimating Earnings Functions for LDCs», *Journal of Development Economics*, 3, 67-78.

Cohen, M. A., 1991. *Urban Policy and Economic Development: an Agenda for 1990's*, A World Bank Policy Paper, Banque mondiale. Washington, 87 p.

Corbo, V. et M. Stelcner, 1983. «Earnings Determination and Labour Markets», *Journal of Development Economics*, 12, 251-266.

Dickens, W. T. et L. Kevin, 1985. «A Test of Dual Labor Market Theory», *The American Economic Review*, (septembre), 75 (4), 792-804.

Doeringer, P. B. et M. J. Piore, [1971] 1985. *Internal Labor Markets and Manpower Analysis*, New York: M.E. Sharpe Inc.

Enquête nationale sur l'emploi, 1992. Ministère du Plan et de la Coopération. Direction générale de la statistique. République Rwandaise, janvier, vol. 2 : *Résultats synthétiques.*

Fields, G. S., 1975. «Rural-Urban Migration, Urban Unemployment and Underemployment, and Job Search Activity in LDCs», *Journal of Development Studies*, juin.

Fortin, B., N. Marceau et L. Savard, 1994. «On Modeling the Informal Sector in a CGE Model of a Developing Country», dans *Les méthodologies de collecte de données sur le secteur informel dans les pays en développement : Actes du colloque de l'Association Canadienne-française pour l'avancement des sciences*, Montréal, 16-17 mai 1994, 26 p.

Gunderson, M. et W. Craig Riddell, 1988. *Labour Market Economics*, McGraw-Hill, Seconde Édition, Canada, 616 p.

Lindauer, D. L. et R. H. Sabot, 1983. «The Public/Private Wage Differential in a Poor Urban Economy», *Journal of Development Economics*, 12, 137-152.

Maddala, G. S., 1983. *Limited - Dependent and Qualitative Variables in Econometrics*, New York: Cambridge University Press.

Mazumdar, D., 1989. *Microeconomic Issues of Labor Markets in Developing Countries Analysis and Policy Implications*, EDI Seminar Paper, Banque mondiale, Washington, 40, 128 p.

Mincer, J., 1974. «Schooling, Experience and Earnings», *National Bureau of Economic Research*, New York.

Psacharopoulos, G., 1985. «Returns to Education: A Further International Update and Implications», *The Journal of Human Resources*, 20 (4), 583-604.

Rodgers, G., 1989. *Urban Poverty and the Labour Market*, International Labour Organisation, Genève, 1-87.

Roy, P.-M. et P. Bodson, 1991. «Peut-on formaliser le secteur informel ?», *Villes et Développement*, Groupe interuniversitaire de Montréal, Cahier/discussion 2-91, mai, 23p.

Roy, P.-M. et P. Bodson, 1992. «Mobilité contrôlée et secteur informel», *Villes et Développement*, Groupe interuniversitaire de Montréal, Montréal, octobre, 19 p.

Sahn, D. E. et H. Alderman, 1988. «The Effects of Human Capital on Wages, and the Determinants of Labor Supply in a Developing Country», *Journal of Development Economics*, 29, 157-183.

Sethuraman, S-V., 1981. *The Urban Informal Sector in Developing Countries. Employment, Poverty and Environment*, International Labour Office, Genève, 225 p.

Stiglitz, J. E., 1974. «Alternative Theories of Wage Determination and Unemployment in LDC's: the Labor Turnover Model», *Quarterly Journal of Economics*, 88 (2), 194-227.

Van der Gaag, J. et W. Vijverberg, 1988. «A Switching Regression Model for Wage Determinants in the Public and Private Sectors of a Developing Country», *The Review of Economics and Statistics*, 70 (2), 244-252.

Van der Gaag, J., M. Stelcner et W. Vijverberg, 1989. «Wage Differentials and Moonlighting by Civil Servants: Evidence from Côte d'Ivoire and Peru», *The World Bank Economic Review*, 3 (1), 67-95.

TROISIEME PARTIE :

LES POLITIQUES

ENTRE L'ILLUSION DE LA NORMALISATION ET LE LAISSER-FAIRE : VERS LA LEGALISATION DU SECTEUR INFORMEL ? [100]

Carlos MALDONADO [101], **B.I.T.**

Introduction : le retour du « central » [102]

L'ampleur et la complexité grandissantes du secteur informel dans la vie économique, sociale et politique des pays en développement sont un phénomène incontesté. En Amérique latine, 83 % des 10,1 millions de postes de travail créés entre 1990 et 1993 l'ont été dans ce secteur [103]; en Afrique, déjà deux citadins sur trois vivent de ces activités de la « débrouille » qui, au cours de la décennie, fourniront 93 % des nouveaux emplois urbains [104]. La promotion de ce secteur constitue aujourd'hui l'un des sujets majeurs des politiques de développement.

Sous l'effet des politiques d'ajustement et du renouveau des doctrines néolibérales, deux positions opposées et controversées ont été adoptées à son égard au cours des années quatre-vingt. Les uns estiment qu'un contrôle plus strict des conditions d'exercice des activités informelles est indispensable pour garantir la rentabilité des investissements dans les entreprises modernes, étant donné la concurrence déloyale qu'exercerait le secteur informel (thèse très répandue en Afrique, par suite de la déliquescence du rôle régulateur de l'État). Les autres, en revanche, préconisent une réforme en

---

[100] Article publié par le BIT et paru dans la *Revue Internationale du Travail,* 1995, vol. 134, no 6, pp. 777-801.

[101] Service du développement et de la gestion des entreprises, Bureau international du Travail. L'auteur remercie MM. Bertrand Gaufryau et Benoît Cuvelier, experts associés au Bureau international du Travail, pour leur contribution à une version préliminaire de cet article.

[102] Texte de cadrage préparé pour la conférence *Africité 2000,* Windhoek, Namibie, le 15 mai 2000.

[103] O.I.T. : « Panorama laboral 1994 », *Informa* (Lima), 1994, no 1.

[104] BIT : *Le travail dans le monde* (Genève), 1992.

profondeur du système législatif et administratif afin de libérer les initiatives et le potentiel économique que recèlent les micro-entreprises (position défendue par un courant réformiste néolibéral en Amérique latine). Cette dualité est prise en compte dans la recommandation no 169 de l'OIT, concernant la politique de l'emploi (dispositions complémentaires) de 1984. En effet, celle-ci appelle simultanément les pays à « reconnaître l'importance comme source d'emplois du secteur informel » (27. (1)) et à « chercher à étendre progressivement des mesures de réglementation au secteur informel », tout en admettant que son intégration au secteur formel puisse réduire sa capacité d'absorber la main-d'œuvre et d'engendrer des revenus. Dès lors, le statut légal des établissements informels, leur rapport à l'Etat et le rôle des institutions publiques revêtent une importance de premier plan.

Toutefois, l'extrême diversité des situations locales rend toutes relatives les catégories analytiques d'informalité et de légalité. Quelles réalités concrètes recouvrent en fait la prétendue nature « illégale » du secteur informel ? S'explique-t-elle uniquement par l'inadaptation de la logique normative du système institutionnel en place ? Ne faut-il pas rechercher ailleurs que dans le droit les raisons essentielles d'une telle situation ? Ne s'expliquerait-elle pas davantage par la position structurelle défavorable des petits producteurs ? Ne faut-il pas envisager qu'il existe aussi un problème d'information et de perception négative des lois et des institutions par les opérateurs économiques ?

Pour répondre à ces questions, outre la nécessité de recueillir une information empirique permettant d'apprécier le degré d'observation des réglementations fiscales et de la législation du travail, il est apparu important d'anticiper les effets qu'aurait un strict respect de ces dernières sur la distribution des revenus, les investissements, le niveau de production et l'emploi des unités économiques du secteur informel. Quels effets différentiels peut-on attendre sur les entreprises compte tenu de leur degré actuel de légalité, de leur taille, de leur localisation et du secteur d'activité dans lequel elles évoluent ? Plusieurs études ont été menées dans une vingtaine de pays par diverses institutions, avec des perspectives analytiques différentes, afin d'évaluer les conditions d'application des réglementations, ainsi que les répercussions des contraintes institutionnelles et légales sur la création, le fonctionnement et le développement des activités informelles [105].

Dans cet article, nous présentons d'abord les hypothèses qui sous-tendent, explicitement ou non, les études menées sur le sujet. Puis nous faisons la synthèse des résultats et conclusions auxquels sont parvenus l'Instituto Libertad y Democracia (Lima), le Programme régional d'emploi pour l'Amérique latine et les Caraïbes (PREALC) de l'OIT, l'Organisation de coopération et de développement économiques (OCDE) et le Bureau international du Travail (BIT). L'exploitation de ces résultats nous permet enfin de tirer des enseignements sur la validité relative des hypothèses de départ, sur les politiques qui pourraient être mises en œuvre et sur les recherches à venir [106].

---

105 Il est par essence difficile d'adopter une définition unique du secteur informel adaptée à toutes les perspectives de recherche (statistique, économique, sociologique ou juridique) et à toutes les situations locales. On le constatera au vu des échantillons utilisés dans les études présentées ici. Il reste que les constats faits sur les opérateurs économiques sont convergents et traduisent bien la réalité de leurs rapports avec la loi, les institutions et l'environnement économique. Cette convergence, ainsi que la description des échantillons en question, sont en concordance avec la définition du secteur informel qui figure dans la résolution adoptée par la 15e Conférence internationale des statisticiens du travail. Ainsi, le secteur informel est décrit comme un ensemble d'unités produisant des biens et des services en vue, principalement, de créer des emplois et des revenus pour les personnes concernées. Elles ont un faible niveau d'organisation, opèrent à petite échelle avec peu ou pas de division entre le travail et le capital en tant que facteurs de production. Parmi les unités du secteur on distingue : *i)* les entreprises informelles de personnes travaillant pour leur propre compte; *ii)* les entreprises d'employeurs informels occupant de façon continue un ou plusieurs salariés, la taille limite pouvant différer selon la branche d'activité. Les activités ne sont pas nécessairement réalisées avec l'intention délibérée de se soustraire au paiement des impôts, d'enfreindre la législation du travail ou d'autres dispositions administratives. Par conséquent, le concept des activités informelles devrait être différencié de celui des activités de l'économie dissimulée ou souterraine. Voir 15e Conférence internationale des statisticiens du travail (Genève, 19-28 janvier 1993), résolutions adoptées : *Bulletin officiel* (BIT, Genève), vol. LXXVI, 1993, série A, no 3, pp. 184-195.

106 Le lecteur pourra consulter d'autres travaux sur ce thème, notamment Gore, C. : *Issues of regulatory compliance and costs in the small scale enterprise sector* (Dakar, ENDA), 1995; Latouche, Serge : « Les paradoxes de la 'normalisation' de l'économie informelle », *Tiers Monde*, t. XXX, janv.-mars 1989; Levy, B. : « Obstacles to developing indigenous

Les hypothèses de travail

Pour tenter de sortir de la crise de longue durée que traverse l'économie mondiale depuis les années quatre-vingt, les partisans de la libéralisation des règles régissant le marché du travail plaident pour une plus grande flexibilité dans l'application de celles-ci aux entreprises du secteur moderne [107], qui en retireraient des bénéfices non négligeables. Néanmoins, par crainte de la concurrence du secteur informel, le plaidoyer pour la libéralisation prône, en contrepartie, la « normalisation » des petites unités économiques perçues comme illégales, contournant sans cesse la loi, échappant aux taxes et impôts. Leur conversion en unités régulièrement constituées permettrait de mettre fin à une concurrence ruineuse pour les grandes et moyennes entreprises tout en assurant une garantie aux investisseurs et une protection minimale aux travailleurs actuellement surexploités.

Par ailleurs, nombre d'États se sont montrés trop peu soucieux d'apporter aux petites unités l'appui et les encouragements nécessaires et ont eu tendance à s'en tenir à une attitude passive ou restrictive, voire à une action hostile et répressive. Le rapport qui s'instaure entre les petits opérateurs économiques et les diverses instances étatiques détermine, dans une large mesure, les chances de survie et de développement des premiers. Nous examinerons ci-après quelques

small and medium enterprises : An empirical assessment », *The World Bank Economic Review* (Washington), vol. 7, no 1, 1993; Mead, Donald : *Policy reform and the informal sector in Africa* (East Lansing, Michigan State University), 1989; Université de Nouakchott : *Pratiques informelles comparées : les fondements de la non-légalité* (Nouakchott), déc. 1988; Verna, Gérard : *Un pied dans la légalité, un pied dans l'illégalité : les problèmes de liaison quotidienne avec les informels* (Québec), Université Laval, 1992; *ibid.* : *Légalité - illégalité : la dialectique de l'informel* (Québec), Université Laval, 1992.

107 Klau, F., et Mittelstaed, A. : *Flexibilité du marché du travail* (Paris), OCDE, 1986; Laflamme, Gilles, et autres auteurs : *La flexibilité des marchés du travail au Canada et aux Etats-Unis* (Genève, Institut international d'études sociales; Québec, Département des relations industrielles de l'Université Laval), (1989), Série de recherches no 93; Standing, Guy : *European unemployment, insecurity and flexibility: A social dividend solution* (Genève, BIT), 1989, WEP 2-43/WP.23; Harrison, Bennett, et Bluestone, Barry : *The dark side of labour market « flexibility » : Falling wages and growing income inequality in America,* (Genève, BIT), 1987, WEP 2-43/WP.17.

hypothèses de recherche sur ces rapports et le statut légal des activités économiques informelles qui en résulte [108].

Première hypothèse : le handicap structurel. L'illégalité de ces activités notamment au sens d'un faible degré d'enregistrement et d'observation de la législation fiscale et sociale serait pour l'essentiel imputable à la situation structurelle défavorable dans laquelle elles se trouvent. Pâtissant d'un environnement hostile, d'un accès discriminatoire aux ressources de production et d'une situation financière fragile, les petits producteurs ne tirent de leurs activités que de maigres revenus. Ils seraient ainsi dans l'incapacité économique de s'acquitter des charges fiscales et sociales. Cette incapacité résulterait elle-même des choix de politique économique et d'affectation des ressources publiques, qui se conjuguent pour accentuer l'inégalité des chances dans les domaines économique, financier et social.

Deuxième hypothèse : un système institutionnel inadapté. L'illégalité des opérateurs informels est attribuée à l'inadaptation trop fréquente du système institutionnel en place et à son régime normatif. Dans nombre de pays, la législation fiscale et commerciale, les codes des investissements et d'urbanisme [109], ainsi que la réglementation sur l'exercice de certains métiers et l'apprentissage, sont manifestement inadaptés aux réalités locales fortement marquées par l'émergence de nouvelles formes de production et d'organisation sociale. Ces pratiques discriminatoires et de ségrégation spatiale, qui privent les couches les plus défavorisées de la population de leurs moyens de survie, ne sauraient aider à résoudre les problèmes liés à la pauvreté qui les frappe.

Troisième hypothèse : l'insuffisance de l'information et la perception négative des lois. La situation d'illégalité des petits producteurs pourrait également tenir à l'ignorance de l'existence de la loi et de son

---

[108] Voir sur ce point Maldonado, Carlos : Orientations méthodologiques pour une recherche sur les contraintes institutionnelles et légales au développement du secteur informel (Genève, BIT, 1989).

[109] Les opérateurs informels sont très vulnérables aux opérations de rénovation urbaine ou de démolition de bidonvilles et taudis car elles entraînent en général des déplacements de leur lieu d'habitation et de travail. Ateliers, boutiques, buvettes et gargotes se voient ainsi privés de leur clientèle localisée à proximité. Voir à ce sujet Maldonado, Carlos : *Petits producteurs d'Afrique francophone* (Genève, BIT), 1987.

contenu. L'entrepreneur peut ainsi s'estimer insuffisamment informé ou maladroitement conseillé par les administrations compétentes. De toute évidence, il est impensable de demander à des analphabètes de souscrire à des règles qu'ils ne comprennent pas et qui, de surcroît, sont souvent contraires aux pratiques coutumières et aux normes extralégales que respecte la majorité de la population, comme c'est partout le cas en Afrique subsaharienne. Même en pleine connaissance de la loi, le petit entrepreneur peut avoir le sentiment que, de toute façon, celle-ci est faite pour bénéficier à l'État ou aux gros investisseurs et qu'il n'en tirera aucun avantage tangible. La crainte de devoir s'acquitter de charges financières supplémentaires et le fait de devoir se soumettre à des contrôles interminables l'incitent à ne pas déclarer son entreprise ou à n'établir aucune sorte de transaction écrite.

Quatrième hypothèse : des seuils de légalité variables. Un calcul économique de type coût-bénéfice interviendrait de façon explicite ou intuitive dans l'esprit du petit patron, en ce sens que son degré d'observation des lois découle des considérations liées au coût d'opportunité. Cette attitude, parfaitement rationnelle, peut expliquer l'apparition de « seuils minimaux de légalité », à respecter pour pouvoir opérer, mais au-delà desquels les coûts l'emporteraient sur les avantages escomptés. Il en ressortira probablement une hétérogénéité de situations, en fonction des prescriptions spécifiques à chaque activité, de la visibilité de l'entreprise, du degré de tolérance des autorités et de la capacité des divers acteurs à contourner la loi. Parmi les principales motivations qui inciteraient un petit patron à une observation minimale de la loi, on relèvera les préoccupations suivantes : éviter les contrôles arbitraires et les sanctions entraînant une suspension de l'activité; prévenir toute autre restriction dans le domaine professionnel pouvant aggraver son insécurité; obtenir le droit de bénéficier d'un service public ou privé indispensable à l'entreprise.

Cinquième hypothèse : la perspective d'une pression fiscale accrue. Dans une situation de réorientation économique et d'aggravation des déséquilibres budgétaires et financiers de l'État, le secteur informel, par l'importance qu'il a prise dans l'économie, fait l'objet d'un regain d'intérêt, du point de vue fiscal, de la part des pouvoirs publics sous l'impulsion des institutions financières et monétaires internationales, Banque mondiale et Fonds monétaire international en particulier. Si la priorité est donnée à la recherche des équilibres budgétaires, la question se pose de savoir s'il faut imposer les entreprises informelles au même titre que les autres, afin de financer les dépenses publiques. En revanche, si l'objectif premier est d'ordre économique et social, on peut se demander s'il ne faut pas, a priori, imposer le moins possible ces activités afin de préserver leur potentiel et leur dynamisme économique. Quoi qu'il en soit, toute tentative de fiscalisation inconsidérée du secteur informel risque d'être au mieux inopérante, au pire asphyxiante pour les plus fragiles.

Dans les sections qui suivent, nous entreprendrons la vérification empirique des hypothèses énoncées dans des contextes historiques et institutionnels fort dissemblables, afin de remonter aux causes qui expliquent la diversité des situations juridiques, de démonter les mécanismes qui les reproduisent et d'en préciser la portée.

L'approche néolibérale

Les thèses néolibérales, préconisées notamment par Hernando de Soto [110], mettent en relief l'influence prépondérante du droit sur le degré d'efficacité des activités économiques qu'il régit, suggérant même que l'état du droit est la principale explication de la différence entre les pays industrialisés et ceux qui ne le sont pas. Fort de ce présupposé, H. de Soto s'efforce de montrer la prééminence des instruments juridiques sur les facteurs économiques, sociaux et culturels dans la genèse et la permanence du secteur informel, conséquence d'un système administratif et légal contraignant et dissuasif : délais d'enregistrement, complexité des procédures administratives et coûts de légalisation de l'entreprise concourent à dissuader les entrepreneurs d'opérer légalement.

Fondant son analyse des lois sur le critère de l'efficacité économique, il distingue les « bonnes » des « mauvaises » lois. Un environnement juridico-administratif inapproprié conduit à une mauvaise allocation des ressources de l'entreprise et du pays et incite les entrepreneurs à développer leurs activités en dehors du cadre légal. Après avoir dressé l'inventaire des coûts que doit assumer une entreprise qui fonctionne en toute légalité et les avoir comparés à ceux qui sont

110 De Soto, Hernando : *L'autre sentier* (Paris), Editions La Découverte, 1994.

effectivement supportés dans le secteur informel, la différence constituant le coût de la légalité [111], l'auteur précise la portée d'autres effets négatifs de la réglementation en vigueur sur l'économie dans son ensemble : faible productivité, moindre propension à investir, ralentissement du progrès technologique, inefficacité du système fiscal et divers obstacles à la formulation de la politique macro-économique.

Coûts et délais de constitution

L'étude menée sur le secteur informel de Lima illustre cette thèse. La complexité et les coûts des démarches administratives nécessaires à la constitution légale d'une entreprise ont été évalués en simulant la création d'un petit atelier de confection et d'un petit magasin, ce qui a nécessité 289 et 43 jours, respectivement.

De surcroît, les coûts engendrés par la constitution de l'entreprise, y compris le manque à gagner correspondant à la non-activité durant le temps consacré aux démarches, se sont élevés à 1 231 et 590 dollars, soit dans l'ordre, 32 et 15 fois le salaire minimum. Les coûts et les délais de constitution apparaissent donc prohibitifs et expliquent que de nombreux entrepreneurs fassent le choix du secteur informel.

Coût du maintien dans la légalité

Un échantillon de 50 petits établissements manufacturiers d'une à quatre personnes a servi à évaluer les coûts fiscaux et ceux qui découlent du respect de la législation du travail. Ils appartiennent à des secteurs d'activité fortement représentés dans le secteur informel : boulangerie, textile et confection, fabrication de chaussures, meubles et articles en bois. Au total, les coûts s'élèvent à 348 % des bénéfices

---

111 Dans la suite de cet article, les coûts encourus par une entreprise fonctionnant en toute légalité seront dénommés « coûts légaux » ou « coûts réglementaires », fiscaux ou du travail, suivant la législation à laquelle ils se rapportent. La différence entre ces coûts et ceux qui sont effectivement et actuellement supportés dans le secteur informel sera dénommée « coût de la légalité » ou « coût de la légalisation ». Ces derniers peuvent se référer au coût de démarrage de l'activité (enregistrement initial par exemple) ou coût du maintien dans la légalité, lorsqu'il s'agit du fonctionnement de l'entreprise.

après impôts, et à 11,3 % des coûts de production. La part des coûts administratifs (une autre étude a montré que 40 % du temps des employés administratifs sont consacrés aux démarches imposées par l'État pour que l'entreprise reste légale) et des coûts du travail s'élève à 73 %, alors que les coûts fiscaux et les coûts pour l'usage des services publics ne représentent, respectivement, que 22 et 5 % des coûts légaux. Ainsi donc, le coût du maintien dans la légalité ne permet pas d'affecter des excédents à l'investissement. En effet, sur 100 dollars d'excédent disponible, l'entreprise ne dispose plus que de 23, puisqu'il lui faut consacrer 77 dollars à conserver son caractère légal. De ce dernier montant, seuls 17,6 dollars sont destinés au fisc.

La situation d'illégalité du secteur informel engendre des coûts supplémentaires considérables et une instabilité permanente, détourne de la production beaucoup de ressources, d'efforts et d'aptitudes diverses pour les orienter vers une action destinée à éviter les sanctions et à obtenir la reconnaissance des droits extralégaux acquis. En l'occurrence, les entreprises du secteur dépensent 10 à 15 % de leur revenu brut pour éviter les sanctions dues à leur situation, proportion qui se réduit à 1 % lorsqu'il s'agit d'une petite entreprise formelle. Elles doivent par ailleurs répartir leur production entre plusieurs locaux et limiter leur publicité; en outre, l'accès à certains marchés leur est fermé. Les transactions sont donc plus difficiles et plus rares; la rationalisation de la production permettant des économies d'échelle et des gains de productivité devient malaisée.

Au demeurant, toute une série de transferts a lieu des entrepreneurs informels vers les entrepreneurs légaux et l'État; en l'absence de toute contrepartie, ces opérations constituent un préjudice net pour les premiers. L'étude identifie au moins trois mécanismes. En payant des impôts indirects sur les ventes ou sur les importations (5,7 % du PIB), en subissant l'inflation sur l'argent (3,8 % du PIB), sans pouvoir protéger leurs liquidités autrement que par l'acquisition de biens à un moment qui n'est pas toujours opportun, en payant des taux d'intérêt élevés aux circuits financiers informels pour l'obtention de crédits (3,5 % du PIB), les entreprises informelles apportent une contribution substantielle à l'économie. Selon ces estimations, l'addition des trois sortes de transferts équivalait, en 1985, à 1,8 milliard de dollars ou 13 % du PIB.

Instaurer une nouvelle légalité

Coûts et délais d'enregistrement très importants, complexité des démarches administratives, inadéquation des réglementations en vigueur aux besoins du secteur informel sont autant de facteurs qui dissuadent les micro-entrepreneurs de légaliser leur entreprise. Les coûts fiscaux ne sont pas les plus importants et, par conséquent, la politique fiscale n'est pas l'unique déterminant de la formalité ou de l'informalité. Les coûts des obligations sociales constituent en réalité le cœur du problème. À cet égard, l'analyse néolibérale suggère que l'utilisation intensive du facteur travail augmente — à un rythme progressif — le coût du maintien dans la légalité, incitant ceux qui disposent de capital à faire des choix technologiques défavorables au facteur travail, et ceux qui n'en ont pas à s'engager dans l'informalité. Un tel processus ne peut que léser toute la société.

Ainsi, H. de Soto conclut qu'il est beaucoup plus simple et moins coûteux d'intégrer les travailleurs légaux et informels dans un système économique légal unique et non discriminatoire en réformant le droit, que d'essayer de modifier leurs comportements et leurs caractères culturels. Cette intégration comporte deux démarches : éliminer les restrictions du système légal et intégrer tous les travailleurs au sein d'une nouvelle légalité. Celle-ci doit respecter et intégrer les règles extralégales et les pratiques saines que créent spontanément entrepreneurs légaux et informels ou s'en inspirer.

L'effort, l'initiative et le potentiel entrepreneurial populaire que recèle le secteur informel représentent, en fait, une nouvelle culture et un capital humain indispensable au décollage économique. Comment relever le défi de transmettre au reste du pays la vitalité, l'opiniâtreté et les espérances de cette nouvelle classe d'entrepreneurs ? La réponse se trouve dans une transformation des institutions et des instruments juridiques. Pour ce faire, un programme minimal d'intégration de l'ensemble du pays devrait donc : simplifier le fonctionnement des institutions par l'abandon d'une partie inutile des réglementations arbitraires, limitant ainsi l'intervention de l'État dans le domaine économique; décentraliser les responsabilités législatives et administratives du gouvernement aux instances locales et régionales; et enfin, déréglementer, ou dépolitiser si l'on préfère, la production nationale, en l'émancipant de la tutelle des détenteurs du pouvoir politique et en affranchissant le politique du pouvoir économique.

L'approche structuraliste

L'objectif des études réalisées par le Programme régional d'emploi pour l'Amérique latine et les Caraïbes (PREALC) de l'OIT [112] était de déterminer le degré de légalité des entreprises du secteur informel, les procédures et coûts inhérents à leur légalisation, la capacité des micro-entreprises à absorber ces coûts, ainsi que l'impact de l'illégalité sur leur fonctionnement. À cette fin, une analyse de la législation en vigueur et huit études de cas ont été effectuées [113]. La taille restreinte de l'échantillon, 60 entreprises pour 8 pays, ne permet pas de tirer de conclusions définitives à partir des résultats obtenus, notamment quant à la capacité d'absorption des coûts légaux par les entreprises du secteur informel. Cependant, ces études donnent de précieuses indications sur la complexité des démarches, les délais et les coûts de constitution légale d'une entreprise.

Degré d'observation des réglementations

L'étude des législations des différents pays permet d'identifier les étapes nécessaires à la création ou à la constitution légale d'une entreprise. Tout d'abord, l'enregistrement initial de l'activité économique s'effectue en général à plusieurs niveaux :

---

[112] PREALC/OIT : *Más allá de la regulación: El sector informal en América Latina* (Santiago, 1990; Tokman, Victor (directeur de publication) : *Beyond regulation. The informal economy in Latin America* (Boulder et Londres, Lynne Reinner Publishers), 1992; Lagos, Ricardo, A. : « Formalizing the informal sector: barriers and costs », *Development and change* (Oxford, Institute of Social Studies), 1995, vol. 26.

[113] On peut distinguer deux types d'études : certaines ont privilégié une analyse quantitative des activités informelles (échantillon de 22 entreprises pour le Mexique et la Bolivie), les autres ont sélectionné de deux à quatre entreprises pour illustrer de façon plus qualitative les difficultés auxquelles se trouvent confrontés les micro-entrepreneurs en cas de légalisation. La sélection des entreprises s'est faite soit par observation directe (Bolivie), soit au travers de programmes d'assistance aux micro-entreprises (Uruguay et Venezuela), les critères de sélection étant la représentativité des entreprises au sein de la branche d'activité, le type de local (Bolivie) ou même la volonté de l'entrepreneur de participer à l'étude (Brésil). À partir d'une analyse de la réglementation ou d'une simulation de légalisation (en Équateur, par exemple), les coûts et les délais de légalisation ont pu être estimés.

- la municipalité pour les différentes autorisations (permis de construire, carnet sanitaire, licence ...) obligatoires dans tous les pays;
- le registre du commerce (Bolivie, Brésil, Guatemala, Uruguay et Venezuela);
- les organismes publics de promotion pour certaines activités (Bolivie, Équateur et Mexique);
- l'autorisation d'implantation locale (Brésil, Uruguay, Chili, Mexique, Venezuela);
- l'enregistrement fiscal au niveau national et local obligatoire dans tous les pays;
- l'enregistrement auprès des organismes compétents pour les questions relatives au contrat de travail et à la sécurité sociale.

Si les exigences nationales sont relativement semblables, des différences se manifestent tout de même : complexité des démarches, efficacité des administrations et adéquation des réglementations aux caractéristiques économiques des micro-entreprises. Ainsi, si en Bolivie l'enregistrement d'une entreprise exige cinq démarches différentes, il en faut 59 en Équateur et 37 au Guatemala, la majorité des cas se situant entre 20 et 30. Le degré d'enregistrement aux différents niveaux est fonction de son importance pour la poursuite des démarches, de la complexité des procédures, du degré de contrôle des autorités administratives et des bénéfices potentiels qui y sont liés.

Les études montrent que le secteur informel n'est ni totalement légal, ni absolument illégal. Il se situe dans une « zone grise » allant de l'illégalité la plus complète à la légalité totale. Les activités commerciales, plus visibles et mieux localisées, ont généralement un taux d'enregistrement supérieur à celui de l'industrie; les enregistrements initiaux et fiscaux sont les plus respectés (principalement en Bolivie, au Chili, en Équateur, en Uruguay et au Venezuela), car ils permettent une existence légale provisoire et le démarrage de l'activité.

Délais et coûts de constitution

Les délais sont fonction de la complexité des démarches administratives, de l'efficacité des services qui délivrent les autorisations et qui, le cas échéant, procèdent aux inspections (hygiène, sécurité ...). Ils varient selon les pays et les activités (voir tableau 27). Ils ne sont pas essentiellement liés au nombre de démarches. Ainsi, pour enregistrer une société, le nombre de ces démarches est relativement proche au Brésil et au Chili, ainsi qu'au Mexique et au Venezuela, mais les délais sont deux à trois fois plus longs dans ces deux derniers pays. Si l'adéquation des réglementations aux petites entreprises et le degré de centralisation administrative influent sensiblement sur la longueur des délais, il reste que, à l'heure des réformes de l'État, la seule réduction du nombre des démarches ne suffira pas et qu'une efficacité accrue de la bureaucratie sera nécessaire pour accélérer le processus de légalisation des entreprises.

Les coûts de constitution varient de 1 à 160 % des bénéfices annuels, selon les pays et les activités (voir tableau 27). Dans l'ensemble, les coûts sont plus importants pour l'industrie que pour le commerce. Si des modifications pour des raisons d'hygiène, de sécurité ou autres doivent être apportées au local de travail, les délais et les coûts sont fortement augmentés, souvent bien au-delà des coûts normaux de légalisation.

Le coût du maintien dans la légalité

Les coûts légaux durant la période d'activité de l'entreprise se répartissent principalement entre coûts fiscaux et coûts du travail. Peu significatifs pour les travailleurs indépendants ou ceux qui emploient une main-d'œuvre familiale non rémunérée, ils varient fortement d'un pays à l'autre : de 17 à 70 % des bénéfices annuels, et ils représentent au moins le double des coûts de constitution. Les coûts du travail sont les plus importants et ils représentent un coût fixe, quels que soient les résultats de l'entreprise, alors que les coûts fiscaux dépendent en majeure partie de la taille, du bénéfice et du chiffre d'affaires de l'entreprise. Ils représentent 79 % des coûts légaux d'activité en Bolivie pour les entreprises ayant au moins un employé et, au Mexique, 24 % du bénéfice annuel, alors que les coûts fiscaux s'élèvent à 21 et 13 %, respectivement.

Tableau 27 - Délais et coûts de constitution légale d'une entreprise par pays (1990)

Paramètres	Temps (jours de travail)	Pourcentage du profit annuel
Bolivie	15-30	0,3 -3
Brésil	31-60	3-8
Chili	12-65	3-6
Équateur	60-240	15- 24
Guatemala	179-525	4-9
Mexique	83-240	—
Uruguay	75-90	6- 16 0
Venezuela	170-310	6- 24

Source : PREALC, *op. cit.* (note 10 du texte).

Des contraintes plus économiques que juridiques

Il ressort de cet ensemble d'études que les réglementations diffèrent d'un pays à l'autre tant au plan des coûts que de la complexité et de la durée des démarches. Un groupe de pays (Brésil, Bolivie et Chili) a créé un environnement plus favorable aux micro-entreprises. Des pays tels que le Mexique ou l'Uruguay sont dans une situation intermédiaire alors que l'Équateur, le Guatemala et le Venezuela ont des législations et des pratiques bureaucratiques plus dissuasives. Il est à noter qu'il n'y a pas de relations évidentes entre un environnement institutionnel et légal plus ou moins contraignant et les coûts encourus par l'entrepreneur, pas plus qu'avec l'importance relative du secteur informel dans l'économie d'un pays. Ainsi, les secteurs informels les plus importants se trouvent en Bolivie et au Guatemala, alors que le cadre juridico-administratif diffère totalement. De même, le Chili et le Venezuela ont des secteurs informels relativement peu importants et diffèrent tout autant quant aux contraintes institutionnelles et légales.

La raison du non-respect de ces réglementations pourrait être l'incapacité des unités informelles d'absorber les coûts supplémentaires du fait de l'insuffisance de leurs ressources financières et de l'étroitesse du marché. En effet, l'existence d'une main-d'œuvre excédentaire, incapable de trouver du travail bien rémunéré, provoque un afflux de petits producteurs indépendants, ce qui exacerbe la concurrence et réduit fortement le niveau des profits. Cette incapacité ne tient donc pas à un problème d'inadéquation de la réglementation, mais plutôt à une restriction structurelle. Une seconde explication est que le travail s'organise de façon particulière dans les unités informelles : les relations ne sont pas basées sur un contrat, la rémunération et la durée du travail sont flexibles, et il existe des accords de compensation ad hoc selon la situation de l'entreprise.

Si les réglementations ne sont pas toujours adaptées ou favorables au secteur informel, elles sont néanmoins censées protéger l'intérêt général, comme celui des individus, et il ne semble pas que leur suppression, ou limitation, soit la réponse la plus pertinente aux problèmes du secteur. En revanche, des améliorations sont à envisager : une efficacité accrue des services administratifs et la simplification des procédures (organismes à contacter, nombre et complexité des démarches) favoriseraient la légalisation des entreprises informelles.

Il ressort par ailleurs de ces études que les coûts légaux du travail ont une incidence plus importante sur le résultat des micro-entreprises que les coûts fiscaux ou de constitution. Un abaissement des normes du travail ou leur application progressive pourrait être envisagé afin d'augmenter leur degré d'application, mais au risque d'entraîner une diminution générale du niveau de protection des travailleurs. Les réponses au problème de la sécurité sociale varient selon les pays, et les solutions envisageables vont de la création de dispositifs hors des systèmes actuels à l'abaissement du coût d'accès à ceux-ci.

En fin de compte, des réformes législatives sont certes utiles pour développer le secteur informel, mais elles doivent être comprises dans un ensemble de mesures plus larges, tenant compte de la diversité des besoins des activités informelles.

Blocages et amélioration du cadre institutionnel

Les études de l'OCDE [114] cherchent à déterminer la position des petits entrepreneurs à l'égard du cadre institutionnel et à comprendre les conséquences des différentes interventions de l'État sur les modalités d'insertion de la micro-entreprise sur le marché, en évaluant le degré de respect des réglementations régissant l'activité économique.

Sur le plan méthodologique, la collecte de renseignements dans sept pays a été réalisée en combinant des enquêtes légères par questionnaire et des entretiens longs avec un nombre réduit d'entrepreneurs [115].

Le statut légal

Les résultats des études menées par l'OCDE confirment la situation semi-légale et hétérogène des micro-entreprises, car la majorité de l'échantillon est enregistrée ou paye certains impôts. En Équateur, où les avantages que procure le statut d'artisan incitent à se faire enregistrer, la majorité travaille en toute légalité (72 %), même si les démarches requises sont plus longues. En Thaïlande et en Jamaïque, par contre, les autorités n'attachent pas beaucoup d'importance à cet enregistrement. Les entrepreneurs ont fait valoir la méconnaissance de la législation ou le caractère inutile de l'enregistrement pour expliquer leur non-observation des réglementations. La complexité des procédures ou les coûts sont généralement peu cités parmi les contraintes majeures.

---

114 OCDE : *Micro-entreprises et cadre institutionnel dans les pays en développement* (Paris, Centre de Développement), 1994.

115 Trois ou quatre branches d'activités représentatives au sein du secteur informel (textile, métal, bois, réparation mécanique, restauration populaire) par leur insertion sur le marché ont été retenues pour l'enquête. Une certaine hétérogénéité caractérise néanmoins la méthode de sélection des entreprises : fichiers statistiques, répertoires administratifs et, à défaut de base de sondage, l'on a parfois utilisé des échantillons aléatoires. La plupart des entreprises (90 %) de l'échantillon ont moins de dix actifs. Certaines études ont centré leur champ d'investigation sur les villes principales, d'autres ont intégré les villes secondaires et les villages.

Des analyses de régression mettant en rapport les données de quatre pays (Niger, Swaziland, Équateur et Jamaïque) ont mis en évidence que la taille de l'entreprise et sa localisation sont des facteurs déterminants de légalisation dans tous les cas. Cela tient au fait qu'une entreprise ayant plusieurs salariés a davantage besoin d'un statut officiel pour fonctionner étant donné qu'elle est plus exposée aux contrôles; par ailleurs, ceux-ci sont plus fréquents et plus stricts dans la capitale qu'ailleurs. En revanche, dans les deux premiers pays, d'autres variables explicatives entrent également en ligne de compte : la probabilité d'enregistrement est plus faible dans le cas d'une activité à domicile ou lorsque l'entrepreneur est une femme.

Les prescriptions fiscales

Les enquêtes montrent que les micro-entreprises n'échappent pas systématiquement à cette contrainte, mais que la réglementation fiscale est plus ou moins respectée suivant le pays et le type d'impôt, comme le montre le tableau 28. En effet, au Niger et au Swaziland, la seule obligation qui touche la majorité des entreprises est de payer une patente, l'emprise de l'administration fiscale étant fortement liée à la visibilité des micro-entreprises. L'Algérie et l'Équateur donnent l'image d'une situation contrastée, mais pour des raisons différentes. Dans le premier pays, la majorité des entreprises respecte les quatre impôts les plus importants du fait de la sévérité des contrôles et des inconvénients qui découlent de l'illégalité. En revanche, en Équateur, le statut spécial d'artisan donne droit à des avantages et exonérations qui incitent les entrepreneurs à s'inscrire; il leur est donc difficile de recourir à l'évasion fiscale. Le système fiscal en Thaïlande semble comparable à celui de la Tunisie dans la mesure où la pression fiscale qui s'exerce sur les entreprises est assez légère, les autorités ayant décidé de favoriser ce genre d'entreprises. Dans les quatre pays précités, à revenu intermédiaire, le nombre relativement élevé d'entrepreneurs assujettis contredit la vision d'un secteur qui échapperait le plus souvent à toute obligation fiscale.

Comme pour l'enregistrement, la taille et la localisation géographique ont une influence déterminante sur l'observation des réglementations : les indépendants échappent le plus souvent à toute imposition, et les obligations fiscales sont davantage respectées dans la capitale. Contrairement à ce que l'on pourrait croire, il ne semble pas que le coût ou la complexité des procédures soient ressentis par les artisans comme un obstacle au développement de leur entreprise (l'Algérie faisant figure d'exception en la matière). Le manque d'information et la rareté du contrôle sont les raisons les plus souvent évoquées.

Le droit du travail

Un aperçu de la situation des salariés montre que, lorsque ce droit est appliqué, c'est avec laxisme. En effet, les enquêtes montrent que le respect de la législation sur le salaire minimum est partiel. Au Niger et au Swaziland, le droit sur le salaire minimum est nettement moins respecté que dans les autres pays, tandis qu'en Équateur il est très largement observé (87 %), mais le salaire minimum est fixé à un niveau très bas.

Les motifs de non-respect varient selon le pays : certains entrepreneurs évoquent principalement le coût, d'autres font valoir que le salaire minimum ne concerne pas certaines catégories de travailleurs (apprentis ou salariés récemment embauchés), alors que partout on justifie la différence entre le salaire versé et le salaire minimum par l'octroi d'avantages qui la compenseraient. La rémunération des salariés est souvent liée au niveau d'activité de l'entreprise ou à la productivité du travail, payé à la tâche ou à la pièce. La durée hebdomadaire du travail n'est pas mieux respectée que le salaire minimum (tableau 28), ce qui est souvent un moyen de faire baisser le coût horaire du travail.

Seul un petit nombre d'entrepreneurs s'acquittent des cotisations de sécurité sociale dues au titre de leurs salariés, le degré de respect des textes variant en général avec la taille des entreprises. Pour justifier un tel comportement, on évoque fréquemment le coût d'affiliation, la faiblesse des contrôles et le statut de certaines catégories de main-d'œuvre qui, selon les patrons, ne leur fait pas obligation de déclarer les intéressés. De même, les entrepreneurs estiment que les normes d'hygiène et de sécurité ne s'appliquent pas à leur entreprise; cependant, ils assurent parfois, et partiellement, certains services qui en relèvent.

Améliorer le cadre institutionnel

On retiendra d'abord le fait que, dans aucun des sept pays étudiés, les contraintes administratives ne sont citées par les entrepreneurs au premier ou au second rang des obstacles à surmonter. Ce sont le manque de moyens financiers et les difficultés d'accès au marché institutionnel de l'argent, ainsi que l'insuffisance ou l'instabilité de la demande, qui les inquiètent au premier chef.

Tableau 28 - Degré d'observation de la législation fiscale et du travail par pays (valeurs en pourcentage) 1990-1992

	Patente	Taxe foncière	BIC [1]	TVA	Salaire minimum	Durée travail	Sécurité sociale	Sécurité hygiène
Algérie	-	53	83	83	54	30	58	29
Équateur	72	-	63	40	87	49	36	-
Jamaïque	-	-	-	-	46	33	20	27
Niger	66	29	9	12	2	2	5	7
Thaïlande	-	20	60	-	34 [2]	33 [2]	40 [2]	42 [2]
Tunisie	85	75	-	-	26	60	49	52
Swaziland	54	-	16	39	16	41	7	19

[1] BIC : Bénéfice industriel et commercial.

[2] Les réponses traduisent l'accord de l'entrepreneur avec les réglementations et non pas leur application effective.

Élaboration : BIT d'après OCDE : *op. cit.* (voir note 12 du texte).

Les obstacles réglementaires (emplacements) et fiscaux sont rarement évoqués. Cette même hiérarchie se retrouvant partout, on en déduit que les autres règlements, qu'il s'agisse de normes d'hygiène et de qualité, ou du droit du travail, ne gênent habituellement pas les entreprises en question. Par ailleurs, la majorité d'entre elles, indépendants exclus, est connue des autorités dans presque tous les pays. Les données examinées contredisent donc l'image d'un secteur informel fonctionnant complètement en dehors du cadre légal. Toutefois, il est indiscutable que des améliorations sont à apporter au cadre institutionnel des pays observés. Ainsi, l'État devrait réduire autant que possible le coût de l'enregistrement évalué en ressources et temps investis en allégeant les procédures. Il faudrait, néanmoins, aisser se former des zones d'illégalité (ou d'a-légalité), pour des raisons légitimes d'intérêt général, s'agissant en du statut des apprentis, de la protection des ateurs et de la sécurité des travailleurs.

Pour ce qui est du droit du travail, ses dispositions devraient viser en priorité les conditions de travail dangereuses et la surexploitation des catégories les plus vulnérables : enfants, jeunes non qualifiés et femmes dans la détresse. Le salaire minimum, la durée hebdomadaire du travail et les heures supplémentaires posent un problème délicat, étant donné l'imbrication des facteurs qui entrent en jeu dans le contournement de la législation (qu'il s'agisse de la formation dispensée aux apprentis, des relations personnelles ou des pratiques compensatoires établies par le patron, etc.). L'affiliation à la sécurité sociale pourrait s'inspirer des expériences en cours (comme celle de l'Équateur), instituant un système plus modeste de prestations pour les salariés des micro-entreprises dont les cotisations, réduites, seraient complétées par une subvention de l'État. De plus, cette modalité peut être combinée avec les pratiques de solidarité traditionnelles.

En matière fiscale, il faut non seulement que l'administration soit honnête et efficace, mais encore que le régime soit adapté aux spécificités des micro-entreprises. Il conviendrait, par exemple, d'établir un lien entre le prélèvement et les services publics fournis en transformant certaines taxes en redevances. Il serait également souhaitable d'accorder des exonérations aux entreprises nouvellement créées car celles-ci ont toujours beaucoup de mal à s'acquitter de leurs obligations. S'agissant du financement, il faudrait créer des banques spécialisées dans le prêt aux artisans, tout en mettant en place un dispositif d'assistance à ces derniers pour la constitution des dossiers et le choix des investissements. Il est certain que les institutions de crédit plus proches des formes traditionnelles de financement et des caisses d'épargne coopératives sont des solutions à explorer en parallèle. L'État peut inciter les artisans à créer des associations professionnelles pour défendre leurs intérêts et organiser des services aux entreprises en facilitant l'accès aux marchés publics, à l'information et à la formation technique.

Légalité et variabilité des entreprises

Le BIT a mené une série d'études exploratoires sur le continent africain afin d'appréhender les contraintes institutionnelles et légales qui entravent les activités informelles. Une attention particulière a été portée aux coûts de légalisation des micro-entreprises afin d'en mesurer les effets sur leur viabilité économique. Une seconde série d'études compare les avantages hypothétiques en cas de légalisation aux avantages réellement obtenus par les entreprises du secteur moderne [116]. La méthodologie des études comporte trois volets : une analyse des textes légaux; une série d'entretiens semi-directifs avec les services de l'administration centrale et/ou locale chargés de leur application; enfin, une enquête par questionnaire auprès d'un échantillon de micro-entreprises sélectionnées [117].

---

116 Voir à ce sujet Rutake, Pascal, et Ranguza, Ignace : *Obstacles de caractère légal et institutionnel au développement du secteur informel à Bujumbura* (Burundi) (Genève, BIT), 1993; Attin Sourou, Joseph : *Perspectives du passage du secteur informel au secteur formel au Bénin (coût de la légalité)* (Genève, BIT), 1994; Ferchiou, Ridha : *Micro-entreprises du secteur informel à Tunis : Obstacles de caractère légal et institutionnel* (Genève, BIT), 1994; Maipose, G. S. : The informal sector in Zambia: *Employment consequences of the legal and regulatory framework* (Genève, BIT), 1990; Niango, Augustin : *Les contraintes légales et institutionnelles du secteur informel en Côte d'Ivoire* (Genève, BIT) (à paraître); Pigeon, Pierre : *Micro-entreprises du circuit informel à Bangui (RCA) : obstacles de caractère légal et institutionnel* (Genève, BIT), 1993; Tueros, Mario : *Report on informal sector and regulatory framework in* mainland Tanzania (Genève, BIT) (à paraître); Ojja-Andira, A. : *Regulatory constraints survey report for Uganda* (Genève, BIT), 1995; Waithaka, D. : *Study of legal and regulatory barriers to enterprise development in Kenya* (Genève, BIT), 1995.

117 L'échantillon regroupe cinq secteurs d'activité (manufacture, services, commerce, transport et bâtiment), et 95 % des unités économiques ont moins de dix salariés, l'effectif moyen étant de quatre salariés. Dans un but comparatif, les enquêtes dans certains pays (Côte d'Ivoire, République centrafricaine, Kenya, République Unie de Tanzanie) ont inclus une cinquantaine d'établissements appartenant au secteur formel. Les entreprises sélectionnées sont établies dans la capitale, excepté pour les pays d'expression anglaise où une ou deux villes secondaires ont également été considérées. Certains échantillons ont pu être constitués en s'appuyant sur une base de sondage stratifiant la population mère; pour d'autres, on a fait appel à la méthode des quotas croisés qui tient compte des variables spatiales et du secteur d'activité.

Le degré d'observation des réglementations

Les résultats des enquêtes confirment l'existence de seuils de légalité variables selon le pays, le cadre légal en vigueur, les pratiques administratives des autorités de tutelle et le secteur d'activité. En effet, il ressort du tableau 29 que : *a)* les prescriptions édictées par les pouvoirs publics sont dans l'ensemble relativement peu observées, mais les situations sont contrastées selon l'obligation considérée; *b)* sur le plan local, les réglementations sont mieux respectées grâce à la proximité qui existe entre les autorités et les établissements issus de l'économie informelle, d'une part, et grâce aux mécanismes de contrôle et aux pénalités infligées aux contrevenants, d'autre part; *c)* sur le plan national, les entreprises sont très faiblement ou nullement imposées sur le chiffre d'affaires ou le bénéfice industriel et commercial; en revanche, la situation est meilleure quant au niveau d'enregistrement; *d)* seuls les patrons tunisiens et burundais semblent consentir des efforts visant à verser à leurs travailleurs une rémunération supérieure au salaire minimum; dans les autres cas, cette rémunération est proche du minimum établi; *e)* la protection des travailleurs, qu'il s'agisse des prestations de la sécurité sociale ou de la sécurité et de l'hygiène dans l'entreprise, est largement négligée par les employeurs.

Le degré élevé d'observation des réglementations locales au Burundi s'explique parce que l'autorisation d'entreprendre une activité économique est accordée gratuitement, mais aussi parce que le versement de la taxe municipale est contrôlé avec sévérité et que les sanctions sont très dissuasives. Les études portant sur les pays anglophones ont mis en relief les pratiques de harcèlement social qui, à court terme, déstabilisent l'activité économique et la privent d'une partie de ses revenus; à long terme, elles découragent l'investissement (République Unie de Tanzanie). À cet égard, les interviews conduites au Kenya auprès des *Jua Kali* (travailleurs du secteur informel) ont permis d'identifier 11 types de pratiques répressives (extorsion de fonds, démolition des kiosques, confiscation des produits, révocation ou destruction des licences, emprisonnement et autres pénalités arbitraires) appliquées par des « inspecteurs » de tout poil qui ont proliféré ces dernières années. Parfois, les motivations sont de nature extralégale, liées aux allégeances politiques. Le faible degré d'observation des réglementations locales enregistré dans les trois pays en question (Kenya, République Unie de Tanzanie, Ouganda) est expliqué par un *Jua Kali* kényan : « C'est une perte de temps que d'essayer d'obtenir une licence; cela prend trop de temps. Il est plus facile de soudoyer la police municipale ».

De manière générale, les inspecteurs contrôlent rarement le respect de la législation du travail, sauf en cas de conflit déclaré. Ainsi une entreprise peut-elle enfreindre la réglementation sans risque de sanctions; cette pratique contribue à la méconnaissance de la législation. Les raisons souvent avancées pour en expliquer l'inobservation se partagent entre l'ignorance des prescriptions, la complexité des formalités et le caractère prohibitif des coûts qui en découlent.

Les coûts légaux d'activité

Le faible degré de respect des réglementations apparaît de manière plus évidente lorsque l'on compare les contributions effectivement versées par les entreprises et celles qui devraient être versées en vertu des lois et règlements fiscaux en vigueur; il en est de même des coûts induits par le respect du droit du travail.

Les coûts fiscaux réglementaires sont énormes par rapport aux recettes de l'entreprise. Néanmoins, dans la situation actuelle de très faible respect de la légalité par les micro-entreprises, les sommes effectivement versées ne représentent que 3 % des sommes dues au fisc au Burundi et, dans le meilleur des cas, 44 % au Bénin (voir tableau 30).

La légalisation des établissements aurait pour conséquence d'amputer 36 % de leurs profits annuels en moyenne pondérée. Il est à noter, cependant, que le coût de légalisation en matière fiscale ramené au profit annuel varie fortement d'un pays à l'autre, phénomène qui s'explique d'abord par la différence du degré de respect actuel de la législation fiscale dans chaque pays, puis par l'importance du taux de profit dégagé par les entreprises concernées. L'impact financier de la légalisation fiscale varie aussi selon la nature de l'activité à l'intérieur d'un même pays. Néanmoins, sur l'ensemble des pays, on ne relève pas de corrélation générale entre nature de l'activité et coûts de légalisation. Ceux-ci dépendent de la politique fiscale du pays, du contrôle exercé sur certaines activités par le fisc et du niveau de profit de chaque activité. Le coût du travail, dans la situation actuelle de légalité restreinte des activités informelles, représente, selon le pays,

Tableau 29 - Degré d'observation de la législation fiscale et du travail par pays (valeurs en pourcentage)

Pays	Échantillon (nb)	Réglementation locale[1]	Patente	Fiscalité nationale	Registre du commerce	Réglementation du travail[2]	Sécurité sociale	Sécurité hygiène
Bénin	92	-	-	0	<10	-	<10	0
Burundi	150	74	80[3]	39[4]	2	87[5]	0	-
Côte d'Ivoire	150	71	33	1	56	0,6	0,6	0,6
Rép. Centrafricaine	200	23	52	28	39	-	21	-
Tunisie	60	72	77	-	18	73[5]	19	-
Kenya	202	0	48	7	27	-	-	24
Ouganda	191	17	64	4	40	0,5	0	2
Rép.-Unie de Tanzanie	325	5	58	6	4	0,3	0	0,6

1 Il s'agit, selon le pays, de l'autorisation concernant la localisation de l'activité et/ou la nature de celle-ci.

2 La réglementation du travail comprend le contrat lui-même, la durée hebdomadaire du travail et le salaire minimum.

3 Il s'agit de la taxe communale.

4 Il s'agit seulement d'une déclaration d'ouverture d'un compte auprès de la Direction des impôts et non d'un acquittement fiscal effectif.

5 Concerne uniquement le pourcentage de salariés dont le revenu est supérieur au salaire minimum.

Source : BIT : calculs effectués à partir des résultats des études menées entre 1989 et 1995 (voir note 14 du texte).

entre 22 et 85 % de son coût légal théorique (voir tableau 30). La légalisation entraînerait une baisse du profit de 17,5 % en moyenne pondérée.

On remarque que le coût de la légalisation du travail serait fort peu élevé pour le Burundi et la Tunisie; en revanche, au Bénin et en République Centrafricaine, il s'élèverait à environ 30 % du bénéfice annuel de l'entreprise. Il convient, par ailleurs, de préciser que le poids relatif des charges sociales dans le coût du travail varie selon les pays : 9, 16, 20 et 21 %, respectivement, au Burundi, au Bénin, en République Centrafricaine et en Tunisie.

Il ne semble pas qu'un secteur d'activité serait plus pénalisé qu'un autre par le respect des obligations du travail. Ainsi, au Bénin et en République Centrafricaine, ces coûts seraient importants pour les transports (61 et 23 % du profit annuel, respectivement), alors qu'au Burundi, ils ne représenteraient que 2 % du profit annuel.

Les coûts totaux effectivement payés par les micro-entreprises au titre des impôts ou de l'emploi de main-d'œuvre salariée sont aujourd'hui relativement faibles. La légalisation de leur situation dans ces deux domaines induirait une ponction de 26 à 87 % de leur profit annuel (tableau 30). En d'autres termes, leur légalisation entraînerait une diminution d'environ 30 % du revenu mensuel de l'entrepreneur au Bénin, au Burundi et en Tunisie, alors que celui de la République Centrafricaine verrait ses gains chuter de 88 % (voir tableau 31).

Identification des principaux problèmes

Si les coûts légaux sont élevés, ils ne semblent pas être la principale préoccupation des micro-entrepreneurs, ce qui s'explique par la faiblesse aussi bien des contributions effectivement versées que des contrôles exercés par les autorités. En effet, sur 12 réponses possibles, l'étroitesse du marché et la concurrence sont les contraintes évoquées partout en premier (21, 43 et 54 % en République Centrafricaine, en Tunisie et en République Unie de Tanzanie, respectivement). Les besoins financiers que les unités économiques expriment à travers diverses formes (crédit pour achat d'équipements et de matières premières ou provisions pour fonds de roulement) occupent la seconde position (entre 13 % au Burundi et 43 % en République Centrafricaine). Les contraintes fiscales ainsi que les formalités et contrôles excessifs des administrations viennent, au mieux, en deuxième position (34,4 % en Ouganda) ou en troisième (13 % en République Unie de Tanzanie et 10 % au Bénin).

Les effets de la légalisation sur la dynamique des entreprises

Les différentes études coïncident sur le fait que la légalisation aurait un effet immédiat néfaste sur les activités informelles, en particulier sur le niveau de l'emploi, la rentabilité et l'épargne des entrepreneurs, car leurs revenus nets baisseraient. C'est grâce en partie à cette semi-légalité et à la flexibilité des conditions d'embauche que les entreprises informelles peuvent créer autant d'emplois à faible coût.

Tableau 30 - Effet du respect de la légalité sur le profit et le chiffre d'affaires annuel des unités économiques (valeurs en pourcentage)

	Coûts fiscaux			*Coût du travail*			Coûts totaux	
Pays	Coûts actuels sur coûts légaux	Coûts de légalisation sur :		Coûts actuels sur coûts légaux [1]	Coûts de légalisation sur :		Coûts totaux de légalisation sur :	
		Profits	CA		Profits	CA	Profits	CA
Bénin	44,2	4	3	22,4 [2]	30,0	21,0	34,0	24,0
Burundi	3,4	42	26	85,2	0,5	0,5	42,5	26,5
République Centrafricaine	15,2	58	10	74,7 [2]	29,0	5,0	87,0	15,0
Tunisie	14,5	14	4	79,3	12,0	3,0	26,0	7,0

[1] Les congés payés, les heures supplémentaires et autres avantages accordés aux salariés du secteur formel n'ont pas été évalués.

[2] Le coût des heures supplémentaires a été calculé au tarif normal.

Source : BIT : calculs effectués à partir des résultats des études menées entre 1989 et 1995 (voir note 14 du texte).

Tableau 31 - Effets du coût total de légalisation sur le revenu mensuel de l'entrepreneur et sur le profit annuel des unités économiques (en pourcentage ou en dollars des États-Unis, année de l'étude)

	Taux de profit en %		Variation du profit (%)	Revenus mensuels		Variation du revenu (%)	Salaire minimum
	Avant	Après		Avant	Après		
Bénin	72[1]	30,0	-58	246	162	-34	44
Burundi	62[1]	31,0	-50	515	361	-30	28
République Centra-fricaine	17	2,2	-87	374	44	-88	69
Tunisie	25	19,0	-24	594	434	-27	121

1 Ces taux semblent être surestimés.

Source : BIT : calculs effectués à partir des résultats des études menées entre 1989 et 1995 (voir note 14 du texte).

La légalisation pourrait entraîner la disparition d'un grand nombre de petites entreprises ou tout au moins une compression sensible de leurs effectifs, dans l'incapacité où elles seraient de supporter de nouvelles charges. En revanche, pour pouvoir conserver un niveau de revenu constant, les entrepreneurs seraient contraints de répercuter le surcoût de légalisation sur les prix, avec pour conséquence une perte de clientèle et une réduction de leur niveau d'activité.

On peut se demander si, à moyen et à long termes, ces obstacles pourraient être surmontés dans la mesure où la légalisation ouvrirait aux entreprises du secteur l'accès au crédit bancaire, aux marchés publics et aux programmes d'aide de l'État. En fait, on constate que la légalité n'entraîne pas automatiquement l'obtention d'avantages. Ainsi, 50 % des entreprises modernes observées en République Centrafricaine n'ont jamais eu d'amendes, 78 % de fermeture d'établissement et 46 % de menaces. De même, 25 % déclarent avoir bénéficié d'un remboursement de la TVA sur les produits importés, 30 % avoir obtenu une exonération fiscale et 60 % avoir accédé à un crédit, alors que toutes ont un potentiel de garantie face à la banque. De plus, de nombreux entrepreneurs pensent qu'il est possible de bénéficier de certains avantages sans pour autant être en règle. Par ailleurs, la légalisation ne débouche pas, a priori, sur un élargissement substantiel du marché des entreprises étudiées, car les conditions d'accès aux marchés publics fixées par l'État sont extrêmement strictes. Cet accès dépend de la légalité de l'entreprise, mais aussi de ses possibilités d'obtenir du crédit pour se doter des équipements nécessaires et d'un fonds de roulement, de la formation, de l'expérience et des motivations de l'entrepreneur, ainsi que du niveau d'organisation interne de l'entreprise, pour répondre à une demande nouvelle pour elle (Tunisie). La plupart des petits établissements informels n'ont donc pas la capacité structurelle de répondre à l'ouverture de ces nouveaux marchés. Partout l'État a une réputation d'un mauvais payeur et, de ce fait, les contrats publics ne sont pas toujours un grand attrait [118]. Dans les faits, seulement 14 % des entreprises modernes de République Centrafricaine bénéficient d'appels d'offres publics et 40 % font de la sous-traitance occasionnelle.

Enfin, la légalisation pourrait, en principe, donner accès aux programmes d'aide de l'État, dans la mesure où ceux-ci sont connus (seuls 13 % des micro-entrepreneurs tunisiens les connaissent vaguement) et reconnus (62 % de ceux qui les connaissent estiment qu'il s'agit de mauvais programmes). En République Centrafricaine, 50 % des bénéficiaires du secteur informel entretiennent de mauvais rapports avec trois programmes de l'État en cours. Ces études de cas montrent que le respect des réglementations est faible. Il dépend essentiellement de l'importance des contrôles et des bénéfices que peut en retirer l'entrepreneur qui aspire, avant tout, à exercer son activité dans une relative tranquillité. Par ailleurs, les analyses coïncident sur le fait que les coûts de légalisation sont globalement prohibitifs et qu'ils entraîneraient des pertes de revenu mettant en cause la viabilité de nombreuses micro-entreprises [119] (1993). Une

---

118 Parfois, l'État exige le dépôt d'une caution (Bénin) ou opère une retenue de 10 % sur le montant du contrat dont les délais de récupération excèdent généralement l'année (Côte d'Ivoire).

119 Seule l'étude sur la Tunisie est un peu optimiste, résultat pondéré par le fait que les entreprises sélectionnées sont nettement plus capitalisées que celles des autres pays. Une dimension de la problématique qui n'a pas été abordée et qui mériterait qu'on l'examine à l'avenir concerne *la*

telle tentative conduirait les petits patrons à utiliser des formes de travail encore plus précaires et plus souterraines : apprentissage et allongement de sa durée, travail salarié à domicile et toutes les variantes de la sous-traitance. De plus, la légalisation des entreprises ne rime pas nécessairement avec l'obtention des avantages escomptés. Si les risques dus à l'illégalité diminuent (fermeture de l'établissement, amendes, confiscation de marchandises), d'autres facteurs d'ordre structurel déterminent l'accès au crédit, aux marchés publics et au régime de faveur du code des investissements (solvabilité, expérience et compétences de l'entrepreneur, niveau technologique de l'entreprise, volume des opérations, etc.).

Les réformes prioritaires

Au vu des résultats obtenus, cinq domaines prioritaires de réformes, avec leurs implications pour les politiques de l'État, s'imposent. D'abord, on peut préconiser des mesures de dégrèvement fiscal tenant compte de la capacité contributive des activités informelles afin de relever progressivement leur degré de conformité aux prescriptions légales. Il faut rappeler, à ce titre, qu'une exonération fiscale temporaire et dégressive (de 3 à 10 ans) est souvent consentie aux opérateurs du secteur formel par le code des investissements [120].

---

légalité sous l'angle des avantages, notamment en termes de *gains de productivité du travail*. Il conviendrait, en effet, d'analyser l'accroissement de la productivité dans l'entreprise qui pourrait découler de l'application des normes légales portant sur le salaire minimum, la stabilité de la main-d'œuvre et les conditions de travail. Pour quelques développements sur les politiques et une approche pragmatique en ce domaine, consulter respectivement Shaheed, Zafar : « Minimum wages and poverty » dans l'ouvrage publié sous la direction de Figuereido, José et Shaheed, Zafar : *New approaches to poverty analysis and policy-II* (Genève, Institut international d'études sociales), 1995, pp. 111-132; Thurman, J. E., Louzine, A. E. et Kogi, K. : *Higher productivity and a better place to work* (Genève, BIT).

120 Les unités économiques informelles ne devraient être assujetties qu'à une contribution unique donnant automatiquement droit à une licence d'exercice, excepté pour les activités comportant des risques pour les travailleurs ou les consommateurs. Dans ce cas, un contrôle préalable et périodique serait exigible, notamment pour les restaurants, les transports et les établissements utilisant ou produisant des substances chimiques dangereuses. Il conviendra, par ailleurs, de se garder de taxer selon le nombre de machines ou l'effectif employé pour apprécier le niveau

Deuxièmement, les lois régissant le contrat de travail devraient faire l'objet d'un assouplissement, notamment en ce qui concerne certaines charges salariales (impôt sur les salaires versés, cotisations à la sécurité sociale) [121]. Le niveau des profits dégagés par les entreprises et l'allégement des charges fiscales proposé laissent penser qu'il est possible de fixer un taux de rémunération de la main-d'œuvre légèrement supérieur au salaire minimum en vigueur. Troisièmement, il faudra instituer des régimes de prestations sociales adaptés aux ressources mobilisables par le secteur lui-même. Dans le cadre d'une politique de protection sociale intégrée, trois voies complémentaires sont à explorer : *i)* l'élargissement du régime de sécurité sociale en vigueur aux travailleurs du secteur informel qui bénéficieraient de prestations spécifiques grâce à un financement mixte associant leurs propres contributions et des subventions dégressives; *ii)* la promotion de formes mutualistes de protection sociale, les organisations du secteur informel étant encouragées à souscrire des contrats sur le marché de l'assurance privée; *iii)* l'amélioration de la qualité et de la couverture des prestations de base fournies au titre de l'assistance sociale aux catégories socioprofessionnelles les plus vulnérables du secteur informel.

Quatrièmement, il devrait être possible d'alléger les principales contraintes économiques qui pèsent sur les petits entrepreneurs en prenant un ensemble de mesures visant à faciliter leur accès aux ressources productives et à leur ouvrir de nouveaux marchés. Les politiques conventionnelles de promotion de l'offre, par le biais du crédit, ne suffisent pas seules à conférer un surcroît de dynamisme aux entreprises; elles peuvent même avoir des effets négatifs

---

d'activité de l'entreprise et son rendement. De tels critères d'appréciation entraînent des effets pervers, désormais bien connus : ils dissuadent d'investir dans l'entreprise ou d'embaucher des travailleurs réguliers. C'est un droit unique et proportionnel applicable à la valeur locative des locaux professionnels qui semble le plus adéquat et le plus équitable, car l'évaluation du chiffre d'affaires par les agents du fisc donne lieu à des calculs arbitraires contestés par les intéressés.

121 Pour le développement des mesures de protection sociale en faveur des travailleurs du secteur informel et l'applicabilité de certaines normes du travail, nationales ou internationales, portant notamment sur la liberté d'association, l'emploi, les conditions de vie et de travail, la sécurité sociale et l'inspection du travail, voir Servais, Jean-Michel : « The informal sector: Any future for labor law ? », *The International Journal of Comparative Labor Law and Industrial Relations* (Deventer), hiver 1992, pp. 299-318.

(suréquipement, exacerbation de la concurrence sectorielle et locale, surendettement).

Du côté de la demande, l'organisation et l'adaptation des marchés publics, ainsi que la mise sur pied, par les chambres de commerce et d'industrie, de « bourses de sous-traitance » au profit des groupements de producteurs du secteur informel (dont il faudra aussi renforcer la capacité de réponse à cette nouvelle demande, notamment en ce qui concerne les compétences techniques et d'organisation) semblent être des mesures aptes à desserrer durablement les contraintes liées à l'étroitesse de la demande.

Enfin, pour ce qui est des contraintes administratives et institutionnelles elles-mêmes, les études préconisent diverses mesures : la réduction du nombre et du coût des procédures en concentrant ces dernières sur un guichet unique; le développement de l'information en rapprochant des bénéficiaires les centres de décision et de gestion des programmes d'aide de l'État; la formation des agents publics afin d'améliorer leur efficacité et de bannir les pratiques de harcèlement et de corruption qui déstabilisent les activités informelles. Enfin, la formation et l'organisation des opérateurs du secteur informel pour renforcer leur capacité de négociation et d'accès au crédit, aux marchés publics et à d'autres avantages, sont tout aussi nécessaires.

Conclusion

Pour autant que l'examen de cadres institutionnels et de pratiques fort hétérogènes dans plus de 20 pays autorise une synthèse, celle-ci révèle le caractère semi-légal des entreprises du secteur informel. La plupart d'entre elles respectent quelques réglementations de base : autorisation municipale, patente et inscription au registre du commerce. Ce seuil minimal est assimilé par les intéressés à une autorisation d'exercice de l'activité, si bien que « le coût de la légalité » représente moins l'accès à celle-ci que le passage à un stade supérieur, celui des prescriptions émanant de l'État central : fiscalité et code du travail. L'enjeu, dans le premier cas, est la survie, puisque l'entrepreneur cherche à minimiser les risques associés à l'illégalité totale qui pourraient peser sur les recettes, voire la survie, de l'entreprise. En revanche, l'enjeu d'une légalité accrue, par définition plus onéreuse, est d'une tout autre nature : l'entrepreneur cherche à protéger ses actifs, à conserver ses effectifs pour stabiliser son niveau d'activité et le revenu qui en découle; dès lors, les relations de travail revêtent un caractère plus formel. Le cas échéant, il envisage les avantages potentiels accordés par les institutions et programmes publics et privés.

Certains comportements dynamiques relevés à propos de la légalisation des entreprises ont une grande portée pratique pour les politiques à mener à l'égard du secteur informel. En effet, le degré d'observation des prescriptions légales apparaît associé à des facteurs micro-économiques tels que la taille de l'entreprise (effet de seuil), sa localisation et son niveau d'investissement, ce dernier ayant, dans certains cas, une étroite relation avec le nombre d'années de fonctionnement de l'établissement [122]. Aux plans institutionnel et politique, le respect des réglementations semble aller de pair avec le souci tantôt de promotion, tantôt de contrôle des autorités et les moyens d'encouragement, d'inspection et de sanction qui en découlent. Au niveau sociologique, deux facteurs méritent d'être mis en exergue : d'une part, les pratiques sociales paternalistes et atypiques prévalant dans les relations de travail et, d'autre part, la perception que les petits entrepreneurs ont de l'État et des institutions bancaires, ainsi que leur attitude à leur égard.

Par conséquent, le phénomène de la légalisation doit être perçu d'abord comme un processus (avec des avancées ou des reculs selon la conjoncture), plutôt que comme une situation définitivement acquise, puis comme un phénomène multicausal résultant de l'interaction des facteurs économiques, politico-institutionnels et sociologiques. Cette conclusion met ainsi en cause l'analyse monocausale de l'informalité (prééminence du droit) et infirme la thèse néolibérale, qui repose elle-même sur une base empirique très fragile et sur une curieuse hiérarchisation des problèmes, qu'aucune autre enquête ne confirme par ailleurs. L'Etat serait donc bien inspiré de consolider ce processus en l'accompagnant d'un train de mesures incitatives (déjà exposées dans les pages précédentes), afin de favoriser la génération de profits et la formation de capital par les entreprises. Tant que celles-ci n'auront pas au préalable bénéficié d'une politique de promotion leur offrant de nouvelles perspectives, il semble irréaliste de vouloir leur appliquer une législation à la fois

[122] Ce dernier comportement est nettement apparu dans l'étude sur la République Unie de Tanzanie jusqu'au seuil de six ans.

contraignante, onéreuse et, à maints égards, inadaptée à leur mode de fonctionnement.

Même s'il ne semble pas que le cadre légal et réglementaire constitue un obstacle décisif au développement du secteur informel, il ne faut pas pour autant sous-estimer sa portée ou négliger les réformes y afférentes. Par contre, il serait illusoire de croire qu'il suffirait de supprimer ou d'assouplir quelques lois, d'alléger, voire de supprimer certains coûts, d'éliminer les tracasseries et la corruption des agents publics, ou de protéger le droit de propriété et les transactions contractuelles, pour déclencher le développement généralisé d'une nouvelle classe d'entrepreneurs et créer des emplois stables et productifs. Le champ d'action dans lequel s'inscrit le développement des entreprises est bien plus complexe et bien plus vaste que ne le laissent croire les chantres du néolibéralisme.

En effet, la création d'entreprise reste une aventure excitante, mais risquée [123], dont le succès est conditionné par l'existence d'un marché solvable et la possession d'atouts suffisants pour l'exploiter avec profit. Or, les questions de l'étroitesse du marché et de l'intensification de la concurrence, avec son corollaire, la saturation progressive de l'offre, ont été simplement évacuées de la problématique néolibérale au profit d'un plaidoyer sur les qualités individuelles et la volonté de réussite des entrepreneurs du secteur informel. Pourtant, ces derniers sont très sensibles au climat économique lorsqu'ils s'inquiètent majoritairement des faiblesses et fluctuations de la demande. Par ailleurs, l'expansion accélérée que pourrait connaître le secteur informel grâce à des conditions d'exercice plus libérales ne poserait-elle pas avec plus d'acuité encore le problème de l'insuffisance de la demande ?

Comment procéder et par où commencer les réformes ? À ce sujet, trois aspects méritent l'examen : celui du niveau des institutions

---

[123] Il convient de rappeler que le taux moyen d'échec des entreprises dans les pays développés est de 30 % dès la première année, et une seule entreprise sur quatre survit quatre ans après sa mise en route. Voir sur ce point Papin R. : *Stratégie pour la création d'entreprise* (Paris), Editions Dunod, 1986. Les taux élevés de mortalité et de natalité des unités économiques informelles se traduisent finalement par une dynamique de croissance extensive ou de constante augmentation de leur nombre (par opposition à la croissance intensive de l'emploi dans l'entreprise). L'impulsion permanente à ce mouvement est donnée par la croissance démographique et par celle de la population active urbaine.

publiques (centrales ou locales), celui du champ et de la complexité des réformes (règlements, lois et institutions) et celui de la méthode à adopter. Du point de vue politique et pragmatique, il semble pertinent, dans une première phase, de lancer quelques réformes au niveau municipal et de s'attaquer d'emblée aux dispositions réglementaires et fiscales suivant une méthode itérative, en procédant par essais successifs afin de vérifier l'adéquation des dispositions, avant de légiférer. Il est tout aussi nécessaire d'associer les opérateurs économiques aux processus de délibération et de décision. Des mesures pratiques visant à faciliter le démarrage et le fonctionnement des entreprises et à toucher massivement les acteurs de la vie économique auraient pour effet d'accroître la crédibilité des institutions publiques. La viabilité politique des réformes ultérieures, d'une portée et d'une complexité plus gandes, se verrait accrue grâce au dialogue social instauré et à l'expérience acquise.

Trois problèmes cruciaux restent cependant posés, comme autant de défis pour l'action à venir. Le premier consiste à concilier les intérêts des pouvoirs publics, notamment des collectivités locales — dont une part importante, voire croissante, des recettes provient des prélèvements sur les entreprises —, et le développement de celles-ci. Le deuxième consiste à surmonter le conservatisme de l'État qui, paradoxalement, est appelé à reconnaître et promouvoir de nouvelles formes de production et d'organisation sociale qui sont l'expression même de son incapacité à mettre en œuvre des politiques de développement et d'intégration sociale efficaces. Enfin, c'est le troisème problème, pour être pertinent et durable, le dialogue social doit s'établir avec les organisations qu'auront eux-mêmes créées ou choisies les petits producteurs dont l'isolement et la faiblesse constituent les plus graves handicaps. Point n'est besoin de dire qu'il s'agit d'une entreprise à caractère politique de longue haleine.

Bibliographie

Attin, S. J., 1994. *Perspectives du passage du secteur informel au secteur formel au Bénin (coût de la légalité),* Genève, BIT.

Auto-promotion des artisans dans le secteur informel, 1994. Séminaire sous-régional, Cotonou (Bénin), *Rapport de séminaire*, Genève, BIT.

Binninger, P., C. Maldonado et C. Badiane, 1995. *Participation et animation sociale en milieu urbain informel africain*, Genève, BIT.

Conférence O.I.T./GTZ sur la promotion des Micro et Petites entreprises en Afrique, 1994, *Rapport de séminaire à Abidjan,* décembre 1993, Genève, BIT.

Dossou, A., 1993. *Étude monographique de quelques activités économiques du secteur informel au Bénin,* Genève, BIT.

Environnement urbain et promotion des micro-entreprises, 1993, *Rapport d'atelier,* Genève, BIT.

Ferchiou, R., 1994. *Micro-entreprises du secteur informel à Tunis. Obstacles de caractère légal et institutionnel,* Genève, BIT.

Folly, C., 1993. *La fiscalité des activités économiques informelles au Bénin,* Genève, BIT.

Gaufryau, B., C. Maldonado, *Économie informelle du Sénégal : structure, dynamiques et politiques* (à paraître).

Gaufryau, B., C. Maldonado, *Économie informelle du Burkina Faso : structure, dynamiques et politiques* (à paraître).

Gaufryau, B., C. Maldonado. *Économie informelle du Congo : structure, dynamiques et politiques* (à paraître).

Gaufryau, B., C. Maldonado, *Économie informelle de la Côte d'Ivoire : structure, dynamiques et politiques* (à paraître).

Le Brun, O., A. Kpetehoto et J.-C. Woillet, 1993. *Appui aux petits producteurs urbains par la promotion de groupements autogérés au Bénin,* Genève, BIT.

Maldonado, C., 1993. *Building networks: an experiment in support to small urban producers in Bénin,* Genève, BIT.

Maldonado, C., 1993. *Méthode et analyse des résultats du recensement pilote des établissements économiques de Ouidah (Bénin),* Genève, BIT.

Maldonado, C., 1993. *Rompre l'isolement : une expérience d'appui aux petits producteurs urbains du Bénin,* Genève, BIT.

Maldonado, C., 1994. *Analyse des résultats du recensement national des établissements économiques urbains du Bénin,* Genève, BIT.

Maldonado, C., 1995. *PROMICRO : Un programme sous-régional de promotion des organisations, structures et programmes d'appui à la micro-entreprise en Amérique centrale,* Genève, BIT, (à paraître).

Maldonado, C., B. Cuvelier, F. Leuzinger, 1995. *Secteur informel et développement des entreprises : Revue des activités 1992-1994,* Genève, BIT.

Maldonado, C., B. Gaufryau, *Économie informelle du Rwanda : structure, dynamiques et politiques* (à paraître).

Maldonado, C., F. Leuzinger, C. Badiane, 1994. *L'auto-évaluation assistée : Concept et pratique,* Genève, BIT.

Maldonado, C., R. Samson, D. De Fonseca, J. Arroyo, 1993. *Asistencia al programa nacional de apoyo a la microempresa de Honduras,* Ginebra, O.I.T., Informe de evaluación.

Maldonado, C. (recueil fait par), 1994. *Instruments statutaires régissant quelques organisations de petits producteurs urbains,* Genève, BIT.

Mutuelles et Caisses d'épargne et de crédit en milieu artisanal, 1994. Rapport de séminaire, Genève, BIT.

Rutake, P. et I. Ranguza, 1993. *Obstacles de caractère légal et institutionnel au développement du secteur informel à Bujumbura (Burundi),* Genève, BIT.

Silvestre, E. et S. Sarr, 1993. *Historique d'une décennie d'appui au secteur informel du Mali,* Genève, BIT.

Tossou, C., 1993. *Acteurs et enjeux des transports urbains informels, taxis-autos et taxis-motos au Bénin,* Genève, BIT.

CONCLUSION GÉNÉRALE

REMISE EN PERSPECTIVE

Paul Bodson et Paul-Martel Roy

L'approche par le haut

Un cadre de référence à la distinction entre le formel et l'informel

Le domaine d'activités désigné sous le vocable d'informel ne constitue pas un phénomène nouveau. Il existait au siècle dernier. Sa configuration s'est modifiée au gré des contextes sociopolitiques, des pratiques de transactions et de commerce, des connaissances disponibles et des modes de vie [124]. Dans les faits, l'attention plus explicite au domaine de l'informel remonte aux années où, dégagés de l'emprise coloniale, de nombreux pays nouvellement promus à l'indépendance affrontaient de sérieuses difficultés de développement. C'était la période du clivage en deux blocs, inspirés, avec un large éventail de nuances, il faut le souligner, d'une part, de l'idéologie marxiste et, d'autre part, d'idéologies associant libéralisme et social-démocratie. Ces deux blocs ont essayé chacun à leur manière d'implanter leurs visions, leurs valeurs, leur contrôle dans les pays du Tiers-Monde. En dépit de divergences très profondes, ils ont abordé la situation de ces pays avec certaines perspectives communes. Les uns et les autres croyaient en l'importance du rôle de l'État dans la promotion et dans l'organisation des conditions du développement et du bien-être des populations. Les uns et les autres croyaient en une dynamique de croissance de l'économie orientée par un processus de planification. La grande entreprise était considérée comme l'élément catalyseur et moteur du progrès économique. Ces principes ont de plus imprégné pendant un certain temps la philosophie d'intervention des organismes internationaux. Ce contexte offre un premier cadre de référence à la distinction entre le formel et l'informel. Les activités structurées selon les exigences d'entreprises relativement grandes, identifiées, orientées, coordonnées ou organisées par les pouvoirs publics correspondaient ou auraient dû correspondre, au moins partiellement, au noyau moteur de la croissance économique et ouvrir

---

124 Jouant sur le flou conceptuel entourant le terme « informel », d'aucuns souligneront même la nécessité d'une phase informelle comme condition à l'émergence du formel.

le chemin du développement des populations. Dans le Tiers-Monde, ces activités « formelles » et la capacité d'intervention des pouvoirs publics qui leur sont associées se sont en réalité révélées de très loin insuffisantes pour assurer les conditions de développement et répondre aux besoins des populations, qu'il s'agisse de la génération des revenus individuels, de l'organisation des services (santé, éducation, qualité de vie, etc.), de la garantie à moyen terme de la stabilité et de la croissance du niveau de vie, etc. S'est dès lors mis en place un ensemble d'activités destinées à pallier tant bien que mal les carences fondamentales auxquelles étaient confrontés les pays du Tiers-Monde. Ces activités correspondent au « secteur informel ». Bien évidemment, les tenants intellectuels et/ou politiques d'une approche de type marxiste n'ont pas manqué de souligner l'exploitation par le capitalisme des régions périphériques que constituent les pays du Tiers-Monde et le rôle de maintien de réserve de main-d'œuvre qu'exerçait le secteur informel. Les autres obédiences idéologiques et/ou politiques ont, pour leur part, le plus souvent interprété l'essor des activités informelles comme une situation transitoire qui se résorberait progressivement avec le développement de l'économie et les retombées qui y seraient associées à moyen et à long termes.

L'élargissement de la problématique

La distinction entre les secteurs formel et informel de l'économie est rapidement apparue trop rudimentaire dans la recherche d'une compréhension de la logique régissant les activités économiques des pays en voie de développement. D'une part, le secteur formel comportait certains segments obéissant à des dynamiques propres. C'était typiquement le cas pour le secteur public en forte croissance et jouissant généralement de revenus plus élevés et plus stables que l'ensemble de la population. D'autre part, face aux inconvénients associés aux relations de dépendance vis-à-vis des pays du Nord, en particulier en ce qui a trait aux importations et aux exportations (confinées le plus souvent aux matières premières et à certains produits agricoles), de nombreux pays avaient adopté le principe de modernisation à partir d'une industrialisation basée sur la substitution aux importations. Ce fut typiquement le cas de la majorité des pays d'Amérique latine et des Caraïbes. Les possibilités d'emploi associées à la croissance du secteur public et au processus d'industrialisation étaient néanmoins insuffisantes pour absorber l'excédent de main-d'œuvre. Une convergence de facteurs explique ce déséquilibre : la croissance démographique rapide, l'afflux des populations vers les villes, des lacunes techniques souvent très profondes reliées au faible niveau de formation des populations, l'insuffisance de capitaux, le manque d'envergure des marchés nationaux, la dimension internationale du processus d'industrialisation, etc. Toujours est-il que l'excédent de main-d'œuvre a dû se resituer en dehors du segment formel de l'économie. Il l'a fait en occupant des niches non couvertes par le déploiement du secteur formel, créant ainsi, par rapport à ce dernier, des liens de complémentarité et de dépendance très hétérogènes façonnés en fonction des conditions propres à l'exercice de l'économie de chaque pays. Ce déploiement de la main-d'œuvre en dehors du noyau « formel » a donné lieu, dans de nombreux cas, à l'efflorescence d'activités suffisamment rémunératrices pour créer des processus de capitalisation. Toutefois, ce type d'expansion en lien de complémentarité et/ou de subordination avec le secteur « formel » avait ses propres limites. Au plus bas niveau de l'échelle des activités économiques, s'est ainsi développé un sous-secteur « informel » d'activités de survie. Sous le couvert de leurs différences, les deux segments de «l'informel » présentaient un certain nombre de traits communs. On y retrouvait des micro-entreprises fonctionnant généralement avec une très faible capitalisation et avec un personnel limité (patrons et employés) travaillant dans un environnement très peu normalisé, qu'il s'agisse de la reconnaissance de l'entreprise par les autorités publiques, des conditions de travail, des conditions techniques de production et de commercialisation, des normes régissant la production, les produits, l'environnement, la mise en marché. On y retrouvait aussi la grande majorité des travailleurs autonomes (très fréquemment cantonnés dans des activités traditionnelles) et le personnel domestique. Toutes ces personnes (travailleurs des micro-entreprises, travailleurs autonomes, personnel domestique) exerçaient leurs activités en l'absence pratiquement généralisée de toute couverture sociale (assurance-chômage, bien-être social, code de travail, assurance-santé, régimes de retraite, etc.).

La remise en question de l'approche par le haut

Au fil des années, le modèle tablant sur le potentiel d'entreprises formelles encadrées et soutenues par une planification émanant des pouvoirs publics s'est progressivement révélé incapable de mettre en branle le processus de développement espéré. Au contraire, la plupart des pays du tiers monde se sont vus confrontés à un endettement de plus en plus insupportable et à une incapacité croissante d'offrir à leurs populations les services qu'aurait dû rendre accessibles le développement. Loin de se résorber, conformément à la logique des retombées escomptées à moyen et à long termes, le « secteur informel » prenait de l'expansion, tout en continuant de s'exercer dans des conditions de profondes dérégulations légales et sociales. Fusant de tous les horizons, les critiques stigmatisèrent à la fois le rôle des pouvoirs publics et le fonctionnement des entreprises formelles. Pour les uns, l'intervention de l'État faussait le fonctionnement du marché en empêchant les ajustements spontanés par la libre circulation des capitaux, de la main-d'œuvre, des biens et produits, entraînait l'augmentation arbitraire d'une bureaucratie inefficace et nantie de privilèges, décourageait les initiatives basées sur des capitaux privés, provoquait finalement des effets pervers en se prêtant à l'émergence de marchés parallèles. Pour d'autres, le constat d'échec traduisait la logique d'exploitation de la périphérie par le centre. L'appauvrissement des pays du Tiers-Monde correspondait à la récupération de surplus par des groupes minoritaires nationaux et internationaux. Les prises de pouvoir anti-démocratiques reflétaient d'ailleurs la volonté de protéger par la force les bénéfices de ce système d'exploitation. Les grandes entreprises furent, elles aussi, prises à partie. On leur reprocha de ne pas miser suffisamment sur l'abondance de main-d'œuvre et de privilégier des technologies intensives en capital. On leur reprocha aussi de tabler sur des complicités avec les pouvoirs publics plutôt que de rechercher l'efficacité et la performance.

Les vertus de l'informel

Dans ce climat, un changement de perception s'opéra peu à peu vis-à-vis du secteur informel. De plus en plus fréquemment, on souligna son étonnante capacité d'absorption et d'adaptation, et d'aucuns se mirent à rêver d'une autre forme de développement émergeant des initiatives des populations pauvres jusque-là marginalisées et s'articulant autour de projets de petite dimension capables de canaliser le maximum de retombées vers les groupes défavorisés. Évitant, dans cette perspective, toute interférence ou collusion avec les institutions dominantes associées au secteur formel, les promoteurs de cette approche comptaient sur le soutien des organisations internationales et sur le pouvoir catalyseur des organisations locales et des ONG.

Des contraintes incontournables

La recherche d'une nouvelle approche du développement, à partir de la valorisation du potentiel d'initiatives, de créativité, d'organisation que recèle l'informel, a permis un certain nombre d'expériences encourageantes mais ponctuelles. Toutefois, la démarche n'est pas suffisamment élaborée pour qu'on puisse la considérer comme une approche globale. Il s'agit plutôt d'une piste d'interrogation dont la structuration se fera progressivement. La réalité socio-économique et politique dans l'ensemble des pays du monde est, en effet, à la fois complexe et en profonde mutation. Les caractéristiques ci-dessous évoquées constituent des incontournables majeurs dans la recherche de nouvelles voies pour favoriser le développement dans les pays du Tiers-Monde.

Le contexte des pays en voie de développement

Dans les pays en voie de développement, l'échec du modèle de croissance basé sur le dynamisme d'un secteur formel balisé par la planification menée par les pouvoirs publics s'est doublé, nous l'avons déjà évoqué, d'un endettement phénoménal des États. Le redressement imposé à l'aide des programmes d'ajustement structurel a ramené vers le secteur informel un surplus de main-d'œuvre en provenance principalement d'un secteur public délesté de son personnel pléthorique et a astreint l'appareil productif à des restructurations majeures pour s'adapter à une économie mondiale largement ouverte aux échanges et à la compétition. Par ailleurs, la croissance démographique, dont un ralentissement significatif ne semble pas se dessiner dans une perspective à court et à moyen termes, continue et continuera à faire déferler vers le marché du travail, en particulier vers le segment désigné sous le vocable «secteur informel», des cohortes de personnes de plus en plus nombreuses en quête d'un emploi et de conditions minimales de qualité de vie. Dans ces conditions, le sous-emploi, la pauvreté généralisée, le manque d'instruction, la faiblesse des services et des institutions restent, en dépit des tentatives de recherche de nouvelles alternatives pour catalyser le processus de développement, des traits dominants et persistants des pays du Tiers-Monde.

Le contexte mondial

Le développement des sociétés modernes implique des réseaux de plus en plus complexes d'organisation et une diversification d'activités requérant des niveaux de formation élevés et des technologies de plus en plus avancées et en constante mutation. Dans ce contexte, les populations peu instruites risquent d'être marginalisées en raison de leur faible capacité d'adaptation, y compris dans le cas où la performance de l'entreprise n'est plus liée à sa dimension.

Soutenue par les progrès de la technologie, l'économie de marché est de plus en plus articulée sur un réseau de relations mondiales. Pour s'adapter aux exigences de la concurrence mondiale, tous les pays, y compris les pays les plus riches, tentent d'alléger le poids de la régulation sociale. Par contre, le rapport inégal entre les pays nantis et les pays plus pauvres persiste parce que la richesse, la technologie, l'instruction et le pouvoir sont inégalement répartis et que l'écart relatif ne tend pas à se résorber. Cette situation aboutit systématiquement, pour les pays en voie de développement, à se soumettre à la contrainte de qualité du produit commercialisé à l'échelle internationale au moindre prix, mais en faisant abstraction des conséquences de la dérégulation sociale qui a accompagné sa fabrication et sa commercialisation. Par ailleurs, la faiblesse des revenus dans les pays pauvres provoque l'émergence d'une économie parallèle cherchant, tant bien que mal et dans un contexte de régulation minimale, à s'adapter aux besoins des populations démunies.

Les uns après les autres, les pays du «bloc de l'Est» ont, par ailleurs, renoncé à la planification centralisée et remis en cause les principes mêmes de leur organisation économique et sociale. La phase de transition à l'économie de marché a entraîné de profondes dérégulations légales et sociales, et provoqué à son tour l'émergence d'un nouveau volet informel d'une ampleur considérable, donnant du même coup à l'informel une dimension quasi planétaire.

Les défis à relever

Dans ces conditions et compte tenu de l'échec du modèle de développement antérieur (approche « par le haut »), quelles chances de développement offre une approche « par le bas » tablant sur le potentiel de l'informel? De toute évidence, des défis majeurs sont à relever.

Les conditions de production et de commercialisation dans l'informel

Dans le secteur informel, prospèrent un certain nombre d'activités à haute productivité bien insérées dans les réseaux commerciaux. Par contre, dans la majeure partie de l'informel, prédominent des activités peu productives, peu rentables, peu aptes à procurer des revenus satisfaisants. Les techniques de production y sont traditionnelles ou peu performantes, la formation des personnes qui y travaillent y est très limitée et l'ouverture sur les marchés y est généralement restreinte. L'adoption de technologies nouvelles, l'amélioration de la formation de base et de la formation technique, l'accès aux ressources requises à la production, la recherche de la clientèle et l'insertion efficace dans les réseaux commerciaux impliquent le dépassement de comportements traditionnels et une organisation qui sollicite des fonctionnements solidaires. Il semble généralement acquis que les organisations aptes à prendre en charge ces aspects ne réussissent dans leur tâche que si elles émanent d'initiatives concertées à partir des unités de base ou disposent d'un ancrage qui leur permet un dialogue continu avec ces mêmes unités. À ce titre, les ONG constituent un relais souvent indispensable pour désenclaver l'isolement des petits producteurs du secteur informel et pour favoriser leur adaptation aux potentialités d'un marché plus ouvert.

Le cadre légal et réglementaire

Volontairement ou involontairement, les producteurs du secteur informel esquivent certaines lois ou réglementations. Les raisons à l'origine de cette situation peuvent être très diverses. D'aucuns profitent sciemment des failles administratives pour réduire leurs coûts en se soustrayant aux réglementations en vigueur, y compris celles qui concernent les conditions de travail. D'autres invoquent une légitimité de survie et leur incapacité à atteindre un seuil de rentabilité dans le respect des réglementations en vigueur ou encore reconnaissent leur ignorance ou leur inaptitude à respecter des réglementations trop complexes ou peu soucieuses d'efficacité. Certains estiment aussi que le cadre réglementaire existant n'est pas adapté à la réalité du secteur informel et aux responsabilités sociales que doivent assumer ceux qui y travaillent.

Dans la pratique, les producteurs pris isolément sont le plus souvent acculés à se réfugier dans une semi-clandestinité, ce qui rend leur activité d'autant plus fragile. Leur défense réside dans la solidarité. L'organisation de partenariats solides et compétents, proches des unités informelles, à l'écoute de leurs besoins, en dialogue avec les autorités administratives, en particulier les autorités locales, et avec le secteur privé formel, est une condition indispensable pour faire évoluer le cadre réglementaire.

L'accès aux financements

Fragiles, considérées comme illégales, apparemment peu organisées, généralement incapables de fournir des répondants considérés comme fiables, les entreprises ou unités informelles se voient quasi-systématiquement refuser l'accès au crédit bancaire. Le besoin de services financiers adaptés à leurs caractéristiques est, par contre, indispensable à leur survie et à leur développement. Le même type d'urgence concerne d'ailleurs l'ensemble des populations défavorisées qui, très généralement, ne disposent d'aucune sécurité sociale et sont, de ce fait, démunies face aux risques que celle-ci devrait en principe couvrir. C'est à partir de ce constat que se sont développées, dans diverses parties du monde, des initiatives mobilisant les solidarités populaires de manière à favoriser des mouvements d'épargne et de crédit capables de répondre de manière souple aux demandes des populations pauvres. Les formules en sont très diverses, allant de la simple tontine aux coopératives d'épargne et de crédit, jusqu'à des systèmes de crédit solidaire très évolués, telles la Grameen Bank au Bangladesh, la banque SEWA en Inde, la Caribbean Confederation of Credit Unions ou encore la Confederacion Latinoamericana de Cooperativas y Mutuales de Trabajadores en Amérique latine. Leur fonctionnement repose principalement sur l'organisation de l'épargne populaire et sur des mécanismes d'attribution de crédits et de contrôles faisant appel à la solidarité de personnes du milieu. Conscientes des enjeux sociaux des services de microfinancement auprès des pauvres, des organisations internationales telles que le PNUD, la Banque mondiale et des agences de coopération bilatérales et multilatérales assurent désormais d'importantes complémentarités en ce domaine.

Ces initiatives, et la philosophie qui leur est sous-jacente, sont particulièrement prometteuses et indiquent vraisemblablement une direction majeure dans laquelle se structurera la lutte pour le développement dans les prochaines années.

Régulation et sécurité sociales

La vague d'informalisation qui s'étend actuellement à la majorité des pays du monde, y compris les pays les plus riches, remet en question les modèles de régulation et de sécurité sociales progressivement élaborés durant le vingtième siècle. Les enjeux de la régulation et de la sécurité sociales sont, par contre, beaucoup plus fondamentaux dans les pays en voie de développement parce que les carences dans les systèmes existants y sont majeures, parce que les rapports de force sociaux y sont très inégaux et parce que l'évolution des dernières décennies y a cristallisé des situations de pauvreté, de discrimination et d'exploitation sociale particulièrement aiguës.

La régulation et la sécurité sociales concernent les conditions de travail, la santé, la maladie, les accidents de travail, le chômage, l'invalidité, la maternité, la famille, la vieillesse. Le fonctionnement des activités informelles et les modes d'organisation et de vie qui lui sont associés plaident en faveur de programmes et de régulations spécifiques. Les micro-entreprises ou les unités informelles prises isolément sont évidemment dépourvues d'« objectivité » et de moyens adéquats pour aborder ce problème. Par contre, les solidarités fondées sur la proximité ou sur des complémentarités, les communautés d'appartenance, les organisations locales, les organisations de type ONG peuvent favoriser des prises de conscience par la base, aider à la formulation de conditions de régulation sociale adaptées au milieu et soutenir leur mise en place et leur suivi. Leur rôle peut être fondamental pour l'amélioration des conditions de travail et pour l'élimination de situations criantes d'exploitation et de discrimination.

La solidarité est aussi le levier fondamental permettant de mobiliser les ressources, monétaires et autres, sur une base élargie et de mettre à la disposition de personnes et de micro-organisations (familles, entreprises) les moyens requis pour affronter des situations urgentes et/ou dépassant leurs capacités de financement.

Les organisations de solidarités populaires, les mutuelles, les caisses d'épargne et de crédit, les banques de crédit populaires n'ont atteint, mises à part certaines exceptions, ni les dimensions, ni la complexité, ni les niveaux d'institutionnalisation qu'elles connaissent dans la majeure partie des pays «économiquement avancés». Dans ces derniers pays, l'intégration institutionnelle de ces organismes est souvent telle que s'estompe l'originalité même des dynamiques qui les ont fait naître.

Dans les pays en voie de développement, les réalisations, très fréquemment épaulées par des ONG, sont généralement plus fragmentaires, mais d'une très grande diversité tant dans la collecte de fonds et l'implication des solidarités que dans les services mis à la disposition des bénéficiaires [125]. Leur impact dépasse largement l'amélioration des conditions de vie que procurent les services directement offerts. Les organisations misant sur la solidarité et sur la collaboration contribuent, en effet, à créer une assise sur laquelle pourraient progressivement s'élaborer de nouvelles formes de régulation sociale. Une telle perspective peut devenir une réalité si ces organisations restent à l'écoute des communautés dont la solidarité est sollicitée, si par leur coordination elles acquièrent une certaine puissance comme interlocuteurs sociaux et si elles arrivent à

---

[125] Dans de nombreuses situations, le bénéficiaire n'est pas directement tenu au remboursement. C'est le système de collecte de fonds (pas toujours de type monétaire) qui assure la disponibilité des services à qui en a besoin. La logique de solidarité, de don et de réciprocité constitue très fréquemment la philosophie de base de ce type d'organisations.

établir un dialogue tant avec le secteur privé qu'avec les institutions politiques et administratives (en particulier locales). Ce faisant, elles pourront faire converger les modes de régulation et l'organisation des ressources vers des objectifs communs de développement.

Réconcilier les approches

Le développement par le bas, soutenu et amplifié par les organisations de solidarité et de coopération, risque, par contre, de faire long feu s'il ne peut compter sur l'appui et l'intervention de l'État. En dépit des critiques et réserves concernant ses lacunes, sa fréquente inefficacité et la difficile mise en place des conditions d'un «bon gouvernement», l'État reste d'une importance majeure dans une perspective de développement. Il doit assurer un climat de paix, d'ordre, de justice et un fonctionnement socialement acceptable des relations économiques. Les infrastructures et les services de base, tels que l'éducation, les services de santé, la sécurité, sont tributaires de son bon fonctionnement, y compris dans la perspective d'une concertation et d'une collaboration accrue avec le secteur privé (formel et informel). Demeurent aussi les autres fonctions économiques qu'on reconnaît traditionnellement à l'État: allocation, stabilisation, répartition. En raison de leurs complémentarités, des liens d'interdépendance qui les associent, du potentiel que comporte leur synergie, le formel public, le formel privé et l'informel progressivement structuré et dynamisé constitueront sans doute la trilogie de base à partir de laquelle s'organisera la promotion du développement dans les prochaines décennies. Leur articulation reste à élaborer progressivement dans un climat de saine gouvernance en fonction des conditions propres à chaque pays. Mais il s'agit d'une autre question.

BIBLIOGRAPHIE SÉLECTIVE

Andersen, P.K, G. Borgan, D. Richard, et N. Keiding, 1993. « Statistical Models based on Counting Processes », *Statistics*, Springer Verlag.

Antoine, P., P. Bocquier, A.S. Fall, et Y. Mb. Guiss , 1992. « Étude de l'insertion urbaine des migrants : présentation de la méthodologie de l'enquête menée à Dakar », in Lelièvre Eva & Claire Levy-Vroelant (éds). *La ville en mouvement : habitat et habitants,* L'Harmattan (coll. Villes et Entreprises).

Arellano, R., Y. Gasse, et G. Verna, (éd.), 1994. *Les entreprises informelles dans le monde,* Presse de l'Université Laval, Sainte-Foy, Québec, Canada.

Attin, S. J., 1994. *Perspectives du passage du secteur informel au secteur formel au Bénin (coût de la légalité),* Genève, BIT.

Bagayoko, A., 1989. *La spéculation foncière sur la rive droite du fleuve Niger à Bamako : apparition et extension de quartiers sous-intégrés,* mémoire de fin d'études, géographie, ENSUP.

Bailly, A., 1985. *Représentations spatiales et dynamiques urbaines et régionales*, Montréal, Université du Québec à Montréal.

Bailly, A. et R. Scariati, 1991. *L'humanisme en géographie*, Paris, Anthropos.

Banque mondiale et D.P.U.M., 1984. *Étude du développement urbain de Bamako,* rapport phase 1.

Banque mondiale, 1996. *Rapport sur le développement dans le monde*, Washington, D.C.

Bayart, J.-F., 1989. *L'État en Afrique, la politique du ventre,* Paris, Fayard.

Bertrand, M., 1988. « Des politiques nationales aux pratiques locales : la question foncière à Sikasso (Mali) », *L'Espace géographique,* no 2, 81-94.

Bocquier, P., 1994. « Emploi et insertion à Dakar », Yves CHARBIT & Salif NDIAYE (éd.), *La population du Sénégal,* Division de la Prévision et de la Statistique du Sénégal – CERPAA.

Bocquier, P., 1995. *L'insertion et la mobilité professionnelle à Dakar,* thèse de doctorat de l'Université René Descartes - Sorbonne.

Bocquier, P., A.S. Fall, 1994. *Le recours aux réseaux sociaux pour l'accès à l'emploi. Le cas d'une ville en développement : Dakar*, communication au colloque de l'Association canadienne des études africaines, mai 1992.

Bodson P. et P.-M. Roy, (éds), 1995, *Politiques d'appui au secteur informel dans les pays en développement,* Paris et Montréal, Economica, 196 p.

Bodson, P., A. Cordero et J. P. Pérez Sainz, 1995. *Las nuevas caras del empleo*, FLACSO, Costa Rica, 92 p.

Charmes, J., 1987. « Débats actuels sur le secteur informel », *Revue Tiers-Monde*, 28, 1.

Charmes, J., 1990. « Une revue critique des concepts, définitions et recherches sur le secteur informel », *Nouvelles Approches du secteur informel,* Séminaires du Centre de Développement, Paris.

Charmes, J., 1990. «Une revue critique des concepts, définitions et recherches sur le secteur informel», *Nouvelles approches du secteur informel,* OCDE: Paris, 11-51.

Durand-Lasserve, A., 1992. « Les politiques de régularisation des établissements irréguliers dans les villes des pays du Tiers-Monde : objectifs, enjeux et limites », *État et société dans le Tiers-Monde, de la modernisation à la démocratisation ?,* sous la direction de M. Haubert, Paris, Publications de la Sorbonne, 83-97.

Enquête nationale sur l'emploi, 1992. Ministère du Plan et de la Coopération. Direction générale de la statistique. République Rwandaise, janvier, vol. 2 : *Résultats synthétiques.*

Fall, A.S., 1994. « Et si l'insertion passait par l'investissement dans des réseaux sociaux ? Réseaux formels et informels de solidarité et de dépendance dans les quartiers de Dakar », in Jacob J.-P. et P. Lavigne Delville (éds.), *Les associations paysannes en Afrique.* Organisation et dynamiques, Karthala, Paris.

Fall, A.S., 1991. *Réseaux de sociabilité et insertion urbaine dans l'agglomération de Dakar,* thèse de doctorat de sociologie, Université Cheikh-Anta Diop, Dakar.

Ferchiou, R., 1994. *Micro-entreprises du secteur informel à Tunis. Obstacles de caractère légal et institutionnel,* Genève, BIT.

Fields, G. S., 1990. « La modélisation du marché du travail et le secteur informel urbain : le théorique et l'empirique », OCDE, in *Nouvelles approches du secteur informel,* Paris, 53-79.

Folly, C., 1993. *La fiscalité des activités économiques informelles au Bénin,* Genève, BIT.

Gauthier, B., J.-P. Le Goff, L. Vallée, *et al.,* 1994. «Manufacturing Enterprises Under Adjustment in Cameroon: A Survey Perspective, Country Study Series», *Regional Program on Enterprise Development,* The World Bank, Centre d'études en administration internationale, HEC, Montréal.

Gauthier, B., J.-P. Le Goff, L. Vallée, *et al.,* 1993a. «Preliminary Report on the Cameroonian Survey», *Regional Program on Enterprise Development,* The World Bank, Centre d'études en administration internationale, HEC, Montréal.

Gauthier, B., J.-P. Le Goff, et L. Vallée, 1993b. «State Crisis and the Manufacturing Sector in Cameroon», *Country Background Paper, Regional Program on Enterprise Development,* The World Bank, Centre d'études en administration internationale, HEC, Montréal.

Hiernaux, D., 1995. *Nueva periferia, vieja metrópoli, el valle de Chalco, México,* Universidad Autónoma Metropolitana, Mexico.

Hiernaux, D. (éd.), 1994a. *Empresas de abasto, movimiento urbano popular y Solidaridad: un balance,* University of Austin-Texas et Universidad Autónoma Metropolitana-Xochimilco, Premier Rapport de Recherche, mimeo.

Hiernaux, D., 1994b. *Strategies from below: poverty and small scale enterprises dans the Chalco Valley, Mexico,* Rapport du projet de recherche, North-South Center-Miami et Université Autonome Métropolitaine, Mexico, mimeo.

Hiernaux, D., 1993. *Tiempo, espacio y apropiación social del territorio: Hacia la fragmentación en la mundialización ?,* São Paulo, Brésil.

Lautier, B., 1994. *L'économie informelle dans le Tiers-Monde,* La Découverte, collection Repères, Paris.

Lautier, B., C. De Miras et A. Morice, 1991. *L'État et l'informel,* l'Harmattan, Paris.

Maldonado, C., 1995. *PROMICRO : Un programme sous-régional de promotion des organisations, structures et programmes d'appui à la micro-entreprise en Amérique centrale,* Genève, BIT.

Maldonado, C., 1994. *Analyse des résultats du recensement national des établissements économiques urbains du Bénin,* Genève, BIT.

Maldonado, C., 1993a. *Méthode et analyse des résultats du recensement pilote des établissements économiques de Ouidah (Bénin),* Genève, BIT.

Maldonado, C., 1993b. *Rompre l'isolement : une expérience d'appui aux petits producteurs urbains du Bénin,* Genève, BIT.

Mayer, K. U. et N. B. Tuma, 1990. *Event History Analysis in Life Course Research,* Life Course Studies - The University of Wisconsin Press, 297 p.

Nguyen, H. B., Huu Tai Do, Xuan Thinh Nguyen, Ngoc Tho Luu, Hoang Tuyen Nguyen et Viet Ha Tran (dir. publ.), 1993. *Vietnam - Year 2000.* Québec: Federick W.Bush, 388 p.

Ouédraogo, D. et V. Piché (sous la direction de), 1994. *L'insertion urbaine à Bamako (Mali),* rapport de recherche, Programme population et développement au Sahel, CERPOD et département de démographie Université de Montréal.

Pénouil, M., 1992. « Secteur informel et crises africaines », J. Alibert (éd.), *Afrique contemporaine : Trente années d'Afrique,* La documentation française, 164.

Perez S. J. P., 1991. *Informalidad urbana en America Latina. Enfoques, problematicas e interrogantes.* Caracas, FLACSO-Guatemala / Nueva Sociedad.

Roy, P.-M. et P. Bodson, 1995. « Peut-on formaliser le secteur informel ?», in Bodson P. et P.-M. Roy, (éds), 1995, *Politiques d'appui au secteur informel dans les pays en développement,* Paris et Montréal, Economica, 3-23.

Roy, P.-M. et P. Bodson, 1992. «Mobilité contrôlée et secteur informel», *Villes et Développement*, Groupe interuniversitaire de Montréal, Montréal, octobre, 19 p.

Spradlex, J.-P., 1980. *Participant observation*, New York, Holt.

Stiglitz, J.E., 1990. «Development Strategies: The Role of the State and the Private Sector», *Proceedings of the World Bank Annual Conference on Development Economics*, World Bank, Washington, D.C.

Touré, A., 1985. *Les petits métiers à Abidjan*, Paris, Karthala.

Tribillion, J.F., 1984. « La clientèle foncière de l'État », *Terres des uns, villes des autres, questions foncières et pratiques urbaines en Afrique,* CNRS-CEGET, no 1, 123-126.

Turnham, D., B. Salomé et A. Schwarz , 1990. *Nouvelles approches du secteur informel,* OCDE, Séminaires du Centre de Développement.

Van Arkadie, B., 1989. «The Role of Institutions in Development», in *Proceedings of the World Bank Annual Conference on Development Economics*, World Bank, Washington, D.C.

World Bank, 1994. *Adjustment in Africa: Reforms, Results, and the Road Ahead*, Washington : Oxford University Press.